Das Manuskript in einer roten Box

John A. Hamilton

Writat

Diese Ausgabe erschien im Jahr 2024

ISBN: 9789359940267

Herausgegeben von
Writat
E-Mail: info@writat.com

Inhalt

KAPITEL I

Am zehnten Mai des Jahres 1627 ritt ich von Temple Belwood nach Crowle, so fröhlich und fröhlich wie jeder junge Bursche auf der Welt. Einerseits war der Tag der schönste der frühen Jahreszeit, die Luft war süß von Frühlingsgerüchen und angenehmen Geräuschen. Der Goldregen, der Flieder, der Weißdorn und die ausländischen Kastanien (die in diesem Jahr zum ersten Mal in Temple Belwood blühten) waren voller Blüte. Die Fasanenhühner pfiffen ihren frisch geschlüpften Bruten zu; die frisch geschorenen Schafe antworteten auf das Blöken ihrer Lämmer; Bäume und Büsche hallten von den Melodien kleiner Vögel wider, und von den Steineichen und Inseln des Sumpf- und Seelandes erklang der Lärm quakender, klirrender und zwitschernder Wasservögel, dessen Entfernung sich zu Musik vermischte und milderte. Aber was für einen Topf mache ich! Es war ein schöner Frühlingstag in Axholme. Der große Grund zur Freude war, dass ich gute Nachrichten erhalten hatte – die Nachricht eines hart erkämpften Sieges von meinem Vater, der damals in London war. Seit Jahren drohte der Insel eine Invasion durch einen gewissen Cornelius Vermuijden, einen Niederländer, der den König dazu veranlasst hatte, ihm die Vollmacht zu erteilen, die Seen trockenzulegen, die Flüsse der Insel einzudämmen und zu sperren und das Land nach Belieben umzugestalten, ganz gleich, was auch immer die Rechte der Isle Commoners, die in der Urkunde von Earl Mowbray festgelegt sind. Als der Holländer seinen kostbaren Plan vollendet hatte, sollte ein Drittel des zurückgewonnenen Landes in den Besitz des Königs übergehen, ein weiteres in das Eigentum von Vermuijden und das verbleibende Drittel sollte unter den Bürgern der Insel, das heißt den Grundbesitzern, aufgeteilt werden . Dies geschah allerdings ohne Zustimmung der Grundbesitzer und in keiner Weise angesichts des Ruins, das Hunderten von ärmeren Leuten widerfahren würde, die von Fischfang, Vogeljagd, Schilfschneiden, Eiersammeln und ähnlichen Handwerken der Sumpfmänner lebten .

Als das erste Gerücht über den Plan Axholme erreichte, war das ein Grund zum Lachen. Welcher vernünftige Mensch könnte glauben, dass Seine Majestät einem Ausländer die Macht verleihen würde, über 250 Quadratmeilen englischen Bodens zu herrschen, Flüsse umzuleiten, Kanäle zu graben, Tümpel und Seen in Sumpfland zu verwandeln und notgedrungen (so sagten kluge Männer, die sich mit solchen Dingen auskannten, und es stellte sich tatsächlich heraus) fruchtbare Felder in Sümpfe und Morast zu verwandeln? Doch auf den Scherz folgte schnell Bestürzung, denn das Unglaubliche war wahr. Seine Majestät brauchte dringend Geld, und der Holländer verfügte über unerschöpfliche Schätze, also sollte die Insel seinem

Willen überlassen werden. Dann wandten sich Sanftmütige und Einfache gleichermaßen an meinen Vater, Thomas Vavasour. Sie kannten seinen Mut und seine Fähigkeiten und seine Gesinnung für die Allgemeinheit. Sie legten ihre Sache in seine Hände, und er wurde „ihr Anwalt", wie sie ihn gerne nannten, obwohl er kein Anwalt von Beruf war und nie etwas für seine Dienste erhielt. Er war in dieser Angelegenheit einige Wochen in London gewesen und schrieb mir nun, dass er ein Urteil des Finanzgerichts erwirkt habe, das die Rechte der Bürger der Insel bestätigte und den Invasionsplan endgültig zunichtemachte. Mein Vater hatte den Holländer – und seine Majestät selbst – besiegt und die Insel gerettet! Die Nachricht würde die Glocken in jedem Kirchturm in Axholme zum Läuten bringen; es würde auf jedem Hügel und jeder Anhöhe Freudenfeuer geben und in jedem Herrenhaus, auf jedem Bauernhof und in jeder Hütte würde gefeiert und gefeiert werden. Als ich den Brief las, war ich kurz davor, herumzuspringen und zu schreien, aber plötzlich fiel mir ein, dass die Ankündigung vom „Solicitor" selbst gemacht werden sollte und dass, wenn es ihm gefiel, meine Volljährigkeit an diesem Tag in einer Woche ein passender Anlass wäre. Es war schwer, die Neuigkeit für mich zu behalten, aber es schien mir richtig, dass mein Vater, der den Sieg errungen hatte, seinen Sieg bekannt geben sollte. In seinem Brief sagte er nichts, was mich hätte anleiten können. Ich beschloss, den Rat des Vikars von Crowle einzuholen, meines Onkels durch Heirat mit der Schwester meiner Mutter. Als ich Crowle erreichte, wurde es jedoch fraglich, ob ich die großartige Neuigkeit selbst Mr. Graves mitteilen sollte, der sich seiner Bedeutung als Gemeindepfarrer sehr bewusst war und der Versuchung, die gute Nachricht als Erster zu verkünden, möglicherweise nicht widerstehen konnte. Am nächsten Tag würde Sonntag sein, erinnerte ich mich. Um noch ein wenig darüber nachzudenken, lenkte ich mein Pferd in einen Pfad, der sich einen kleinen Hügel hinaufschlängelte, der über der Stadt thront. Sobald ich die Hügelkuppe erreicht hatte, drang ein Tumult wütender Rufe und das Gebell von Hunden an mein Ohr, und ich ritt den Pfad hinunter in Richtung der Stelle, von der die Geräusche kamen. Ein dichter Baumbestand versperrte mir die Sicht, bis ich zu einer offenen Lichtung kam, wo sich eine Anzahl Männer und Jungen, vielleicht zwanzig, um eine alte Eiche versammelt hatten. Sie schienen jemanden zu bedrohen. Als ich näher kam, sah ich eine junge, schöne Frau, die auf einer Wurzel des alten Baumes saß, mit dem Rücken gegen den Stamm gelehnt, und einen Arm, der halb in ihren Mantel gehüllt war, um den Hals eines Rehkitzes geschlungen, das sich eng an sie schmiegte. Der Mantel war an zwei oder drei Stellen zerrissen, und durch die Risse war die Weiße ihres blutbefleckten Arms zu sehen. Ihr Gesicht war totenbleich, aber ihre Augen waren hell und unerschrocken.

Die Kerle gingen nach rechts und links auseinander, als ich ankam, und manche von ihnen schienen sich schon ein wenig zu schämen, bevor ich sprach.

„Was ist das für eine Teufelei?", schrie ich. „Ihr niederträchtigen Feiglinge! Eure Hunde auf eine Frau zu hetzen!"

Ein kräftiger Kerl, dessen Gesicht viele Narben alter Wunden aufwies und der wegen seiner Fähigkeiten im Stelzenlaufen den Spitznamen Stride-a-mile erhielt, antwortete mir ganz kühn:

„Die Teufelei geht uns nichts an. Die Fremde hat das Rehkitz verzaubert und will es nicht aufgeben. Wie sollen wir die Hunde davon abhalten, nach ihr zu schnappen?"

„Du lügst, du Schlingel", antwortete ich. „Die Köter sind jetzt harmlos genug, dass du sie nicht mehr anfauchst."

Ein halbes Dutzend Mischlingshunde winselte, knurrte und grollte um die Dame herum, versuchte jedoch nicht, sie zu beißen.

„Vielleicht bin ich ein Lügner und ein Feigling und ein Teufel, Meister Vavasour", sagte Stride-a-mile; „Aber das Reh gehört uns, und wir wollen es haben. Wir haben es und das Reh dort drüben gefunden" – er zeigte auf einen Kadaver, der dreißig Meter entfernt auf dem Boden lag – „außerhalb des Waldes, und wir haben es gejagt, und Das ist unsers." Der Kerl sah sich nach seinen Kameraden um, von denen einige auf den Blick antworteten, indem sie nach Knüppeln griffen, ihre großen Messer zeigten oder ihre Armbrüste aufstellten.

Ich kochte vor Wut über das, was ich für die Unverschämtheit des Kerls hielt, und vergaß, welche Chancen gegen mich standen und was mit der Dame passieren könnte, wenn ich übermütig werden sollte. Ich hob meine Reitpeitsche und berührte Trueboys Seite mit meiner Ferse, als ich noch ein alter Mann war Ein Mann, den ich nicht kannte, trat zwischen mich und Stride-a-Mile und sagte:

„Eine Unterredung, Gutsherr. Es wäre ein übler Tag, wenn Ihnen etwas zustoßen würde, und Wildbret ist kein Menschenleben wert. Vielleicht erklärt Ihnen die Dame, warum sie das ganze Rehkitz haben will. Es würde lange verderben, bevor sie es ganz aufessen könnte. Wenn sie jetzt mit einer Keule zufrieden wäre, würden wir ihr nicht nein sagen."

Obwohl ich wütend war, konnte ich mir das Lachen nicht verkneifen, weil die Dame verdächtigt wurde, so viel Wild zu essen, aber ich wusste ebensowenig wie der dicke Kerl selbst, warum sie ihr Wild vor dem Pöbel geheim hielt. Ich sah sie fragend an.

Sie sprach mit klarer, süßer Stimme. „Als seine Mutter fiel und die Hunde sich auf sie stürzten, rannte das arme kleine Geschöpf direkt auf mich zu und seine lieben, braunen Augen sagten: ‚Rette mich‘, so gut Augen sprechen können. Wie konnte ich so grausam sein, seine flehende Bitte abzuweisen?“

Als sie ihre rehbraunen Augen zu mir aufrichtete, wünschte ich mir, ich könnte ihr schönes Gesicht als Bild der Mutter des Mitleids malen.

„Nehmen die Männer Geld für das Rehkitz, wenn sie es essen möchten?“, fragte sie und hielt ein Goldstück zwischen Daumen und Finger hin.

Die Stimmung der meisten Männer hellte sich auf, als sie diesen Vorschlag hörten, aber Stride-a-mile antwortete:

„Wer sagt, dass es gut ist? Keine ausländischen Token für uns. Soweit wir wissen, ist es Hexengeld und wird zu Asche.“

„Oh, wenn das Ihr Einwand ist“, sagte ich, „hier ist ein Zwanzig-Schilling-Lorbeer“, den ich ihm zuwarf.

Die Magie des Geldes! Die mürrischen Clowns waren sofort glücklich. Sie riefen dem „jungen Gutsherrn von Belwood“ zu und eilten davon, um die Hirschkuh abzuholen, und gingen dann zweifellos zum Bierhaus.

Ich stieg ab und erkundigte mich, ob die Dame Freunde zur Hand hätte, in deren Obhut ich sie bringen könnte.

„Mein Vater und ich wohnen im Gasthof zum Weißen Hirsch“, sagte sie und stand auf, sank aber sofort wieder mit einem kleinen Stöhnen zurück. „Ich fürchte, ich kann nicht mehr gehen“, sagte sie. „Mein Knöchel ist behindert. Wenn Sie mir die Güte erweisen, meinen Vater, Doktor Goel, über meine Lage zu informieren, wird er wissen, was zu tun ist.“

„Entschuldigen Sie, aber das wäre Zeitverschwendung, und Zeit ist kostbar“, antwortete ich. „Ihre Verletzungen sollten unverzüglich behandelt werden. Wenn Sie es schaffen, auf mein Pferd zu setzen, werde ich es sanft führen.“

Ein schwaches Lächeln huschte über ihr Gesicht, auch wenn es schmerzerfüllt war.

„Ich bin noch nie auf einem Pferd geritten und würde wahrscheinlich stürzen; denn, um die Wahrheit zu sagen, ich habe ein wenig Angst, dass ich ohnmächtig werden könnte.“

Sie war so blass, und ihre Augen waren so trüb geworden, dass ich das Gleiche befürchtete.

„Dann müssen wir zu zweit reiten“, sagte ich und sprang in den Sattel. „Ich nehme dich vor mich und du läufst nicht Gefahr.“

„Aber das Reh", rief sie. „Wir können das arme kleine Tier nicht allein lassen."

Ich war kurz davor, das „kleine Biest" zu verfluchen, aber die Dame konnte mir nicht widersprechen. Also sprang ich wieder herunter, nahm das Rehkitz auf, kletterte auf die Wurzeln der alten Eiche, die hohl war, und stieß es durch ein großes Loch, wo es hineinfiel.

Ich setzte mich wieder in den Sattel und sagte: „Das Rehkitz ist in Sicherheit, bis wir Zeit haben, zurückzukehren. Und jetzt zum Weißen Hirsch."

Mit einiger Mühe zog ich die Dame auf Trueboys Rücken, legte einen Arm um ihre Taille und galoppierte. Glücklicherweise geriet sie nicht in Ohnmacht, und nach zehn Minuten erreichten wir das Gasthaus, wo die stämmige Wirtin und Nancy, die Magd, die Dame in ihre Arme nahmen und sie unter einem großen Aufschrei des Mitleids und der Verwunderung in ein Zimmer trugen zwanzig Fragen in einem Atemzug stellen. Ich übergab Trueboy Mat, dem Stallknecht, und folgte ihm gerade noch rechtzeitig, um einen Blick auf die Dame zu erhaschen, die auf einer Liege lag, und auf einen großen, hageren Mann von etwa sechzig Jahren, der sich über sie beugte. Dann wurde die Tür geschlossen, und ich setzte mich in den Gemeinschaftsraum und wartete, während Herrin Hind und ihr Dienstmädchen mit Krügen und Schüsseln mit heißem und kaltem Wasser, Handtüchern und sauberen Lappen umherwuselten, den Kopf schüttelten und seufzten und riefen nach der Art ihrer Art. Mit zunehmender Ungeduld wegen des Lärms, den sie machten, ging ich auf den Hof des Gasthauses, und als mir einfiel, dass das Reh noch im Wald war und die Dame sich Sorgen um das Tier machen würde, schickte ich Mat mit einem Handkarren, einem Seil usw. los. um es ins Gasthaus zu bringen.

Als ich das Haus wieder betrat, trat der alte Mann an die Tür des inneren Gemachs, verneigte sich ausgiebig und redete mich auf Französisch an, was bedeutete, dass seine Tochter mit mir sprechen wollte. Ich erwiderte seine Verbeugung und folgte ihm in das Zimmer, wo die Dame lag, ein wenig Farbe in ihren Wangen und in ihren Augen ein fröhliches Leuchten. Ich dachte, ich hätte noch nie eine halb so schöne Frau gesehen, und ich denke es immer noch.

„Nehmen Sie bitte Platz, Sir", sagte sie. „Ich muss Ihnen noch für Ihren Mut und Ihre Freundlichkeit danken."

Ich habe sie unterbrochen. „Wird es wahrscheinlich sein, dass die Wunden bald geheilt werden? Besteht keine Gefahr von Lahmheit oder dauerhaftem Unheil?" fragte ich und drehte mich halb zu ihrem Vater um.

„Mein Vater spricht kaum Englisch", sagte sie. „Vielleicht sprichst du Französisch?"

Ich schüttelte den Kopf; denn obwohl ich einiges in der Sprache verstand, zog ich es viel lieber vor, mich durch den charmanten Dolmetscher zu unterhalten.

„Um Sie zu beruhigen", fuhr sie mit einem Blick fort, der hell und warm war wie ein Sonnenstrahl, „sagt mir mein Vater, dass ein paar Narben die schlimmsten Folgen meiner, wie er es nennt, Torheit sein werden – und der Barbarei Ihrer Landsleute."

„Das war sicher Barbarei", antwortete ich. „Aber man muss ihnen zugutehalten, dass das Rehkitz ihr Wild war und sie Ihr Verhalten nicht verstanden. Sie gingen ein großes Risiko ein, als Sie es verteidigten. Warum haben Sie ihnen kein Geld dafür geboten?"

„Weil das Herz schneller ist als der Kopf." Dann fügte sie schelmisch hinzu: „Du warst nicht viel klüger. Es ist dir nicht in den Sinn gekommen, unsere Sicherheit zu erkaufen. Du warst dafür, zu kämpfen, einer gegen fünfzig, mit der Reitpeitsche gegen Knüppel, Armbrüste und Gewehre."

„Vielleicht war ich eher dümmer als tapfer", sagte ich.

„Nein, ich wollte nicht provozieren", antwortete die Dame und ihre Augen waren feucht, als sie mich ansah.

„Der dicke alte Kerl gebührt das Lob für unsere Rettung", sagte ich.

„Nicht von mir", lächelte die Dame.

Die Dankbarkeit, die sie so zum Ausdruck brachte, veranlasste mich zu der Antwort, in der Hoffnung, sie damit abzulenken:

„Bis dahin wird Mat Ihr Rehkitz gebracht haben."

„Wie nett von Ihnen, sich solche Mühe zu machen! Aber *mein* Rehkitz ist es nicht, da Sie es für Ihr Geld von den Jägern gekauft haben."

„Dann erweisen Sie mir eine Ehre, indem Sie es annehmen."

„Eine Kleinigkeit, die mein Leben bereichert. Mit Vergnügen. Ich verstand nicht ganz, warum der Mann mein Geldstück nicht annehmen wollte. Sagte er nicht, es handle sich um etwas Hexerei?"

„Nur ein leeres Wort. Der Rüpel sprach erstaunt, als er hörte, dass das Rehkitz zu Ihren Füßen Zuflucht gesucht hatte."

„Für mich war es wunderbar, umso mehr, als ich noch nie in meinem Leben ein solches Wesen gesehen hatte. In den Niederlanden gibt es keine Hirsche."

"Sie kommen aus den Niederlanden?"

„Mein Vater" – er blickte liebevoll und stolz auf den alten Mann, der tief in ein Buch vertieft war – „war bis vor drei Jahren nicht der unrühmlichste Professor an der Universität von Leiden, der enge Freund des großen Oldenbarneveldt und des berühmten Van Groot."

„Mein guter alter Lehrer, Mr. Butharwick, wird sich beeilen, Doktor Goel seine Aufwartung zu machen. Er nennt Grotius den zweiten und größeren Erasmus, den Leuchter der Gelehrsamkeit, den Ruhm Europas und, ich weiß nicht, was noch."

Frau Goel wandte sich an ihren Vater und sprach mit ihm in ihrer eigenen Sprache. Wie ich vermutete, war sie höchst erfreut, ihm zu sagen, dass ein Verehrer seines Freundes ganz in der Nähe wohnte. Der Arzt richtete sich in seinem Stuhl auf, und sein faltiges Gesicht verklärte sich zu einem strahlenden Lächeln. Seine Tochter fuhr fort:

„Die Feinde meines Vaters, neidisch auf seine Gelehrsamkeit und seinen Ruf, beschuldigten ihn, in die Verschwörung zur Ermordung von Prinz Maurice eingeweiht zu sein. Er wurde zur gleichen Zeit wie sein Freund ins Gefängnis geworfen. Um meine Geschichte nicht zu sehr in die Länge zu ziehen, floh er nach Frankreich. Wir verließen Paris vor drei Monaten in Richtung London, wo er einen alten Bekannten namens Vermuijden traf, der, wie Sie wahrscheinlich wissen, gerade dabei ist, in diesem Teil des Landes große Entwässerungsarbeiten zu beginnen."

„Er *wollte* es gerade tun", antwortete ich; „Aber der Plan ist gescheitert. Das höchste Gericht Englands hat die Bewilligung des Königs für Vermuijden für ungültig erklärt."

„Ein Gericht hat einen königlichen Erlass annulliert!" rief sie aus.

„Es ist sogar so", antwortete ich. „Die Gesetze Englands dürfen nicht nach dem Willen des Königs außer Kraft gesetzt werden."

Daraufhin folgten viele Gespräche zwischen Vater und Tochter, aus denen ich nichts weiter heraushörte, als dass sie sehr erstaunt und im Zweifel waren, als ob meine Nachricht sie zutiefst beunruhigt hätte.

Als ihr Gespräch zu Ende war, stellte mir Mistress Goel auf Anregung des Arztes viele Fragen zu den Rechten der Bürger und ihrem Widerstand gegen die Trockenlegung der Insel und wiederholte meine Antworten gegenüber ihrem Vater, der dadurch sehr beunruhigt schien. Bislang hatte er geglaubt, dass der Plan bei allen Einwohnern, mit Ausnahme einiger weniger niederer Leute, auf Zustimmung stieß, und ich schloss daraus, dass er Geld in den Kauf von Anteilen an einem Unternehmen investiert hatte, das seiner Meinung nach zweifellos von öffentlichem Nutzen war und den Teilnehmern wahrscheinlich keinen geringen Gewinn einbringen würde.

Seine Besorgnis ließ etwas nach, als er hörte, dass die Bürger keine Rechte an King's Chace in Hatfield hatten, das Teil des Gebiets gemäß Vermuijdens Plan war.

Plötzlich fiel mir ein, dass ich die Grenzen des Anstands und der Freundlichkeit überschritten hatte – so sehr Herrin Goel auch leiden musste –, und ich stand auf, um mich zu verabschieden.

„Du wirst nicht vergessen, deine Freundin mitzubringen, um meinen Vater zu sehen", sagte sie und errötete ein wenig, zumindest bildete ich es mir ein.

Als ich mich in den Gemeinschaftsraum zurückzog, trat Lord Sheffield durch die Vordertür ein und gab der unterwürfigen Gastgeberin in seiner herrischen Art den Befehl, Doktor Goel seine Anwesenheit anzuzeigen. Er und ich verneigten uns zeremoniell in der Ferne, denn zwischen uns beiden war keine Liebe verloren. Sein zehn Jahre jüngerer Bruder Edmund und ich waren bis zu Edmunds Tod liebe Kameraden gewesen; und tatsächlich wuchs mein Hass auf die Älteren aus meiner Liebe zu den Jüngeren, denen sich mein Lord Sheffield stets mit Bitterkeit und Grausamkeit benahm. Da ich keine Lust hatte, mit „meinem Lord Arrogancy", wie wir von der Insel ihn zu nennen pflegten, im selben Raum zu bleiben, ging ich in den Hof, um Mat zu bitten, mein Pferd zu bringen, und da Mat viele Fragen dazu hatte Nach der Behandlung des Rehkitzes verging einige Zeit, bis Trueboy aus dem Stall geführt wurde. Gerade als ich den Fuß zum Steigbügel hob, kam Seine Lordschaft durch die Hintertür und spielte mit seinem Schwert. Es war eine seiner Launen oder Teil seiner Feigheit, niemals unbewaffnet zu gehen.

„Sie haben ein gutes Pferd, Meister Frank", sagte er.

Ich nickte, wohl wissend, dass er nicht herausgekommen war, um mein Pferd zu loben.

„Wenn Sie einen Käufer für ihn suchen würden, würde ich Ihnen ein Angebot machen", fuhr er fort.

„Ich habe derzeit nicht die Absicht, ihn zu verkaufen", antwortete ich.

„Kein unmittelbarer Zweck, aber wenn Ihr Vater sein Erbe in Klagen gegen den König verschleudert hat, sind Sie vielleicht froh, einen Käufer zu kennen, der Ihnen Ihren Preis gibt."

„Wenn dieses Ereignis eintritt, werde ich mich an das Versprechen Eurer Lordschaft erinnern."

„Das tun Sie. Meine Freunde, Doktor Goel und seine schöne Tochter, sagen Sie mir, Sie seien außerordentlich freundlich gewesen, als Sie eine Bande von Pöbeln bestochen haben, um ihre Hunde von der Dame zurückzurufen. Bitte nehmen Sie meinen Dank an. Es wird Sie trösten zu wissen, dass sie nicht wieder der Belästigung durch die Schurken der Nachbarschaft ausgesetzt sein wird. Morgen ziehen sie in unser armes Schloss Butterwick."

Ich verbeugte mich zur Bestätigung seiner Informationen, stieg auf und ritt davon. Ich war ein unvorsichtiger Reiter und überließ Trueboy die Entscheidung, wie wir weiterfahren würden. Ich sah nichts als mal das blasse Gesicht mit dem festen Blick, das der bedrohlichen Menge entgegenblickte, mal das Gesicht, das von zärtlichem Mitleid errötet war, mal das stechende Licht in den braunen Augen, als sie im Zimmer mit mir sprach. Und das war einer unserer Eindringlinge! Ein siegreicher Eindringling, ganz bestimmt! Eine Holländerin! Nein, ein Engel!

Wie fließend und beschwingt sie unsere englische Sprache sprach! Wie göttlich sie ihren Schmerz ertrug! Wie zart sie Scherz und Süße mischte! Noch nie hatte eine solche Frau auf der Erde gelebt. Und eines Tages könnte sie mich Frank nennen und mein eigener sein. Ich hatte eine gewisse Vorahnung, dass mein Vater und ich durch meine Liebe getrennt werden könnten, aber nichtsdestotrotz war ich entschlossen, dass sie mir gehören sollte. Dieser höhnische Schurke Sheffield hatte sie als seine Beute markiert, aber ich hatte keine Angst vor ihm. Sie würde ihn als den Libertin und Feigling erkennen, der er war. Warum hatte er mir gesagt, dass sie morgen in das Haus seines Vaters gebracht würde? Zehn zu eins, er log mich an, vielleicht, um mich daran zu hindern, wieder ins White Hart zu gehen. Ha, ha, was für ein dreimal durchnässter Narr, *das zu denken*! Oder vielleicht hatte er noch etwas anderes im Sinn. Was auch immer es sein mochte, ich wäre zu stark für ihn.

Denn auf dem ganzen Weg dorthin klang mir die süßeste Melodie in den Ohren: „Du wirst nicht vergessen, deinen Freund mitzubringen, wenn er meinen Vater besucht." Nein, ich sollte es nicht vergessen. Morgen früh würde ich meinen Freund mitbringen.

Wie lange, lange ist dieser strahlende Maitag her? Und ich erinnere mich an alles, was ich fühlte und dachte, besser als an gestern.

KAPITEL II

Am nächsten Morgen erschien ich zum Frühstück in Seidenstrümpfen, neuem Wams und neuen Beinkleidern, neuen Schuhen mit Rosen und Schnüren der neuesten Mode, flämischer Halskrause und Manschetten und einem Mantel aus gelbbraunem Samt. Mein Diener, Luke Barnby, starrte auf meine bunte Kleidung, und als ich ihn bat, Trueboy und die alte, weiße Stute innerhalb einer halben Stunde an die Tür zu bringen und mir meinen Mailänder Degen zu bringen, antwortete er mürrisch:

„Das ist das erste Mal, dass ich von einer Otterjagd mit Schwertern oder im Sonntagsgewand höre."

Ich hatte die große Otterjagd völlig vergessen! In diesem Frühjahr waren die Otter zahlreicher, als sich irgendjemand an sie erinnern konnte, und sie richteten unter den Lachsen in Trent verheerende Schäden an. Dies war der Tag, an dem das Treffen im Temple Belwood stattfinden sollte, an dem sich ganz Belton und Beltoft versammeln und eine große Beseitigung des Ungeziefers durchführen sollten. Und ich, der Gastgeber und Jagdmeister, hatte das Geschäft völlig vergessen! Wenn ich nicht auf meinem Posten war, würde das einen Aufschrei bei unseren Nachbarn hervorrufen und könnte mir eine strenge Kritik meines Vaters einbringen, aber an eine Verschiebung des Besuchs bei Doktor und Frau Goel war nicht zu denken. Ich hatte meine Zweifel, ob die junge Dame entfernt werden konnte, sobald Sheffield gedroht hatte; aber es bestand die Möglichkeit, dass es passieren würde, und dann war es vorbei mit der Hoffnung, sie für Gott weiß wie lange wiederzusehen. Das war unerträglich, also schrieb ich ein paar Zeilen an einen Nachbarn und bat ihn, meinen Platz einzunehmen und das Tempelbier oder den Weinkeller nicht zu verschonen.

„Hören Sie, Luke", sagte ich. „Legen Sie dies eilig in die Hände von Squire Mell aus Beltoft. Mr. Butharwick und ich haben dringende Geschäfte in Crowle."

Als Mr. Butharwick und ich uns zum Frühstück setzten, er zu seinem üblichen Mahl aus heißem Gerstenwasser, gesüßt mit Zucker und angedickt mit Brot – er hatte morgens keine Lust auf Steak und Bier und Markpudding verabscheute er – sah ich, dass ihm etwas auf dem Herzen lag und er nicht so gut gelaunt war wie gestern Abend, als er sich auf die Aussicht gefreut hatte, einen Gelehrten und Freund seines vergötterten Grotius zu treffen. Schließlich brach er sein Schweigen mit –

„Frank, es wäre klug, diesen Besuch in Crowle zu verschieben. Die Stadt wird vom Skorpion regiert, und in deinem Horoskop war der Skorpion vom unheilvollen Mars besetzt. Heute durchquert ein Übeltäter den Platz des Mars."

„Kunstbegriffe werden bei mir weggeworfen", antwortete ich. „Wer sollte das so gut wissen wie du?"

„Crowle hat immer Pech für dich", sagte Mr. Butharwick.

„Wahrlich, einmal ist mein Pferd dort gestürzt, und einmal bin ich in Ungnade gefallen, weil ich während einer Predigt von Onkel Graves geschnarcht habe; aber an ein anderes Unglück kann ich mich nicht erinnern. Dennoch bin ich dorthin gegangen – wie oft? Sagen wir, tausendmal."

„Machen Sie keine Witze mit dem Himmel, Junge", sagte Mr. Butharwick streng.

Und in der Tat hätte ich zu jeder anderen Zeit weit davon entfernt gewesen zu scherzen, denn mein Lehrer war wunderbar begabt in der Astrologie, aber an diesem Tag ließ mich die Sehnsucht, das strahlende Gesicht von Herrin Goel zu sehen, den Sternen trotzen. Ich war mir jedoch bewusst, dass mein guter Lehrer mein Horoskop noch einmal gelesen und in meinem Namen erneut den Himmel befragt hatte, und antwortete:

„Entschuldigen Sie, aber das schlimmste Unglück, das mir heute in Crowle zustoßen könnte, wäre, dass Doktor Goel und seine Tochter den Ort verlassen haben, bevor wir ankamen. Und wir müssen unser Wort halten, nicht wahr, auch wenn die Sterne noch so ungünstig stehen?"

Am Ende ließ sich Mr. Butharwick nur widerwillig dazu überreden, unsere Abreise zu genehmigen, aber erst nachdem ich meinen Topasring angelegt und mich verpflichtet hatte, das für Kriegs- und Tumultzeiten vorgesehene Gebet zu sprechen. Sicherlich hatte kein Prinz von Geblüt in meinem Lehrer jemals einen liebevolleren und treueren Ratgeber als mich, aber ich ärgerte mich sehr über seine Verzögerung und seine übertriebene Vorsicht.

Die alte Stute war mit Schaum bedeckt, als wir an der Tür des Gasthauses die Zügel anzogen, und ihr Reiter wollte am liebsten aus dem Sattel steigen, denn Mr. Butharwick war kein begeisterter Reiter. Die Gastgeberin führte uns in ihr bestes Zimmer, wo der Arzt uns mit distanzierter Würde und seine Tochter mit süßer Höflichkeit empfing. Nach der Einführung von Mr. Butharwick überließ ich es den Angestellten, sich zu unterhalten, was sie gut konnten, da sie Latein als gemeinsame Sprache hatten und, wie der Lärm, den sie machten, scheinbar unendlich viel miteinander zu sagen hatten.

Ich hatte Mistress Goel lieblich gefunden, als sie Schmerzen und Unordnung hatte und ihre Gestalt teilweise unter dem langen Umhang verborgen war, den sie bei unserem ersten Treffen trug; Aber jetzt, in einem Kleid, das ihrem schlanken Körper bis zur Taille reichte, mit ihrem glänzenden braunen Haar, ordentlich gelockt und gefaltet, und in einer Leichtigkeit und Fröhlichkeit des Herzens, wie ihr angenehmes Lächeln zeigte, dachte ich – nein, ich dachte nicht, Ich war von Liebe überwältigt und hatte das Gefühl, dass all die großartigen, fantastischen Worte und Taten von Liebenden, über die ich bisher gelacht hatte, für den Höhepunkt meiner Leidenschaft und Anbetung zu harmlos waren. Als ich meine Zunge fand, fragte ich insbesondere nach ihrer Gesundheit.

„Meine Verletzungen sind geheilt oder werden bald geheilt“, versicherte sie mir. „Leiden ist berühmt für seine Blutegelkunst, und mein Vater ist – oder war – der beste Arzt dort. Wir gehen heute nach Castle Mulgrave.“

„Aber so weit kannst du doch nicht fahren“, wandte ich ein.

„Wir sollen in einer Sänfte getragen werden, die der Earl für uns schickt.“

Der alte Adlige hatte, wie ich mich damals erinnerte, eine Sänfte, in der er über die Insel transportiert wurde, als die Gicht das Reiten verbot.

„Sie kennen den Earl?“ Ich fragte.

„Er hat uns die Ehre erwiesen, uns etwas Aufmerksamkeit zu schenken, als wir in London waren.“

Ich fragte mich, was der Grund dafür sein könnte, denn der Earl war einer der stolzesten Männer Englands und kümmerte sich wahrscheinlich nicht um die Sorgen eines im Exil lebenden Arztes.

„Haben Sie Lord Sheffield in der Stadt kennengelernt?“ Ich fragte.

„Ja, er hatte die Herablassung, dort unser Cicerone zu sein.“

Der Ton, in dem Herrin Goel das Wort „Herablassung“ aussprach, wirkte beruhigend auf meine Eifersucht.

„Wie lange bleiben Sie in Castle Mulgrave?“, fragte ich.

„Ich weiß nicht; vielleicht bis Mynherr Vermuijden erscheint. Wir gehen, weil Lord Sheffield meinen Vater alarmiert und ihn vor der Gefahr gewarnt hat, die uns droht, wenn wir hier bleiben. Und unsere Gastgeberin ist durch unser Gehen von einer seltsamen Unruhe befreit.“

Ich war erfüllt von einer Furcht, die ich nicht in Worte fassen konnte. Dass Sheffield eine Tat reiner Güte vollbringen sollte, war unglaublich. Sein schändliches Streben nach Schönheit war auf der Insel ein Schlagwort, und es gab Väter, Brüder und Liebhaber, die nur durch die Angst vor dem alten Grafen, der lange Präsident des Rates des Nordens gewesen war und folglich uneingeschränkte Autorität über die einfachen Leute von Axholme innehatte, von mörderischer Rache abgehalten wurden. Selbst diese Furcht hätte manche vielleicht nicht zurückhalten können, aber Sheffield war, wie ich bereits sagte, immer bewaffnet und begleitet und hatte eine Menge Spione in seinem Sold. Aber wie konnte ich gegenüber dieser in ihrer Reinheit strahlenden Jungfrau von Sheffields Gemeinheit sprechen?

Die Tür flog auf und Dame Hind verkündete: „Seine Lordschaft, Mylord Sheffield." Von den Federn seines Biberpelzes, die mit glitzernden Steinen befestigt waren, bis zu seinen reich mit Spitze gefütterten Reitstiefeln war er prächtig gekleidet. Die höfische Anmut, mit der er seinen Hut zog und sich verbeugte, erfüllte mich mit Neid. Nachdem er Mistress Goel und ihren Vater gegrüßt hatte, sagte er ihnen, dass die Sänfte auf sie wartete, und begrüßte mich dann mit gespielter Überraschung.

„Ich glaube, Master Frank, ich habe Sie für einen Londoner Galan gehalten. Man ist es gewohnt, Sie zur Jagd bereit zu treffen. Vavasour ist ein mächtiger Jäger, das müssen Sie wissen", sagte er zu Mistress Goel. „Er ist unerfahren in der Kunst, einem Hirsch die Kehle durchzuschneiden oder einen Otter mit der Lanze zu erlegen."

Als er das leichte Schaudern des Ekels bemerkte, das er durch seine geschickte Abmahnung von mir verursacht hatte, fuhr er fort:

„In den Niederlanden gibt es Freizeitbeschäftigungen, die raffinierter sind als unsere englischen Sportarten. Ich sage ‚unser', obwohl ich kein Vergnügen daran habe."

„Es ist wahr, dass Sie kein Jäger sind, aber Sie sind ein geschickter Fallensteller, Mylord: geschickt im Ködern und Locken und Vogelrufen", antwortete ich.

Ein Blick auf Sheffields Gesicht, weiß vor Wut, zeigte Herrin Goel, dass mehr gemeint war, als man denkt. Sie trat näher an die beiden alten Männer heran, die so sehr in eine Frage des Lernens vertieft waren, dass sie sich nur ungern trennen wollten und alles außer ihrer Auseinandersetzung nicht wahrnahmen.

„Du feiger Hund", sagte Sheffield. „Du weißt, dass du in dieser Gegenwart vor der Pferdepeitsche sicher bist."

„Sicher vor Pferdepeitschen überall in Ihrer Hand, es sei denn, Sie hatten vier oder fünf, die Ihnen helfen."

Drohung und Trotz vergingen fast im Flüsterton, aber unsere Blicke waren grimmig genug, als wir dicht beieinander standen und die Augen fast auf gleicher Augenhöhe waren, denn Sheffield hatte nicht mehr als einen Zentimeter Vorsprung gegenüber meinen eins achtundsechzig. Er erholte sich als Erster und sagte:

„Deine unpassenden Scherze würden einen Stoiker provozieren."

Dann wandte er sich an Doktor Goel, der plötzlich bemerkt hatte, dass er seine Lordschaft und sein Gefolge unschicklich aufhielt, und es wurde eine Bewegung gemacht. Erst als die Dame und ihr Vater in der Sänfte saßen, die von vier kräftigen Burschen in der Livree von Mulgrave getragen wurde, und die Eskorte aufgestiegen und bereit zum Aufbruch war, sprach ich mit Frau Goel, und das war nicht mehr als ein formeller Abschied, außer dass ich ihre kleine Hand, als sie einen Moment lang in meiner großen Pfote lag, leicht mit meinen Lippen berührte. Sie zog sie schnell zurück, aber ich sah keinen Unmut in ihren Augen. Sheffield übergab seinem Mohren die Aufsicht über die Sänfte und ihr Gefolge, versprach, die Gruppe schnell einzuholen, und ritt mit zwei seiner Männer in die entgegengesetzte Richtung.

Mr. Butharwick und ich betraten das Gasthaus wieder, das jetzt ein tristes Loch war, nachdem es vor kurzem noch so hell gewesen war, und verlangten nach einem Becher Wein, den uns Dame Hind brachte, und ließ, die Hände in die Hüften gestemmt, ihren Gefühlen freien Lauf.

„Wie einfach es meiner Meinung nach ist, dass sie weg sind, weiß niemand. Keine ausländischen Bergseher und Madams mehr für den White Hart. Gutes englisches Fleisch hätten sie nicht; aber sie macht eine Sauerei mit Eiern und Essensresten – Pudding könnte man machen." Ich nenne es nicht. Und er sammelt Löwenzahn, Ampferkresse und Gänsefuß und dergleichen, die sie kocht, oder er mischt sie mit Öl und isst sie roh. Es drehte sich mir der Magen um Und ihre Manieren waren keineswegs allzu höflich. und „Würdest du so gut sein?" Wann immer sie etwas wollte, hat sie nicht gemurrt oder viel Aufhebens um die Abrechnung gemacht. Dann ist es mir unheimlich, sie zu hören. Dreck und Steine und Unkraut und Müll, was der Schulmeister bei Zauberern und Hexen immer tut, und er hatte ein großes Buch voller Zigeunerzeichen, das die junge Frau seine Braubibel nannte, und, ob Sie mir glauben oder nicht, er Lesen Sie es rückwärts, wie es allgemein bekannt ist, dass Hexen das Vaterunser so lesen, dass der Schulmeister, wenn sie den Teufel erwecken wollen, beide tief in der Hexerei versunken sind und dass die junge Frau um jeden Preis schlimmer ist als die alte Bergseherin Ihre Schönheit und ihre sanfte Art haben Mat zu trinken gegeben, was ihn schneller von seinem Fieber heilte als je zuvor.

Sobald Dame Hind innehielt, um Luft zu holen, tadelte Mr. Butharwick sie. Doktor Goel, versicherte er ihr, sei ein Mann von großer Gelehrsamkeit, von vollkommener Integrität und der enge Freund des besten und großartigsten Mannes der Welt.

Ich unterbrach mich, zutiefst empört darüber, dass Herrin Goel eines so abscheulichen Verbrechens beschuldigt wurde. Wir hätten unseren Atem sparen können, denn die Gastgeberin antwortete, indem sie traurig den Kopf schüttelte und versicherte, dass wir beide verhext seien. Mit diesen Worten verließ sie den Raum und überließ uns unserem Wein. Ich hatte versucht, den Verdacht der Frau zu zerstreuen, so grob und unwissend sie auch war, aus Angst, dass ihre Zunge Unheil anrichten könnte, und begann nun, etwas Trost daraus zu ziehen, dass meine Dame nach Castle Mulgrave gebracht wurde, wo sie in Sicherheit sein würde aus der Wut der Menschen, die immer rücksichtslos gegen jemanden sind, von dem man glaubt, dass er der Hexerei schuldig ist.

Es ist kein Wunder, dass die Menschen erbittert gegen diejenigen vorgehen, die sich mit dem Feind der Menschheit verbünden, aber ihr Schrecken macht sie oft blind für offensichtliche Zeichen der Unschuld, und ich kann nicht anders, als zu befürchten, dass viele Menschen Folter und Tod erlitten haben, die fälschlicherweise handelten der monströsen Bosheit beschuldigt. Vielleicht wurde ich nur zu dieser Annahme verleitet, weil das Verbrechen einer so reinen und gütigen Person wie Herrin Goel angelastet wurde.

Bevor ich volljährig wurde, herrschte auf der Insel große Aufregung, denn eine große Flotte war den Don hinaufgesegelt und hatte eine Armee von Wallonen und Holländern mitgebracht, die Holzvorräte, Werkzeuge, Waffen und Maschinen mitbrachten, die uns Isloniern unbekannt waren. Die Invasoren hatten ihr Hauptquartier in Sandtoft, wo Vermuijden mit dem Bau von Häusern und der Errichtung von Befestigungen begann und Tag und Nacht ganze Arbeiterstaffeln beschäftigte. Wie ich diese Vorgänge mit dem Brief in Einklang bringen sollte, den ich von meinem Vater erhalten hatte, konnte ich mir nicht im Geringsten vorstellen, aber ich nahm es mir zur Ehre, über die Entscheidung des Gerichts zu Gunsten meines Vaters Stillschweigen bewahrt zu haben. Das war keineswegs die Meinung meines Vaters, als er am Freitagabend ankam und erfuhr, dass Vermuijden bereits mit seinen Operationen begonnen hatte.

„Du dummer Junge!" er ist ausgebrochen. „Ich hätte durch die ganze Insel reiten und jedes Dorf mit Freudenfeuern und Jubelschreien erstrahlen lassen sollen. Und ich hätte es getan, wenn ich nicht die Bekanntschaft mit diesem alten Schlingel und seiner Tochter im White Hart gemacht hätte. Du hast deine fünf verloren." Verstand? Welcher Teufel hat dich besessen, die Otterjagd zu verpassen und deinen Vater zu beschämen, wann hättest du unser Volk ermutigen sollen? Pack aus meinem Haus.

Diese Explosion verblüffte mich, denn obwohl mein Vater privat ein warmes Temperament hatte (in der Öffentlichkeit hatte kein Mensch mehr Selbstbeherrschung), benutzte er mir gegenüber nicht oft eine so feurige Sprache; aber ich antwortete mürrisch:

„Es tut mir leid, Sie durch meine Diskretion verärgert zu haben, Sir."

"Diskretion!" er hätte fast geschrien. „Ich wünschte, Sie hätten auch nur die kleinste Tinktur dieser Qualität! Ist es Ihrer Meinung nach diskret, mit dem Feind Ihres Vaters und Ihres Landes zu verhandeln und Gott weiß was an den schlauen alten Holländer zu verraten?“

„Ein höchst harmloser alter Herr“, antwortete ich. „Ein einfacher Gelehrter, der von Vermuijden betrogen wurde.“

Mein Vater lachte bitter. „Du Einfaltspinsel! Hält Mulgrave viel aus ‚einfachen Gelehrten‘ und unterhält er sie?“

Ich war der Meinung, dass Earl Mulgrave sich wenig oder gar nicht um Doktor Goel kümmerte, während Sheffield sich, da war ich mir sicher, sehr um die Tochter des Doktors sorgte, aber dies war nicht der richtige Zeitpunkt, meinem Vater eine Erklärung anzubieten, die den Namen von Mistress Goel ins Spiel gebracht hätte, also ließ ich ihn seinen Zorn verarbeiten und suchte Mr. Butharwick auf. Ich fand ihn in großer Bedrängnis, denn seinen Freund und Gönner zu verletzen oder zu beleidigen war für ihn sehr schmerzlich. Er gab sich allein die Schuld für all das Unheil und erinnerte mich daran, dass mein Vater einen anstrengenden Aufenthalt in London gehabt hatte und nach unendlichen Mühen und Mühen seine Sache gewonnen hatte, nur um bei seiner Rückkehr nach Hause festzustellen, dass all seine Arbeit und Ausgaben null und nichtig gewesen waren.

„Was für ein Wunder, Frank“, sagte die gute alte Seele, „dass dein Vater wütend war, wenn auch nicht ganz zu Recht, dass über seinen Triumph vor Gericht nichts bekannt wurde? Was für ein Wunder, dass er über uns erzürnt war.“ Sich mit denen anfreunden, die, wie er glaubt, im Rat seiner Feinde stehen und von denen er gesehen hat, wie sie von dem listigen Grafen gestreichelt wurden. Wir sind schuld, oder besser gesagt, ich bin schuld, denn ich hätte dich klüger führen sollen . Zumindest ich hätte sicher sein sollen, dass die Sterne des Himmels nicht lügen können.

Dieses weibische Geschwätz beruhigte mein aufgewühltes Gemüt nicht, wie ich Mr. Butharwick grob genug sagte. Mein Vater hatte mich mit Demütigung und Ungerechtigkeit behandelt, und ich tat gut daran, wütend zu sein. Also machte ich einen Spaziergang im Park und suchte Trost in der einsamen Gemeinschaft mit der Natur, wo sie mich selten im Stich ließ. Auch jetzt hat es mich nicht enttäuscht. Als ich unter den dichten Schatten der alten Bäume oder draußen in der trüben Stille der offenen Grasnarbe umherschlenderte und grasende oder schlafende Tiere aufschreckte, die sich für einen Moment als dunkle Gestalten zeigten und dann in der Dunkelheit verschwanden, wurde ich still; und als ich den höchsten Punkt erreichte und den tiefstehenden Mond und sein langes Spiegelbild auf der weiten Wasserfläche sah, war ich von der Gewissheit erfüllt, dass meine eigene Aussicht ebenso hell und grenzenlos war wie die Szene, die ich betrachtete.

Als ich Schritte hörte, drehte ich mich um und erkannte meinen Vater.

„Die kühle Nachtluft ist gut für Hitzköpfe, ob jung oder alt“, sagte er. Und wir gingen zusammen nach Hause.

KAPITEL III

Mein guter Kamerad, Dick Portington, war der erste unserer Gäste, der am 28. Mai in Temple ankam, und er brachte mir als Geburtstagsgeschenk eine Waffe mit, wie ich sie noch nie zuvor gesehen hatte, deren Hahn einen Feuerstein enthielt, der, wie es hieß fiel, schlug Funken aus dem Deckel der Pfanne und drückte gleichzeitig den Deckel zurück, so dass die Funken auf die Grundierung flogen. Die Wirkung war viel schneller als die der Luntenschlosspistole und viel sicherer als die der Radschlosspistolen, mit denen ich bisher gehandhabt hatte, und ich hatte große Freude daran und an einem Paar Pistolen, die nach dem gleichen Muster hergestellt waren.

„Das ist das seltenste Geschenk, Dick", sagte ich, „aber du schämst mich. Noch ein Geschenk! Und ich habe dir noch nie etwas gegeben."

"Sag nichts davon, Mann", antwortete er. "Ich bin älter als du, und der Gutsherr kann frei mit seinem Geld umgehen. Ich habe, was ich will, wenn ich darum bitte. Außerdem wirst du heute reich und kannst ausgeben und geben, wie du willst."

Dicks Anspielung bezog sich auf eine Vereinbarung zwischen meinem Vater und mir, dass, wenn ich volljährig werde, bestimmte Besitztümer in Beltoft, die Teil der Mitgift meiner Mutter waren, mir übertragen werden sollten. Ich hatte mit meinem Freund offen darüber gesprochen und freute mich tatsächlich sehnsüchtig auf den Genuss meiner eigenen Mittel, denn mein Vater hatte mir weniger Geld gewährt, als Männer seines Standes ihren Söhnen zu gewähren pflegten. Er war kein Geizhals, wenn es darum ging, mir Dinge zur Verfügung zu stellen, die unserem Stand entsprachen, aber ich hatte nie viel Geld in meiner Handtasche, so dass ich mich von der Gesellschaft anderer junger Leute fernhielt, außer Dick, der meine Notlage kannte und mir oft zuhörte, wenn ich darüber redete mutige Taten, die meinem Besitz eines Anwesens von etwa neunzig Pfund pro Jahr folgen sollten. Heute hatten wir kaum Gelegenheit zu Gesprächen, da unsere bescheideneren Nachbarn früh kamen, mit der vollen Absicht, fröhliche Zeitvertreibe und gute Laune zu genießen; Auch der Adel und die Bauern kamen nicht zu spät, da sie alle sehnsüchtig auf Neuigkeiten und Ratschläge von ihrem „Anwalt" warteten. Meine Damen und Herren zu Pferd, ein paar Damen, die es vorzogen, würdevoll in einer ruckelnden Kutsche zu sitzen, statt bequem im Sattel zu sitzen, Bäuerinnen auf Soziussitzen hinter ihren Ehemännern, Arbeiter, Sumpfmänner und Vogelzüchter, mit ihren Frauen, machten zu Fuß den weitläufigen Park eine lebhafte Szene. Bald waren unsere Ställe voll und viele Pferde mussten auf der Koppel angebunden werden. Zum Glück war der Tag wolkenlos und der Wind sanft, fast still.

Unsere Gäste nahmen bis zum Abendessen an verschiedenen Sportarten teil. Der große Bowlingplatz war voll mit drängelnden, lachenden Bowlern; der Bogenschießplatz bot vielen Teilnehmern Unterhaltung, denn unsere Isländer sind geschickt im Umgang mit Langbogen und Armbrust; Gruppen waren zum Cricket, Ballon-, Quoits-, Kegel- und Barrenspringen zusammengekommen. Einige der Jungen und Mädchen begannen sofort, zu Geige, Pfeife und Trommel zu tanzen. Viele der älteren Leute waren zufrieden damit, zu stehen oder zu sitzen und einer Gruppe von Morris-Tänzern zuzuschauen, oder füllten die Nische, wo eine Gruppe von Wanderschauspielern innerhalb einer Stunde eine blutrünstige Tragödie und eine urkomische Farce aufführte. Eine Gruppe umringte Bet Boswell, ein Zigeunermädchen, das unsere Beltonier von dem langen Aufenthalt ihres Stammes bei uns kannten, und mehr als ein junger Bauer hatte sich bis über beide Ohren in sie verliebt. Sie war ein großes, geschmeidiges Wesen, kühn und schön, mit jenem schelmischen Blick in ihren dunklen Augen, der mit der Liebe vergeht. Heute hat sie mit der Handfläche und dem Kristall die Zukunft vorhergesagt. Als Dick und ich uns der Gruppe anschlossen, bewiesen die mondsüchtigen Blicke einiger Bauern, dass Bet ihre Arbeit geschickt erledigte.

„Hier sei junger Knappe", sagte einer. „Erzähl ihm sein Vermögen."

Der Rest stimmte dem Kerl zu, und ich stimmte ihrem Humor zu und sagte:

„Dann komm, Bess. Lass mich mein Schicksal hören." bietet ihr Sixpence an.

„Nicht jetzt", antwortete sie und lehnte die Münze mit einer Handbewegung ab. „Ihr Schicksal steht heute auf dem Spiel."

„Wieso, Orakelsybil?" fragte ich lachend, war aber ein wenig beeindruckt von der Ernsthaftigkeit ihres Blicks und Tons.

„Bevor du schläfst, verlierst du ein Vermögen und bekommst ein neues angeboten", sagte sie.

„Wie ich verlieren kann, was ich nicht habe, verstehe ich nicht", antwortete ich; „aber mit Sicherheit werde ich eines nehmen, wenn es mir angeboten wird."

„Wenn du weise bist, wirst du es tun", sagte Bess und wandte sich von mir ab, als hätte sie nichts mehr zu sagen.

In diesem Moment rief das Läuten einer Glocke und das Ertönen eines Horns diejenigen unserer Gäste zum Abendessen, die unter Zelten und Markisen im Park ihr Mahl einnehmen sollten, und ich gesellte mich zu meinem Vater, um die Runde um die riesigen Tische zu machen Rind- und Hammelfleischstücke, haufenweise Trent-Lachs und gespickte Kapaune und ähnliche kräftige Speisen verschwanden schnell, heruntergespült mit reichlichen Zügen kräftigen Oktoberweins, zu dem für die Freibauern Brandy, Wein, Met und Aqua vitæ hinzukamen .

Als wir gesehen hatten, dass es allen gut ging, und wir genickt und gelächelt hatten, um den Jubel für „den Anwalt" und „den Erben von Temple Belwood" zu würdigen, schlossen wir uns der Gesellschaft an, die sich in der Halle versammelte, und gingen von dort mit angemessener Zeremonie zu ihnen das alte Esszimmer. Dort drehte sich das Gespräch viel mehr um Vermuijden und seine Taten als um den rechtmäßigen Helden des Tages, und die Stimmen wurden lauter und die Zungen wedelten immer schneller, während die Gläser der Männer mit Burgunder-, Bourdeaux- oder Champagnerwein aufgefüllt wurden und die Frauen nippten Hock und Bacharach und Sherris.

Meine Tischnachbarin links war Mistress Emma Ryther, ein dralles Mädchen mit großen, nie wechselnden Ochsenaugen. Sie galt als eine der Schönheiten der Insel und war tatsächlich als Stück Fleisch und Blut recht hübsch. Ich wusste kaum, ob ich sie mochte oder nicht mochte, denn ihr Benehmen mir gegenüber schien zu verraten, dass sie erwartete, dass ich pfiff, und bereit war zu kommen. Vielleicht wäre es nicht mehr als ein Kopf-an-Kopf-Rennen zwischen Zuneigung und Abneigung gewesen, da ich diese Einbildung im Kopf hatte, wenn ich nie die göttliche Schönheit gesehen hätte, die aus der Seele strahlt. Nachdem ich das gesehen hatte, war Mistress Ryther für mich nur eine gut gemalte Figur aus Porzellan. Während sie mir nichts vorplapperte, wunderte ich mich, dass ich jemals anders von ihr hätte denken können als heute. Sie zeigte eine gewisse Wahrnehmung meines Gemütszustands, indem sie scharf sagte: „Ihr Kopf ist genauso voller Holländisch wie der aller anderen."

Als der Nachtisch serviert wurde, erhob sich Mr. Ryther zu meinem Erstaunen, um den Toast des Tages auszusprechen. Er war kein alter Freund oder eine angesehene Person. Vor einigen Dutzend Jahren hatte er das Glück gehabt, unerwarteten Reichtum zu erben, und seitdem hatte er sich der Vermehrung seines Reichtums verschrieben, vor allem durch die Verleihung von Hypotheken und die Ausnutzung aller rechtlichen Vorteile des notleidenden Kreditnehmers. Er war ein großer Kerl mit lauter Stimme und pompösem Auftreten und einer großen Hakennase, an der es mir in den Fingern brannte, wegen seiner Unverschämtheit daran zu ziehen. Meine Ungeduld wuchs, als er fortfuhr, den öffentlichen Geist und die Großzügigkeit meines Vaters zu loben, und dabei einen Ton annahm, als wäre er Thomas Vavasour ebenbürtig. Als er anfing, über mich zu sprechen, kochte mein Blut, denn er zählte meine guten Seiten auf, als wäre ich ein Pferd, und er hatte die Absicht, mich zu verkaufen. Abschließend sagte er, dass er sich auf die bevorstehenden Feierlichkeiten freue, wenn der Erbe von

Temple Belwood eine schöne und wohlhabende Braut in dieses alte Haus bringen werde. Ich hätte eine Karaffe auf die fettige Stirn werfen können, die er mit unendlicher Selbstzufriedenheit abwischte. Ich stammelte, soweit ich mich erinnern konnte, von der kleinen Rede, die ich für diesen Anlass gehalten hatte, und sagte so wenig wie möglich über den Antragsteller. Die Damen zogen sich zurück und das eigentliche Geschäft des Tages begann. Mein Vater erhob sich, um über seine Verhandlungen in London Bericht zu erstatten, der hier nicht niedergelegt zu werden braucht, da ich ihn an anderer Stelle zu Protokoll gegeben habe. Abschließend sagte er: „Das höchste Gericht dieses Landes hat ein Urteil gegen Vermuijden gefällt, aber er setzt seine rechtswidrige Klage fort. Personen, die seiner Majestät nahe stehen, haben dem Niederländer königlichen Schutz zugesichert und wagen es, die Vorrechte des Königs über das Gesetz zu stellen." . Diese Behauptung der Vorrechte ist unbegründet, und ich erwarte zuversichtlich, dass sie bald zurückgezogen wird, wie Sie wissen, und unternimmt Schritte, um einen schädlichen Berater aus der Position zu entfernen, die er bei der Absetzung schamlos missbraucht hat Wenn wir den Rat des Herzogs von Buckingham von den Ratschlägen Seiner Majestät abwenden, wird es zweifellos zu einer Änderung der Politik seitens eines Adligen, unseres Nachbarn, kommen, der bisher die Niederländer bei ihrer Invasion unserer Insel unterstützt hat, und das Gesetz wird sich durchsetzen Wir dürfen nicht vergessen, dass Vermuijden glaubt, dass er Recht hat, und auch nicht, dass er eine sehr große Summe Geld für seine angeblichen Rechte auf unserem Boden bezahlt hat. Wir müssen mit strikter Legalität vorgehen, sonst geraten wir in Unrecht. Gestatten Sie mir, einen persönlichen Appell an jeden Herrn in diesem Saal zu richten . Ich habe meine Zeit, meine Kraft und meine Mittel großzügig in Ihren Dienst gestellt und wünsche, dass meine Bemühungen nicht durch den Rückgriff auf Gewalt jeglicher Art zunichte gemacht werden. Halten wir uns an den rechtmäßigen Weg, dann werden wir am Ende mit Sicherheit Erfolg haben."

Als sich mein Vater setzte, gab es einigen Applaus, und einige Herren riefen: „Ein langes Leben unserem Anwalt!" aber in mehreren Vierteln war Gemurmel zu hören, und Squire Portington aus Thorne erhob sich, um zu sprechen.

„Meine Herren", sagte er, „Recht und Ordnung sind schön und gut, aber was ist mit unserem Eigentum? Hundert Morgen meines besten Landes stehen jetzt unter Wasser, durch die Dummheit dieser verdammten Holländer. Wenn sie weitermachen, werden sie ertrinken." Für mich und meine nächsten Nachbarn wird es ein großer Trost sein, wenn sich dieser Vermuijden eines schönen Tages dem Gesetz beugen muss. Das Gesetz ist auf unserer Seite , aber was das Parlament betrifft, das Buckingham ein Ende setzt, wird es, soweit ich weiß, genauso wahrscheinlich sein, dass er dem

Parlament ein Ende setzt. Wissen Sie, dass der Niederländer die volle Macht dazu hat? Jemanden aufhängen, der sich ihm widersetzt und in Sandtoft einen Galgen errichtet hat?

Die Herren zu beiden Seiten von Squire Portington zerrten ihn auf seinen Sitz, aber der Squire schüttelte sich los und stand wieder auf.

„Meine Nachbarn hier haben Angst, dass ich vor den Rat des Nordens gebracht werde, weil ich Verrat spreche, und dass sie in Schwierigkeiten geraten, weil sie zugehört haben. Ich habe nicht angenommen, dass es hier irgendwelche verdammten Spione und Informanten gibt. Ich sagte, dass das Gesetz nichts tun kann, um uns vor dem Untergang zu retten. Umso schlimmer für das Gesetz. Aber ich werde nicht still dasitzen, während die Holländer mein Land und mich ertränken. Mein Motto ist ‚Freiheit und Eigentum‘. Wenn die Herren hier oder die Hälfte von ihnen sich mir anschließen, schicken wir Vermuijden eine dreitägige Kündigung, damit er unser Land verlässt. Natürlich wird er sie nicht annehmen, aber das ist seine Sache. Nach Ablauf der drei Tage werden wir mit fünfhundert kräftigen Kerlen losziehen und die Bettler vertreiben, jeden Mann töten, der sich widersetzt, Vermuijden an seinem eigenen Galgen hängen und die Insel von den Eindringlingen säubern. Das ist meine Art. Wir werden von Recht und Ordnung reden, wenn wir unsere Freiheit und unser Eigentum sichergestellt haben."

Alle anwesenden jungen Männer und einige ihrer Älteren erhoben sich und riefen: „Das ist vernünftig! Freiheit und Eigentum! Ein dreifaches Hoch auf Squire Portington! Schickt die Holländer zum Teufel! Hänget Vermuijden an seinen eigenen Galgen! Dafür gibt es in der Heiligen Schrift etwas. Hurra!"

Diese und ähnliche Rufe verursachten einen ohrenbetäubenden Lärm. Vollgepumpt mit Wein und aufgeweckt durch Portingtons Ansprache vergaßen unsere Gäste jeglichen Anstand und machten einen solchen Tumult, dass sich die Leute um die Tür drängten und ihre Stimmen in den Jubelruf für „Freiheit und Eigentum" und den Ruf „Nieder mit den Holländern" einstimmten.

Unter den Eindringlingen fiel besonders Boswell auf, der Vater des oben erwähnten Mädchens, ein berüchtigter Wilddieb und Schlimmeres. Er hatte sich weit ins Zimmer geschlichen und machte auf mich den Eindruck, als wäre er nur Augen und Ohren. Ich sprang auf und befahl dem Pöbel, zu verschwinden, was sie ziemlich schnell taten. Mein Vater nutzte die Gelegenheit, die sich durch die kurze Ruhepause bot, die folgte, um seine Freunde von der Gewalt abzubringen. Er erklärte, wenn es innerhalb von drei Monaten keine gute Aussicht auf Abhilfe mit rechtlichen Mitteln gäbe, würde er selbst mit starker Hand unsere gerechten und gesetzlichen Rechte verteidigen.

Der Schwur wurde mit lautem Beifall und dem Leeren vieler Gläser zu seinen Ehren begrüßt; doch dann entstand ein großes Stimmengewirr, währenddessen Männer ihre Plätze verließen, um in Hörweite dieses oder jenes Redners zu sein, so dass sich die Gesellschaft in einzelne Gruppen auflöste; einige lauschten demjenigen, den sie für ein Orakel hielten, andere redeten durcheinander und lauschten nur dem Klang ihrer eigenen Stimmen. Damit war für diese Zeit jede geordnete Beratung beendet.

Am späten Abend, als die Feierlichkeiten vorüber waren und die Gäste abreisten, erklärte mein Vater, dass er mir die Besitzurkunden des Beltoft-Landes nicht ausgehändigt habe, weil er aufgrund seines Verteidigungsaufwands gezwungen gewesen sei, es zu verpfänden der Rechte der Inselbürger. Ich antwortete, dass ich es für schwierig halte, mein kleines Vermögen für die Kosten eines Rechtsstreits zu verwenden; ein anderer Teil des Nachlasses könnte sie getragen haben. Daraufhin verblüffte und verblüffte mich mein Vater, als er sagte, dass mehr als die Hälfte der Ländereien von Temple Belwood bereits verpfändet seien. Eine Zeit lang war ich sprachlos vor Erstaunen und starrte. Schließlich platzte ich heraus:

„Warum sollte unser Nachlass die gesamten Kosten dieses Verfahrens tragen? Sicherlich sollte jeder Bürger seinen Anteil zahlen."

„Du bist etwas voreilig, Frank", antwortete mein Vater, „Temple Belwood *unser* Anwesen zu nennen. Wenn ich mich dafür entscheide, Geld für die Verteidigung der Rechte der Islonier auszugeben, hat mein Sohn nicht die Befugnis, mich zur Rechenschaft zu ziehen."

„Ist es Ihnen ein Vergnügen", fragte ich, „dass ich morgen zum Pflugschwanz gehen soll?"

„Sprich nicht wie ein Idiot, Junge."

„Heute bin ich ein Mann geworden, Sir."

„Die Diskretion hinkt der alten Vaterzeit hinterher, so scheint es."

Ich unterdrückte die lockere Erwiderung, und mein Vater fuhr fort:

„Wenn Sie nicht die öffentliche Meinung Ihres Vaters haben, tut es mir leid; aber Ihre privaten Interessen sind sicher genug, und Temple Belwood wird Ihnen gehören, ohne einen einzigen Acre zu belasten."

Wieder war ich erstaunt und stumm.

„Ryther ist verpflichtet, Ihnen die Urkunden an dem Tag zurückzugeben, an dem Sie seine Tochter geheiratet haben."

Jetzt verstand ich Geheimnisse; Zum einen Rythers Unverschämtheit beim Abendessen und zum anderen das Benehmen seiner Tochter. Mein Vater hatte Geld in einem Geschäft verschwendet, das nicht mehr ihm gehörte als das eines anderen Gentlemans auf der Insel, und versicherte, dass jeder Schaden am Anwesen durch diesen absurden Heiratsvertrag behoben werden würde. Das Vavasour-Erbe ging verloren, und alle Zeremonien und Fröhlichkeiten des Tages waren zu Ehren des Erben von – Nichts gewesen.

Der Stand der Dinge war wahnsinnig und doch lächerlich, und das Lachen wollte seinen Willen durchsetzen. Ich zitterte dabei.

„Worüber in aller Welt gibt es da zu lachen?" schrie mein Vater.

„Gott weiß, ich nicht", antwortete ich und lachte immer noch.

Nun war es an meinem Vater, erstaunt zu sein. Er blickte mich zweifelnd an, bis mein Anfall vorüber war. Dann sagte er-

„Du hast zu viel Wein getrunken. Wir werden darüber reden, wenn der Schlaf dich ernüchtert hat." Und er ging ins Bett.

Ich war feige genug, mich über die Atempause zu freuen, da ich vorhersah, dass der Kummer und die Wut meines Vaters schwer zu ertragen sein würden, wenn er wusste, dass ich keine Frau auf der Welt außer Anna Goel heiraten würde.

KAPITEL IV

Ich konnte jetzt nicht alles beschreiben, was zwischen meinem Vater und mir über die Ehe geschah, die er für mich geplant hatte; Ich würde es auch nicht tun, wenn ich könnte, denn ich habe vieles gesagt, was mir auch heute noch die Ohren brennen lässt, wenn ich mich daran erinnere, und er einige Dinge, die man besser vergessen sollte. Ich glaube, er war umso heißer auf mich, als ihm das Bündnis, das er vorschlug, in seinem Herzen nicht gefiel und er gezwungen war, seine eigenen Gefühle zu verletzen, als er es mir aufdrängte. Wir endeten im Zorn und entfremdeten uns voneinander. Eine Zeit lang spürten wir nicht die ganze Schmerzhaftigkeit dieser Angelegenheit, da mein Vater sich mit den Angelegenheiten der Insel beschäftigte, die ihn viel ins Ausland führten und viele Besucher und Boten nach Temple Belwood brachten, wenn er zu Hause war.

Während er mit diesen Angelegenheiten beschäftigt war, suchte ich in der Hoffnung auf eine zufällige Begegnung mit Mistress Goel die Umgebung von Castle Mulgrave heim. Die Entfernung zwischen den beiden Häusern betrug nicht viel mehr als drei Meilen. Manchmal ruderte ich mit meinem Boot den Nolffdyke hinunter und so nach Trent, wenn ich Segel hisste und auf der Suche nach dem Vergnügungsschiff des Grafen den Fluss auf und ab fuhr. Zu anderen Zeiten ritt ich am Causey entlang, der das Sumpfgebiet von Beltoft bis zur Butterwick-Fähre überquerte, und streifte die Straßen und Wege auf der anderen Seite des Flusses ab. Meine Suche brachte mir nur einen flüchtigen Blick auf meine Dame. Einmal, als ich am Ostufer eine kleine Anhöhe erreichte, sah ich sie mit einer Gruppe den Hof des Schlosses betreten – zu Pferd! Sie hatte reiten gelernt, seit ich das letzte Mal mit ihr gesprochen hatte, und ich knirschte mit den Zähnen, als ich daran dachte, wer ihr das beigebracht hatte, an das Auf- und Absteigen und an all die Gelegenheiten, bei denen der Lehrer Hand und Fuß berühren musste, selbst wenn es sein mochte um sie in seine Arme zu nehmen. Wie ich Sheffield gehasst habe! Und eine Zeit lang hasste ich auch Mistress Goel fast.

Am Tag nach diesem wahnsinnigen Anblick kam Dick Portington mit Neuigkeiten nach Temple, die mich zu einem anderen Zeitpunkt mächtig bewegt hätten. Hatfield Chace sollte entlassen werden. Die Hirsche sollten getrieben und gefangen, weggebracht und in anderen königlichen Wäldern verteilt werden. Wenn die Chace geräumt war, konnte Vermuijden Holz fällen, das Wasser ablassen und das Land zuteilen.

„Kein Horn mehr schwingen, kein Hirsch mehr folgen, mein Junge", sagte Dick. „Wir sollten uns die letzte Hirschjagd in Hatfield ansehen. Und vielleicht gibt es neben dem Treiben der Hirsche noch andere Sportarten. Also kommen Sie mit."

„Welche Art von Sport?“ Ich fragte.

„Sie wissen, wie viele unserer Kameraden in Thorne und Crowle die Chace als ihre Domäne ebenso betrachten wie die des Königs. Sie sind nicht besonders erfreut, ihr Wildbret oder ihren Zeitvertreib zu verlieren. Mondnächte werden langweilig sein, wenn es keine Pirsch mehr gibt das Spiel des Königs oder die Chance, sich im Kampf mit seinen Hütern das Blut zu erwärmen.“

„Du sprichst gefühlvoll, Dick“, sagte ich lachend.

„Ja, das tue ich“, antwortete er. „Aber die Vogelzüchter und Fischer ertragen es schlimmer als ich. Ein dicker Bock ist ab und zu viel wert für einen armen Mann. Heute wird es mürrische Gesichter geben, die zuschauen.“

„Aber die Förster werden für einen Angriff zu stark sein“, antwortete ich.

„Kann sein. Aber hör zu, Junge, Vermuijden und einige seiner Leute werden heute in der Krone eine Gruppe von alten Mulligrubs treffen, umso mehr Dummköpfe sie haben.“

Diese Nachricht ließ meinen Puls höher schlagen. Was war so wahrscheinlich, dass Doktor Goel und seine Tochter bei einem Treffen zwischen dem Grafen (den Dick aus einer Laune heraus Mulligrubs fälschlicherweise nannte) und dem niederländischen Anführer anwesend sein würden? Und wenn sich Ärger zusammenbraute, war es umso wichtiger, dass ein Freund zur Stelle war. Also antwortete ich:

"Dann nimm es mit!"

Aber zu der Zeit war kein Pferd im Stall, außer der alten weißen Stute. Luke war auf Trueboy nach Haxey geritten, und die anderen galoppierten, um die Besorgungen meines Vaters zu erledigen. Als ich das Dick sagte, antwortete er:

„Warum auf ein Pferd warten? Besorgen Sie Stelzen für uns beide, und wir überqueren das Marschgebiet nach Messic Mere und nehmen eines von Holmes‘ Booten. Bei diesem Wind können wir Idle genauso schnell hinauffliegen, wie wir herumreiten könnten.“

Also haben wir es getan. Auf dem Weg nach Belshaw bestiegen wir dort unsere Stelzen und überquerten schnell das Moor. Das lange, trockene Wetter hatte es für diejenigen passierbar gemacht, die sich mit den Untiefen und der Lage der Bergrücken auskannten, wenn sie sich mit den Stelzen auskennen konnten, und nur wenige Islonier hatten mehr als Portington und ich. Wir nahmen bei Holmes ein Boot und fuhren dann weiter fröhlich den Fluss entlang, Dick mit dem Laken in der Hand, ich lenke. Es war wirklich eine angenehme Fahrt, der Wind rauschte und pfiff im Schilf an beiden

Ufern, das Wasser zischte und kräuselte sich vom Bug, während wir uns durch schmale Wasserwege schlängelten und hinaus in weite Räume, wo die Vögel aufschreckten, als wir kamen , flüchteten, flatterten und kreischten oder huschten zwischen den Seggen und Binsen hindurch. Ich glaube, man hat nie das Gefühl, fern und getrennt vom Rest der Welt zu sein, nirgendwo sonst so sehr wie in einsamen Wasserstraßen, und wir saßen beide eine Weile schweigend da und genossen die Stille der Szene. Endlich sprach Dick:

„Weißt du, Frank, dass es Teil von Vermuijdens Plan ist, den Idle zu stoppen?"

„Das nehme ich nicht", antwortete ich.

„Er plant, den Fluss an der Grenze zu Nottingham abzusperren – er hat damit begonnen, den Abfluss zu unterbrechen, der das Wasser in Trent leiten soll."

„Ist er befugt, Kirchen abzureißen, damit er die Steine als Eindämmung seiner Abflüsse nutzen kann?" Ich fragte; denn für mich erschien es ein Sakrileg, unsere Flüsse und Bäche auszutrocknen.

„Zweifellos könnte er das tun, wenn er genug Geld in die leere Staatskasse einzahlen würde", antwortete Dick; „Und für eine Kleinigkeit mehr könnte er die königliche Autorität haben, die Knochen unserer Vorfahren auszugraben und sie zu verbrennen, um den Kalk zu gewinnen, den er aus ihnen herausholen könnte."

Bevor wir Tudworth, Squire Portingtons Anwesen, erreichten, sagte uns ein Geräusch in der Ferne, dass die Hirschjagd begonnen hatte. Und sobald es möglich war, saßen wir im Sattel und machten uns auf den Weg in den Wald, geleitet vom Geschrei der Männer und dem Bellen der Hunde. Eine Zeit lang ritten wir weiter, ohne jemanden zu treffen oder zu sehen. Der Weg der Treiber schien sich von uns wegzuschlängeln. Plötzlich, als wir aus dem Schatten eines dichten Wäldchens hervortraten, sahen wir im Freien vor uns eine Hirschkuh und ihr Kitz, die in einem Bach standen und tranken. Hinter ihnen standen einige der schönsten Eichen des Chace, prächtig in der Pracht des Laubes Mitte Juni. Mein Freund zog die Zügel an und verfluchte alle Holländer mit einer Heftigkeit, die einen kühleren Gefährten zum Lachen gebracht hätte.

„Denk mal darüber nach, Frank", sagte er. „Kein einziger Bock wird übrig bleiben! Diese Bäume werden gefällt! Keine Hunde- und Hornmusik mehr!"

Ich weiß nicht, wie lange Dick geflucht und gejammert hätte, wenn nicht ein Verderer gekommen wäre, der uns sagte, dass die Treiber den Befehl hätten, nach Thorne Mere zu fahren, und dass wir am besten in diese Richtung reiten würden, wenn wir sehen wollten das Erlegen des Hirsches. Also eilten wir nach Norden, anstatt der Armee der Hüter zu folgen, und machten uns auf den Weg zu dem ansteigenden Gelände über dem Meer, wo wir bereits eine große Schar sanftmütiger und einfacher Menschen vorfanden.

In kurzer Zeit brach eine riesige Herde aus dem Versteck des Waldes hervor, gefolgt von einer Menge Männer und Hunde. Fast alle Hirsche gingen ins Wasser und wurden dann von hundert oder mehr Booten verfolgt. Einige suchten hier und da Zuflucht auf kleinen Inseln, und einige schwammen direkt über das Meeresufer, doch die weitaus größte Zahl kauerte verängstigt und erschöpft zusammen und stand bis zum Hals im Wasser. Die Burschen in den Booten umringten den kleinen Wald aus Hörnern, und einige wagten sich unter sie hindurch, banden ihnen ein starkes, langes Seil um den Kopf, zogen sie an Land und bündelten sie in Karren oder banden sie fest, damit sie leichter dorthin fahren konnten, wo sie waren zur Übergabe an die Halter anderer Wälder. Für mich war es ein trauriger Anblick, den ich bald satt hatte. Also ließ ich Dick mit einigen seiner Freunde und dem Versprechen zurück, mich in ein paar Stunden im Crown zu treffen , und machte mich sofort auf den Weg zum Gasthaus, in der Hoffnung, von den dortigen Leuten etwas über die erwartete Gesellschaft zu erfahren .

Als ich ziemlich schnell um eine scharfe Kurve der Straße bog, wäre ich beinahe mit einer Dame zusammengestoßen, die mir den Damm aus der entgegengesetzten Richtung entlangkam. Als ich anhielt, erkannte ich, dass es Frau Goel war. Es war ein wenig schwierig, mein Ross in den breiten Graben zu zwingen; aber als das geschafft war, stieg ich ab, grüßte sie und sagte etwas über meine Freude, sie kennenzulernen.

„Meine Freude wurde etwas getrübt durch die Angst, niedergeschlagen zu werden“, sagte sie. „Ist es in diesem Land üblich, dass Reiter den Weg freihalten und Fußgänger in den Graben treiben?“

„Ihr Reitmeister muss Ihnen so viel beigebracht haben“, antwortete ich.

„Und woher wissen Sie, dass ich Unterricht hatte?“

„Indem ich sehe, wie gut Sie fahren.“

Die Dame verneigte sich leicht vor mir. Ich glaubte, eine Frage in ihren Augen zu lesen, doch sie kam nicht über ihre Lippen.

„Darf ich Sie begleiten – wohin auch immer Sie gehen?“, fragte ich.

„Ich wäre froh über Ihre Führung. Ich bin nur herausgekommen, um frische Luft zu schnappen. Bis zu unserer Abreise ist noch eine Stunde vergangen, und das Gasthaus ist überfüllt und laut.“

Während dieser Stunde habe ich einige Dinge gelernt, die ich kurz darlegen möchte. Auf Castle Mulgrave wurde berichtet, dass mein Vater geschworen hatte, die Holländer mit Gewalt zu vertreiben, dass zu diesem Zweck eine Menge neuer Schusswaffen gekauft und in Temple gelagert worden seien und dass sofort ein Angriff auf die Siedlung stattfinden sollte. Der Graf hatte den König über diesen (angeblichen) Sachverhalt informiert und eine Entschädigungszusage für alle Maßnahmen erhalten, die er zur Verteidigung der Ausländer möglicherweise für angebracht hielt, und war befugt, verdächtige Personen zu verhaften, einzusperren oder zu befragen. Doktor Goel war vor der Gefahr einer Verlegung nach Sandtoft gewarnt worden, hatte es aber aus einem mir nicht genannten Grund vorgezogen, das Risiko einzugehen, anstatt seinen Aufenthalt im Schloss zu verlängern. Da sich der Arzt in diesem Punkt als unbeweglich erwies, hatte der Graf eine bewaffnete Eskorte angeordnet, die ihn und seine Tochter nach Thorne begleiten sollte, und hatte Vermuijden geraten, eine starke Truppe mitzubringen, um sie zu treffen.

Das war eine Menge Stoff zum Nachdenken, aber die dringendste Aufgabe war, hier und jetzt Unheil zu verhindern. War es bloße Vergesslichkeit, fragte ich mich, dass der Graf diesen Tag anberaumt hatte, an dem Hunderte Isländer zum Hirschtreiben anwesend waren und durch den Anblick einer bewaffneten Gruppe von Ausländern zu einem Aufruhr provoziert werden könnten?

Auf dem Weg zurück zur Krone fragte Mistress Goel:

„Könnten Sie Ihren Vater überreden, sich mit Herrn Vermuijden zu treffen? Die beiden, die nur das wollen, was recht und billig ist, könnten sich sicher gut einigen. Ich weiß, dass es Leute gibt, die versuchen, Ärger zu schüren, und ich zittere bei dem Gedanken daran, was passieren könnte. Könnten Sie Herrn Vavasour überreden?“

Ich lachte ziemlich bitter. „Unglücklicherweise wollte mein Vater nicht auf mich hören.“

„Aus dem, was Sie mir erzählt haben, habe ich entnommen, dass Sie so glücklich waren, wie Vater und Sohn nur sein können.“

„Das waren wir, aber jetzt gibt es eine Spaltung zwischen uns.“

„Hoffentlich nicht unseretwegen!“

„Nein, es ist nur ein Familienstreit alten Typs.“

Es verging nichts mehr, denn wir waren im Gasthaus; ein langes, niedriges Haus mit einer Grünfläche davor, wo ein paar Dutzend Männer saßen oder lümmelten, Bier tranken und sich laut unterhielten, aber ein wachsames Auge auf das Treiben in der Taverne hatten. Ungefähr zwei Dutzend Männer in den Mulgrave-Farben, bewaffnet mit Musketen und Entermessern, standen in der Nähe der Veranda; ebenso viele Holländer, Pistolen im Gürtel und

Gewehr in der Hand, saßen auf leeren Fässern, mit dem Boden nach oben gedrehten Eimern, Hühnerställen und allem Möglichen. Die Islonier auf dem Grün waren größtenteils unbewaffnet, bis auf den Stab und das große Messer, ohne die unsere Männer nie von zu Hause wegkamen, aber hier und da war eine Armbrust zu sehen. Im Inneren des Hauses saßen an einem der offenen Fenster mehrere junge Leute aus meinem Bekanntenkreis, darunter Dick Portington, und tranken fröhlich ihren Wein. Es besteht keine Gefahr einer Störung, dachte ich, da die Menge gut gelaunt war und das Mulgrave-Gefolge und die Holländer in Sachen Waffen einen großen Vorteil hatten. Doch als Herrin Goel im Türrahmen verschwand und ich mich umdrehte, um mein Pferd zum Stall zu führen, legten zufällig zwei Männer des Grafen ihre Waffen nieder und lehnten sie an die Wand. Im Nu griff Dick aus dem Fenster und ergriff sie. „Ale oder Wein, meine Herren?" fragte er, als wäre er ein Tapster. Und vor den Augen der Menge leerte er einen Humpen in die Mündungen und reichte die Waffen wieder aus. „Möchte noch ein anderer Herr ein Fass voll?" er erkundigte sich. Vom Grün her ertönte lautes Gelächter. Einer der beiden Männer zog die Pistole aus dem Gürtel und wollte auf Dick schießen, aber ich, der direkt hinter ihm war, stieß ihn am Ellbogen an, und die Pistole flog ihm ohne Schaden aus der Hand. Ein weiteres Gebrüll der Zuschauer erfüllte die Luft. Einige der Mulgrave-Männer warfen sich auf mich, packten mich an den Armen, und einer schlug mir ins Gesicht. Dann verlor ich, der ich so auf Besonnenheit und Friedensstiftung bedacht war, den Verstand, befreite mich von meinen Häschern und schlug den Mann nieder, der mich geschlagen hatte. Es kam zu einem hübschen Handgemenge. Dick und andere sprangen aus dem Fenster und kamen mir ohne Waffen, aber mit geballten Fäusten und einer oder zwei Reitpeitschen zu Hilfe. Etwa eine Minute lang dauerte der Kampf auf engstem Raum, so dass die Männer des Grafen ihre Waffen nicht wirkungsvoll einsetzen konnten und ihre Kameraden außerhalb des Mellay nicht zuschlagen oder schießen konnten, ohne Gefahr zu laufen, ihre eigenen Männer zu töten oder zu verstümmeln; Aber als jemand, den ich nicht sah, die Worte „Schießt, ihr Idioten, schießt" sagte, wurden mehrere Granaten abgefeuert. Will Staniforth, der mir nahe stand, stürzte, Blut strömte aus seinem Hals. Ich kniete nieder, um ihn zu stützen, aber ihm war keine Hilfe mehr möglich. Die Kugel hatte einen schrecklichen Schnitt nach oben gerissen und war in das Gehirn eingedrungen. Es gab ein Gurgeln in seiner Kehle, ein Schauder ging durch seinen ganzen Körper und er war tot. Als ich mich von den Knien erhob, hatten drei meiner Freunde Musketen in der Hand, darunter Dick Portington. Die Gefolgsleute des Grafen hatten mit ausgerichteten Figuren einen Halbkreis vor uns gebildet.

"Ergibt euch, Gefangene", sagte ihr Anführer, "oder wir schießen." Dick antwortete mit einem Schuss, der den Sprecher zu Boden schickte, und eine Art Wahnsinn überkam mich. Ich sah alles durch einen roten Nebel und kümmerte mich um nichts anderes, als unseren toten Kameraden zu rächen. Ich stürzte mich auf den nächsten Feind, riss ihm seine Muskete aus der Hand und schlug mit aller Kraft darauf ein. Als er fiel, rief ich "Eins" und rannte auf den nächsten zu, der ein wenig zurückwich und wild um sich schoss. "Zwei", schrie ich, als mein Kolben auf seinen Kopf krachte. Der dritte Mann, auf den ich zustürmte, warf seine Muskete weg und rannte los. Ich blickte mich um und sah, dass jeder aus unserer Gruppe eine Muskete besessen hatte und sie auf die gleiche Weise benutzte. Der Feind hatte keine Zeit nachzuladen; sechs seiner Kameraden waren außer Gefecht gesetzt, darunter ihr Anführer; Sie hatten keine Lust auf weiteren Nahkampf und so machten sie, obwohl sie mehr als zwei zu eins waren, kehrt und rannten um ihr Leben. Aber da sie ungeschickte Schurken waren, hatten sie kaum eine Chance, uns auf diese Weise zu entkommen, und sie waren froh, dem Befehl zu gehorchen, den Dick brüllte, als wir sie verfolgten, nämlich ihre Waffen niederzulegen. Gewehre, Pistolen, Entermesser, alles wurde weggeworfen. Selbst dann verfolgte ich sie noch, bis Portington mich festhielt.

„Die armen Teufel sind unbewaffnet, Frank. Lass sie gehen", sagte er.

Da kam ich zur Besinnung und kehrte mit den anderen um. Wir trafen einige Männer, die aus dem Grün gekommen waren, um die Kriegsbeute abzuholen.

„Sie sind feine Kerle", sagte Dick zu einigen von ihnen, „wenn Sie tatenlos zusehen, wie Ihre Nachbarn misshandelt werden."

"Soweit ich das sehe, Squire", antwortete ein dicker Kerl (derselbe, der im ersten Kapitel erwähnt wurde), "konnten Sie für sich selbst sorgen, und Sie müssen armen Leuten nachsehen, die nicht an den Galgen oder auf die Plantagen in Virginia gehen wollen. Für Leute wie uns ist das eine Angelegenheit des Hängens. Trotzdem hätten einige der Esel ihre Hälse in einen Strick gesteckt, wenn ich sie nicht belästigt hätte."

„Vielen Dank an Sie", antwortete Dick und lachte über die kühle Unverschämtheit des Mannes.

„Außerdem, Euer Ehren", sagte der Kerl leiser, „musste jemand ein Auge auf die Holländer haben."

„Ach, die Holländer. Ich hatte sie wirklich vergessen. Und was ist aus deiner Wache geworden, mein Mann?"

"Fast sobald der Kampf begann, kam die hübsche Holländerin an das Fenster hinter ihnen und sprach mit dem großen Kerl, der das Kommando zu haben scheint. Ich schlich mich heran, aber sie plapperten in ihrer eigenen Sprache. Ich konnte nur verstehen, dass sie drei oder vier Mal ‚Fermoyden' wiederholte und dem großen Kerl anscheinend die Leviten lesen wollte.

Dann flog sie davon wie ein Vogel, und Mylord Sheffield kam eilig aus dem Haus (damals knackte der junge Squire Vavasour gerade Schädel wie Walnüsse) und befahl den Holländern, seinen Männern zu Hilfe zu kommen, aber der große Kapitän schüttelte den Kopf und verstand entweder nicht oder tat so, als ob er es nicht verstünde. Mylord stampfte wütend mit dem Fuß auf und machte seine Meinung durch Gesten deutlich; aber der andere wollte nicht nachgeben und wiederholte ‚Fermoyden‘. Fermoyden ist noch nicht gekommen, und sie warten auf ihn."

„Was halten Sie davon, Frank? Sie sind mit der Dame in die Taverne gekommen."

„Dass die Dame so klug war, den niederländischen Kapitän anzuweisen, den Mulgrave-Männern nicht zu helfen, sondern dies mit der Begründung abzulehnen, dass er Vermuijdens Autorität brauche, um sich in einen Streit einzumischen, der ihn nichts angehe."

„Beim Jupiter, das sieht ungewöhnlich danach aus; und wenn das so ist, müssen einige von uns der Dame danken, dass wir am Leben sind."

Daran hatte ich nicht den geringsten Zweifel. Während Dicks unpassender Scherz und meine hitzige Wut über einen Schlag einen Streit ausgelöst hatten, der Staniforth und einige andere das Leben kostete, hatte Mistress Goel einen Konflikt zwischen den Holländern und unserer isländischen Truppe verhindert. Als wir um die Ecke der Taverne bogen (die Verfolgung hatte uns auf einen mit Heidekraut bewachsenen Pfad hinter der Taverne geführt), trafen wir Sheffield und seinen Mohren, der zu Pferd ritt und offenbar auf Castle Mulgrave zusteuerte. Er zog die Zügel an und knurrte:

„Verrat und Mord sind zweifelsohne ein lustiger Zeitvertreib, aber am Ende endet es mit Erhängen, Rausziehen und Einquartieren."

Jetzt wusste ich, wessen Stimme war, die sagte: „Schießt, ihr Idioten, schießt." und das Gefühl, das diese Erkenntnis in mir hervorrief, muss deutlich in meinem Gesicht gewesen sein, denn Dick hakte seinen Arm bei mir ein, zog mich weiter und sagte laut genug, dass Sheffield es hören konnte:

„Lass den geschlagenen Hund jaulen."

Wir baten den Wirt, der uns an seiner Tür empfing, für Essen und Trinken zu sorgen, denn einige von uns hatten seit dem frühen Morgen nichts gegessen; und ich machte mich auf die Suche nach Wasser, um mich von Blut und Staub zu reinigen, und wollte nicht, dass Herrin Goel mich in meiner schmutzigen Lage sehen würde. Tatsächlich schreckte ich davor zurück, sie zu treffen, denn nun, da meine Wut und meine Kraft erschöpft waren, schämte ich mich für meine tosende Wut. Doch als ich zur Pumpe ging, überholte mich zufällig Herrin Goel und ging mit einem Korb zur

Scheune. Als ich ihren leichten, gleitenden Schritt hörte, drehte ich mich um und sie erbleichte bei meinem Anblick.

„Ich fürchte, Sie sind schwer verwundet", sagte sie. „Komm zu meinem Vater, der in der Scheune ist."

„Ich habe nichts Schlimmeres als ein paar blaue Flecken und Kratzer", antwortete ich. „Dafür muss ich Ihnen danken; Ihre Schlagfertigkeit und Freundlichkeit haben heute mehrere Leben gerettet."

„Ich habe nichts weiter getan, als mein eigenes Volk davon abzuhalten, sich in Konflikte einzumischen, die es nichts angingen. Aber woher Sie das wissen, übersteigt mein Verständnis."

Ich erklärte es und fragte dann, was ihr Vater in der Scheune machte.

„Er ist damit beschäftigt, die Köpfe zu reparieren, die Sie beschädigt haben", antwortete sie.

„Zumindest zwei sind nicht mehr zu reparieren, nicht einmal mit seinen Fähigkeiten", sagte ich.

„Das stimmt nicht", lachte sie. „Entweder ist Ihr Arm nicht so furchtbar stark, wie er schien, oder die Schädel der Lincolnshire-Indianer sind dicker als gewöhnlich, denn mein Vater hat große Hoffnungen in die beiden Männer, die Sie niedergeschlagen haben."

„Gott sei Dank!", sagte ich inbrünstig. „Meine brutale Wut hat die Schurken nicht getötet."

„Oh! Aber es war nicht brutal", rief Mistress Goel mit funkelnden Augen. „Sie wollten Gewalt abwenden. Und dass Sie zu großem und schrecklichem Zorn gereizt wurden, als Sie sahen, wie Ihr Freund schändlich und verräterisch niedergeschossen wurde, ist nicht brutal. Oh nein, dafür muss man ein anderes Wort verwenden."

Wie wenig wusste ich über die Sitten der Frauen! Ich hatte befürchtet, dass ich in der Achtung der Dame für immer gesunken wäre, und hier stand sie, sah mit feuchten Augen zu mir auf und sprach, als hätte ich eine edle Tat vollbracht.

Es hätte mir sehr gefallen, wenn unser Gespräch hätte fortgesetzt werden können, aber Herrin Goel musste ihrem Vater zu Hilfe eilen, und ich kehrte zu meinen Kameraden zurück, nachdem ich die Kampfflecken soweit entfernt hatte, dass ich mich waschen konnte. Wir waren nicht glücklich über unser Essen und Trinken, denn in einem Raum in der Nähe lag der Körper unseres Freundes. Es wurde vereinbart, dass vier von uns die Männer begleiten sollten, die die Überreste nach Staniforth Hall trugen, und dass die anderen vier mit den Holländern nach Newflete fahren sollten, wo sie ihren

Lastkahn zurückgelassen hatten. Es fiel mir zu, einer der letztgenannten Gesellschaften anzugehören, aber es brachte mir wenig Gutes. Doktor Goel ging auf der einen Seite des Pferdes, auf dem seine Tochter ritt, und der große Holländer auf der anderen, sodass ich mich kaum mit ihr unterhalten konnte. Beim Abschied lag ihre Hand für eine Sekunde in meiner, und ich tröstete mich mit der Freundlichkeit in ihren Augen, als sie gute Nacht sagte.

Als ich nach Durkness Crooke kam, um dort den Fluss zu überqueren, war kein Boot zu finden und ich musste unbedingt am Flussufer zur Crowle-Fähre fahren. Ich ging langsam, denn mein Nörgler war ein armseliges Ross, das von der Krone gemietet worden war, da Portingtons Pferd während des Tumults in seinen eigenen Stall gehüpft war. Als ich am Beggar's Tree vorbeikam, dämmerte es schon, und ich wurde durch das Stöhnen von jemandem aufgeschreckt, der halb unter einer Birke versteckt war. Es war Bess Boswell, die sich den Knöchel verstaucht hatte und mich anflehte, einige ihrer Stammesmitglieder, deren Lager auf meiner Straße nach Temple Belwood lag, zu schicken, um sie nach Hause zu bringen. Ich stieg ab und half ihr in meinen Sattel, auf dem sie wie ein Mann saß.

Eine Zeit lang schwiegen wir weiter, was die Zigeunerin mit den Worten brach:

„An deinem Geburtstag hat sich meine Warnung bewahrheitet."

„Heb dir dein Wahrsager-Rätsel für die Trottel auf dem nächsten Jahrmarkt auf, Bess."

„Jedenfalls wusste ich, was Sie nicht wussten – die Hypotheken und den Vertrag zwischen dem Gutsherrn und Ryther."

"WAHR."

„Und ich kann Ihnen noch viel mehr erzählen, was Sie nicht wissen. Sie begeben sich in Lebensgefahr. Lord Sheffield wird vor nichts zurückschrecken, um Sie zu entfernen. Falsche Vereidigung, Gift, ein Dolchstoß oder ein Schuss aus dem Schilf, das ist ihm und seinen Geschöpfen alles gleich. Die Kugel, die heute Ihren Freund getötet hat, war für Sie bestimmt."

„Gehören Sie zu Lord Sheffields Beratern, Bess?", fragte ich.

„Ich weiß so viel, als ob ich es wüsste, und mehr", antwortete sie. „Wenn man Sie doch nur zu Ihrem Besten überreden könnte."

"Wie dann?"

„Für zwei oder drei Monate weggehen, irgendwohin außerhalb der Insel."

„Und welchen Vorteil hätte ich davon?"

„Wenn du bleibst, verlierst du dein Erbe, deine Freiheit und vielleicht sogar dein Leben. Wenn du gehst, wirst du sie alle retten."

„Du redest in Rätseln, Bess."

„Ich sage alles, was ich wage. Höchstwahrscheinlich werde ich heute Abend geschlagen, weil ich mit Ihnen gesprochen habe."

„Geschlagen?"

„Ja, denn ich hatte das Glück, dich vor Schaden zu bewahren. Ein Mann hatte sich im Schilf versteckt, um dich zu erschießen, und er konnte nicht sicher sein, ungesehen davonzukommen, weil ich bei dir war. Außerdem war das Pferd dabei." zwischen dir und ihm.

„Bess!"

Sie sprang leichtfüßig zu Boden. „Mit meinem Knöchel ist alles in Ordnung", sagte sie. „Aber ich wusste, dass ich Gehör finden würde, wenn ich Sie dazu bringe, mich auf Ihr Pferd zu setzen. Reiten Sie jetzt so schnell Sie können weiter und hören Sie auf Ratschläge. Gehen Sie bald fort und halten Sie, bis Sie die Insel verlassen, die Pistole im Halfter und das Schwert an Ihrer Seite und einen treuen Mann hinter sich."

Sie schlüpfte durch eine Öffnung in der Hecke und raste über die Felder in Richtung des Lagers ihres Volkes.

KAPITEL V

Als ich in Temple ankam, eilte ich zu Bett und schlief zwei Stunden oder länger einen tiefen Schlaf äußerster Erschöpfung, erwachte dann aber mit Schmerzen und brennendem Durst. Als ich aus dem Bett stieg, war ich steif und wund und mir war etwas schwindelig. Nach einem Schluck Wasser plumpste ich also wieder ins Bett, um voller Unruhe und Ungeduld auf den Morgen zu warten. Endlich dämmerte es und nicht lange danach betrat Luke mein Zimmer und machte viel Aufhebens um meinen Zustand und meine Kleidung, die stellenweise zerrissen und blutverschmiert war, was er natürlich für mein eigenes hielt. Seine erhobene Stimme weckte Mr. Butharwick, der in mein Zimmer kam, und ich musste mich einer Untersuchung unterziehen, die mehr Blutergüsse und leichte Wunden offenbarte, als mir bewusst gewesen war. Da ich etwas Fieber hatte, erklärten mein Lehrer und mein Diener in hochtrabender Stimme, ich müsse das Bett hüten und Fiebermittel trinken; und ich entging dem Aderlass nur, weil Luke sich in den Kopf gesetzt hatte, dass ich bereits mindestens eine Gallone verloren hatte. Wenn Luke sich einmal etwas in den Kopf gesetzt hatte, konnte es kein anderer Mann wieder herausbekommen. Als ich aufstand, um zu beweisen, dass ihre Besorgnis unnötig war, legte mich ein Anflug von Schwindel auf den Rücken, und danach machten sie mit mir, was sie wollten – sie und die Haushälterin, die sich großer Geschicklichkeit beim Mischen von Brühen aus bitteren Kräutern rühmte und selten die Gelegenheit hatte, ihre Kunst in unserem gesunden Haus anzuwenden.

So verbrachte ich diesen Tag im Bett, hatte meinen Hauslehrer als Gesellschaft, mein Vater war wegen einer geschäftlichen Tätigkeit im Rahmen seiner Anwaltschaft unterwegs und hatte Mr. Butharwick (ausnahmsweise) keine Büroarbeit überlassen. Mein alter Freund war keineswegs überrascht von den Dingen, die ich von Herrin Goel gehört hatte.

„Ihr Vater weiß, was dem Grafen gemeldet wurde, und ist im Voraus über jeden Schritt informiert, den seine Lordschaft unternimmt. Der ‚Anwalt‘ hat treue Spione im eigenen Haushalt des Grafen. Er weiß zum Beispiel, dass es eine Truppe Soldaten gegeben hätte Hier wurde uns schon früher befohlen, nach Waffen zu suchen, aber sie konnten Temple weder von Hull noch von Doncaster aus erreichen, ohne dass die Marschmänner uns darauf aufmerksam machten.

Ich für meinen Teil hatte kein Vertrauen in „Spione“, die vielleicht ihr eigenes Spiel spielten, aber ich hielt den Mund. Herr Butharwick hatte unendliches Vertrauen in die Fähigkeiten meines Vaters, und es war nicht meine Aufgabe, daran zu rütteln.

Mr. Butharwick war sehr besorgt darüber, was das Gefecht in Thorne wohl bedeuten würde, weil er befürchtete, ich könnte vor den Präsidenten des Rates gerufen werden, weil ich diejenigen angegriffen habe, die gewissermaßen die Offiziere Seiner Majestät waren , aber ich suchte Zuflucht in der Gewissheit, dass wir die Absichten des Grafen rechtzeitig kennen würden, damit ich mich verstecken konnte, bis mein Vater zurückkehren würde, ich hielt seine diesbezüglichen Befürchtungen für unbegründet. Ein Vavasour konnte nicht ohne Gerichtsverfahren verurteilt werden, und ein offenes Verfahren wäre für Sheffield gefährlich. So wie es war, könnte man ihm den Tod von Will Staniforth zuschreiben.

Drei Tage später erhielt ich einen Brief von Staniforths Vater, in dem er mich anflehte, zu ihm zu kommen. Obwohl ich mich davor fürchtete, Zeuge der Trauer eines alten Mannes zu werden, der gebrechlich war und nun sein einziges Kind verloren hatte, machte ich mich auf den Weg. Das Wasser im Sumpf war gestiegen, seit Dick und ich überquert hatten, und ich hatte vor, mit einem Kahn von Belshaw nach Messic Mere zu fahren, von wo aus mich ein Segelboot in zwei oder höchstens drei Stunden nach Staniforth bringen würde. Und Sandtoft lag mir im Weg.

Ich nahm Luke mit, oder, wie ich besser sagen sollte, Luke ging mit mir, denn er gab mir zu verstehen, dass er nicht vorhatte, dass ich in Zukunft alleine umhergehen sollte, wozu er von Mr. Butharwick nachdrücklich unterstützt wurde. Nicht, dass ich gegen seine Reise gewesen wäre, denn die Worte des Zigeunermädchens hatten einen Einfluss auf mich, und ich trug sogar Gewehr und Pistole, obwohl die Wahrscheinlichkeit gering war, dass wir auf unserer Reise auf einen Feind treffen würden.

Hier erinnert mich ein Kritiker (der freundlichste der Welt) daran, dass sich Axholme im Vergleich zu dem, was es zu der Zeit, über die ich schreibe, stark verändert hat, und dass ich zum besseren Verständnis meiner Leser mehr dazu sagen sollte Ich habe in meiner Jugend mehr als bisher über die Natur des Landes berichtet. Der Fehler ist klar, aber nicht die Lösung, da ich in der Beschreibung ungeschickt bin. Das Beste, was ich tun kann, ist, eine Karte voranzustellen, die auf einen Blick mehr zeigt, als Seiten meines Schreibens könnten. Was die Reise nach Staniforth betrifft, kann ich sagen, dass der Raum zwischen Belshaw und Messic Mere manchmal Land, manchmal Wasser und häufiger eine Mischung aus beidem war. In der Trockenzeit konnten die Schweine dort etwas Futter finden, und ab und zu trieb ein mutiger Häusler eine Kuh heraus und passte auf, dass sie nicht feststeckte. Im Winter sollten dort Aale gefangen und Enten geschossen werden. Hier und da wuchsen Gruppen von Birken, kleinen Eichen, Pappeln und Erlen auf „Holmes" aus Kies oder Sand. Lange Reihen von Schilfrohren markierten Kanäle, die immer mit Wasser gefüllt waren; Auf den trockeneren Hügeln und Bergrücken gediehen vereinzelt Leng und Ginster.

An diesem Tag gab es, wie gesagt, reichlich Wasser (obwohl es Juni war und es im Sommer fast nicht geregnet hatte), was wir auf schwere Regenfälle weiter südlich zurückführten, die die Flüsse Trent und Idle anschwellen ließen.

Luke nahm die Stange und drängte schnell zum Meeresufer, wo wir in ein Segelboot umstiegen und fröhlich nach Sandtoft fuhren, einer länglichen Insel von etwa vier mal zwei Achtelmetropolen oder ungefähr achtzig Acres in der Ausdehnung, die von der See umgeben war Leerlauf. Ich ließ Luke im Boot und kletterte das Ufer hinauf, das steil abfiel und an der Spitze bis zu einer Höhe von sechs Fuß mit Palisaden versehen war. Ich richtete mich auf und schaute hinüber, und kaum hatte ich das getan, als eine Kugel über meinen Kopf hinwegzischte, und ich sah, wie der Mann, der sie abgefeuert hatte, nachlud, als er näher an den Zaun kam, und andere wie wütende Bienen aus einem Schuppen hervorschwärmten eines Bienenstocks. Da ich dachte, dass ein Rückzug genauso gefährlich sein könnte wie ein Vorrücken, richtete ich mich auf und stürzte, anstatt zu springen, in die Palisade und ging auf den Wachposten zu, wobei ich „Ein Freund“ rief, was ihn nicht im Geringsten daran hinderte, zu schießen Zeit. Glücklicherweise war er kein Schütze. Da ich kein Niederländisch konnte, meldete ich mich weiterhin auf Englisch, Deutsch und Französisch als Freund an. Als wir uns auf Armeslänge näherten, fesselten mich zwei der Männer, und einer fragte in einer Art Französisch, was mein Geschäft sei. Meine Antwort stellte sie soweit zufrieden, dass sie ihren Griff losließen und mich zu Doktor Goels Wohnung führten.

Unterwegs bewunderte ich den Fleiß und die Geschicklichkeit, mit denen in so kurzer Zeit eine holländische Stadt errichtet worden war. Eine breite Straße mit soliden Häusern, die allerdings größtenteils aus Holz gebaut waren, verlief von West nach Ost, und an beiden Enden der Straße befanden sich Werkstätten, Lagerhäuser und etwas, das ich für ein Arsenal hielt. Wie ich später erfuhr, war ein Großteil des Materials bereits fertig geformt hergebracht worden und musste nur noch vor Ort zusammengesetzt werden. Einige Morgen Land waren mit Pumpen, Windmühlen, Schleusentoren, Karren, in Teilen oder komplett, und Maschinen und Maschinenteilen bedeckt, deren Verwendung oder Zweck ich nicht erraten konnte. Eines sah ich jedoch mit Sicherheit. Die Männer, die sich auf dieses Unternehmen eingelassen hatten, würden es nicht leichtfertig aufgeben. Sie hatten genaue und konkrete Pläne und enorme Geldsummen ausgegeben. Die Siedlung war wie für eine Belagerung befestigt, und es gab mehrere Artilleriegeschütze. Auf einem offenen Platz stand der Galgen und in der Nähe ein Mast, an dem die holländische Flagge wehte, über der die königliche Standarte Englands hing. Um diese Leute von der Insel zu vertreiben, wären eine Armee und ein General nötig. Was Gerichtsurteile anging, so erinnerte ich mich an die

Rechtsmaxime, dass Besitz neun Punkte des Gesetzes umfasste. Als ich mir die Beweise für die Autorität des Königs, den Reichtum, über den Vermuijden verfügte, und die Entschlossenheit der Siedler ansah, wurde mir klar, dass mein Vater seine Arbeit vergeudete und sein Geld vergeblich ausgab. Und doch freute ich mich bei dem Gedanken, dass Frau Goel wahrscheinlich auf der Insel bleiben würde. Dass ich von dort verbannt werden könnte, kam mir nicht in den Sinn.

Meine Wachen führten mich zum Haus des Doktors, wo wir ihn an einem Tisch sitzend vorfanden, auf dem eine Handvoll Federn, ein Stück Fisch – das muffig roch –, Stücke von Knallholz und anderer Unrat ausgebreitet waren. Als wir das Zimmer betraten, legte er eine seltsam geformte Linse hin, durch die er einige dieser Dinge betrachtet hatte, und begrüßte mich herzlich. Er und die Männer unterhielten sich kurz und machten sich dann zum Gehen auf, als ich den Doktor (in sehr schlechtem Französisch) bat, sie von der Unschädlichkeit meines Mannes Luke zu überzeugen, damit sie nicht auf die Idee kämen, den armen Kerl zu erschießen. Nach einem weiteren Gespräch mit ihnen teilte mir der Doktor mit, dass einer der Männer ein wenig Englisch könne und versprochen habe, Luke zu bestätigen, dass mit mir alles in Ordnung sei. Der Doktor und ich unterhielten uns ein paar Minuten lang in einem schwerfälligen Ton, schlechtes Französisch meinerseits, gebrochenes Englisch seinerseits, als Mistress Goel erschien. Sie hatte nicht gewartet, um ihre feinsten Kleider anzuziehen, wie es so viele Mädchen tun, sondern kam in Haustracht, ihre runden, weißen Arme waren bis zu den Ellbogen nackt, ihr Kopf war mit einer Art Kapuze bedeckt, die sie jedoch zurückwarf, als sie das Zimmer betrat. Ihr schönes Gesicht war gerötet wie von der Arbeit, aber in ihren Augen lag ein Lächeln der Begrüßung – schöner denn je in ihrer schlichten Sauberkeit. Im Laufe unseres Gesprächs erzählte sie mir, dass die Wächter in Alarmbereitschaft seien, weil letzte Nacht einige dreiste Kerle die Palisade erklommen, einige kostbare Maschinen zerstört und versucht hätten, die Gebäude in Brand zu setzen. Vermuijdens Leutnant hatte strengen Befehl gegeben, jeden Eindringling zu erschießen, der nicht durch die Tore eintrat, von denen es anscheinend zwei gab.

„Ist es so, dass du ein Kettenhemd unter deiner Kleidung trägst, ein vom Papst gesegnetes Skapulier oder ein Hexenzauber“, fragte sie, „dass du der Gefahr aus dem Weg gehst, als würdest du sie lieben?“

Ich war viel zu begriffsstutzig, um die richtige Antwort zu geben, und machte einen Fehler, weil ich nur mit dem Vergnügen beschäftigt war, sie zu sehen. Aber *Ay di mi*! Ich vergesse, dass das, woran ich mich mit Freude erinnere, den Leser nicht interessieren wird.

Als ich aufstand, um mich zu verabschieden, und Mistress Goel hörte, wohin ich unterwegs war, erkundigte sie sich, ob wir im Boot Essen dabei hätten.

Als sie hörte, dass wir keines hätten, bestand sie darauf, uns zu versorgen, „denn der arme Vater wird vor Kummer überwältigt sein und nie an Ihren Hunger denken", sagte sie. Da ich nicht bleiben wollte, um mit ihnen zu essen, zog sie sich in die Küche zurück und kam in einen Umhang gehüllt und mit einem Korb in der Hand zurück, gefolgt von ihrer Zofe, die einen weiteren trug. Sie erklärte, sie würde mir das Tor zeigen, damit ich beim nächsten Mal nicht auf Kugeln zulaufen müsste, und führte uns zu einem Punkt etwa hundert Meter weiter um die Flussbiegung herum. Ich rief Luke zu, der heraufkam und die Körbe mit verwunderten Blicken entgegennahm. Mistress Goel empfahl uns Marthas Gebäck und verließ uns mit „Gute Reise!".

Als wir zu unserem Mittagessen gingen, fragte ich Luke, was zwischen ihm und dem Holländer vorgefallen sei, der ihm versprochen hatte, meine Sicherheit zu gewährleisten.

„'A lehnte sich über den Zaun und sagte: ‚Icy Ingliss! Allride. Got-tam' Ich starrte ihn an wie ein abgestochenes Schwein und 'a sagte wieder: ‚Allride, Got-tam' und grinste über das ganze Gesicht, also wusste ich, dass er es freundlich meinte."

Als wir mit dem Essen fertig waren, sagte Luke: „Master Frank, ich habe den Koch sagen hören, dass Ausländer kein Gebäck backen können."

„Das glaube ich. Was ist damit?"

„Das ist doch eine schallende Lüge, das ist es, eine schallende Lüge! Ich habe in meinem ganzen Leben noch nie eine solche Aalpastete gegessen. Und verprügelt sie mich nicht?"

„Wer verhaut hier den Hintern? Koch?"

„Nein, nein, diese Martha. Das ist ein schöner, angenehmer Name. Und was für ein Kuchen es war!"

Lukes Augen waren halb geschlossen, als wäre er tief in Meditation versunken. In Staniforth hätte er seine selbst auferlegte Pflicht, mich zu bewachen, vergessen und wäre träumend im Boot geblieben, wenn ich ihn nicht an seine Pflicht erinnert hätte.

Der Diener, der mich einließ, flüsterte: „Meister ist heute sehr schlecht, Herr, aber er wird Sie sehen."

Der alte Mann saß vorgebeugt über einem Torffeuer, obwohl der Tag heiß war. Der Raum war mir fast unerträglich nahe. Ich hatte ihn bisher höchstens zwei- oder dreimal gesehen, denn er schreckte davor zurück, seine Hinfälligkeit der Öffentlichkeit preiszugeben. Vor einigen Jahren war er über den Kopf seines Pferdes geworfen worden, und sein Rücken war, wie es in unserem Land heißt, gebrochen, das heißt, er hatte sich eine Verletzung an der Wirbelsäule zugezogen, die ihn daran hinderte, seine unteren Gliedmaßen zu benutzen. Er war ein bemitleidenswerter Gegenstand, der fast zusammengebeugt über dem Feuer kauerte; sein langes, weißes Haar fiel ihm über die Schultern, sein Bart reichte fast bis zu den Knien, sein gelbes Gesicht war von tausend Falten durchzogen. Aber da war ein grelles Leuchten in seinen Augen, als er sich zu mir umdrehte und sagte:

„Habe es richtig gemacht, zu kommen, junger Vavasour. Schau dir sein Grab an."

Er zeigte auf das Fenster, von dem aus ich einen neu angelegten Hügel inmitten eines Grasfeldes sah. Dann sagte er, als hätte er eine Frage beantwortet:

„Nein, der Pfarrer hat keine Lügen über ihn verbreitet. Wir haben seinen Körper ohne die Lügen des Pfarrers in die Erde gelegt." Dann wiederholte der alte Mann verächtlich: „,Wir danken Dir herzlich dafür, dass es Dir gefallen hat, diesen unseren Bruder aus dem Elend dieser sündigen Welt zu befreien.' Man könnte es für mich sagen, aber nicht für ihn, meinen starken, hübschen Jungen, der sechzig Jahre hätte leben sollen. Aber ich betete, junger Vavasour – ich betete um Tod und Verdammnis für seinen Mörder.

Die Kraft und das Feuer, mit denen der schwache alte Mann die letzten Worte ausschleuderte, waren schrecklich. Dann änderte sich sein Ton.

„Er war der beste Sohn, der je gelebt hat. Vor dem Frühstück war er mit der Lerche auf der ganzen Farm unterwegs und vergnügte sich selten mit seinen Kumpels. Sanft wie eine Frau! Keine Frau wäre auch nur annähernd so sanft zu einem mürrischen alten Mann gewesen, Warum sollte der Herr die Stütze meines Zeitalters nehmen, die einzige Freude eines Krüppels? Ich könnte nur seinen Mörder hier haben! Oh, dass ich ihn an der Kehle packen könnte!"

Der Vater streckte seine Arme aus, die zitternden Hände geballt, als ob sie den Hals des Mannes umfassten, den er hasste. Ich sagte immer noch nichts. Was könnte ich sagen?

„Er liebte dich, Frank. Er machte mich manchmal eifersüchtig, als er von dir redete. Er sagte, wie mutig du warst, wie warmherzig, was für ein guter Sportler, was für ein tapferer Gentleman, was für ein wahrer, treuer Freund! Und du hast geführt." 'st ihn in den Tod. Es war dein Streit, in dem er starb. Er war kein Schläger.'

„Das stimmt", sagte ich; „Er hat sein Leben verloren, als er mir zu Hilfe kam."

„Er hat sein Leben nicht verloren", schrie der alte Mann; „Sein Leben wurde genommen – schändlich, heimtückisch, und sein Blut schreit nach Rache.

Wird ein Mann sein und ihn rächen?“ Seine Augen glitzerten, als er die Frage stellte.

„Sie können sich nicht vorstellen, von mir zu verlangen, dass ich mich zum Mord bekenne“, antwortete ich.

„Mord! Wer spricht von Mord?“ er trat wieder bei. „Wenn es ein anderer Mann wäre als der Sohn meines Lordpräsidenten, könnte ich ihn hängen lassen. Aber welcher arme Mann wagt es, gegen ihn auszusagen? Verfluche ihn. Welcher Anwalt auf der Insel oder im Landkreis wird meinen Fall übernehmen? Wenn es keine Gerechtigkeit gibt.“ Wenn Gott oder der Teufel mir die Nutzung meiner Gliedmaßen erlauben würden, aber nur für einen einzigen Tag, würde ich es nehmen.“

Die Leidenschaft des alten Mannes verlieh ihm Kraft, und er richtete sich fast aufrecht auf, ein furchterregender Anblick.

Aber im nächsten Moment ließ er sich wieder nieder und stöhnte, und ich saß schweigend neben ihm.

Dann raffte er sich auf und sagte: „Hast du Milch statt Blut in deinen Adern? Kannst du den Mann nicht hassen, der deinen Freund getötet hat – nicht von Mann zu Mann im ehrlichen Kampf, sondern durch ein niederträchtiges Wort gegenüber seinen Schurken?“

„Gott weiß, dass ich ihn nur zu sehr hasse“, antwortete ich.

„Dost, Frank, dost? Gott segne dich dafür. Triff ihn, verspotte ihn, lass ihn dich angreifen, auf dich schießen; zwinge ihn irgendwie zum Streit und töte ihn! töte ihn! – töte ihn so langsam wie du.“ kannst, also sei sicher.“

Er legte seine zitternde Hand auf mein Knie und drückte sein Gesicht nahe an meins, seine Augen leuchteten unter den Büscheln totenweißer Haare.

„Schwöre es, Frank“, bettelte er. „Schwöre es, und ich werde glücklich sterben. Glücklich!“ Er stöhnte und verspottete sein eigenes Wort. „Nein, sprich noch nicht“, sagte er. „Hör mir zu. Dein Vater verschwendet sein Erbe an Jura und Anwälte. Das wird nichts nützen. Wann hat es jemals gut getan, so viel Geld auszugeben? Aber lass dich davon nicht beunruhigen. Wenn du ein Sohn sein willst Soweit ich dem Mann gerecht werde, der Will ermordet hat, soll der Gutshof dir gehören, und außerdem soll ein reicher Mann viele gute Hypotheken haben, junger Vavasour.

Bis zu diesem Zeitpunkt gestehe ich, dass der alte Mann so nahe daran gewesen war, die Oberhand über mich zu gewinnen, dass ich ihm vielleicht eine Art Racheversprechen an seinem Feind gemacht hätte, aber dieses Angebot brach die Faszination.

„Ihr Kummer hat Sie wahnsinnig gemacht, Mr. Staniforth, sonst würden Sie mich nicht bestechen, um einen Mord zu begehen."

Er riss sich vor Wut die langen Haare aus und stöhnte:

„Dumm, dass ich mich nicht an deinen Stolz und deine Eitelkeit gegenüber der Vavasour-Rasse erinnere. Manche Männer sind eitel und andere stolz, aber Vavasours sind beides. Du wirst den Mord an deinem Freund nicht rächen, der für dich gestorben ist – für dich, Hörst du? Du wirst seinem herzzerreißenden alten Vater nicht helfen, weil er davon gesprochen hat, dir sein Land zu überlassen? Möge der Fluch des alten Mannes dich begleiten, alle Tage deines Lebens.

Er zitterte vor Wut und sprach mit erstickter Stimme und Schaum an den Lippen, sodass ich fürchtete, er könnte einen Anfall bekommen und sterben. Ich eilte aus dem Zimmer und forderte die Dienerin, die mich im Flur traf, auf, ihrem Herrn zu helfen. Ich rief Luke, er solle mir folgen, und eilte zum Fluss hinunter. Was für eine Abwechslung, draußen in der reinen Luft zu sein, unter dem blauen Himmel, weit oben das Zwitschern der Schwalben zu hören, grüne Felder zu sehen, auf denen das Vieh weidete, und den Fluss, der sich im Sonnenschein plätschert! Und wie elend war das Gefühl, dass ich, der ich die Freiheit der schönen Erde und das Leben in Fülle in mir hatte, nichts für den trauernden Vater meines toten Freundes tun konnte!

KAPITEL VI

Viele Tage lang hielten mich landwirtschaftliche Angelegenheiten davon ab, nach Sandtoft zu fahren. Ein großer Teil unseres Landes war zu reichhaltig für den Anbau von Mais – der durch seine eigene Schärfe leicht auf dem Boden verderbte – und wurde Jahr für Jahr mit Leine gesät. In dieser Saison war es meine Aufgabe, die Händler zu treffen, die unsere Feldfrüchte kauften, und ihnen Gastfreundschaft zu erweisen. Nachdem ich die Gelegenheit hatte, wegen dieser Angelegenheit zu Crowle zu gehen, nachdem die Geschäfte abgeschlossen waren, zollte ich meinen Verwandten im Pfarrhaus meine Aufwartung, ohne an die Belohnung zu denken, die auf mein pflichtbewusstes Verhalten wartete. Als ich die Tür betrat, hörte ich meine Tante rufen: „Frank! Ich kenne deine Schritte. Komm hier entlang." Die Stimme kam aus dem Lagerraum, wo ich die bemerkenswerte Hausfrau zwischen den Wannen, Gläsern und Kisten fand, aus denen sie so oft köstliche Kuchen und eingemachte Früchte zur Freude meines jugendlichen Gaumens zubereitet hatte.

„Endlich hast du dich daran erinnert, dass du eine Tante hast!", sagte sie und hob ihr Gesicht zu mir. „Ich bin jetzt beschäftigt, aber ich werde nach dem Abendessen mit dir sprechen. Ich habe heute Besuch."

„Welche Firma?", fragte ich.

„Leute, die Sie kennen, Herrin Goel und ihren Vater. Was ist daran, das Sie Ihre Augen so weit aufreißen lässt?"

„Ich wusste nichts von Ihrer Bekanntschaft mit ihnen, das ist alles."

Meine Tante gab mir zu verstehen, dass der Pfarrer die Fremden besucht hatte, als sie im White Hart wohnten, und sie ins Pfarrhaus eingeladen hatte. Sie selbst hatte eine heftige Zuneigung für die Tochter und eine tiefe Verachtung für den Vater empfunden.

„Der Mann ist dumm, sonst würde er kein Mädchen dazu bringen, in einem Loch wie Sandtoft zu leben, wo es außer ihrer Magd und den Frauen von Mechanikern und Arbeitern keine andere Frau gibt und die Männer allesamt Burschen und Wilde sind. Die einzige Entschuldigung dafür." Solche Barbarei ist, dass der Mann seinen Verstand verloren hat. Aber da oben ist eine Vorsehung, und das arme, liebe Kind wird ihre Belohnung erhalten. Zu ihren Füßen liegt eine Krone, oder sie wird es bald sein.

„Gott im Himmel! Du kannst nicht meinen, dass du dieses Biest bevorzugst, Sheffield!"

„Keine profane Sprache, Frank. Lord Sheffield ist ein veränderter Mann." Nichts konnte die Selbstgefälligkeit meiner Tante übertreffen, als sie mir diese Zusicherung gab.

„Hat er einen Heiratsantrag gemacht?" Ich fragte.

„Noch nicht direkt; aber er ist ganz offen zu mir", und die gute Frau lächelte hochmütig.

„Dann kommt er hierher?"

„Er war mehrere Male hier, um die Rede Ihres Onkels zu hören, der davon überzeugt ist, dass in der Seele Seiner Lordschaft ein Werk der Gnade begonnen hat. Aber Gott segne mich! Ich komme zu spät zum Abendessen." Und sie begann, in ihren Läden herumzustöbern.

„Wann kommen Ihre Gäste?" Ich fragte.

„Sie sind seit vorgestern hier. Sie finden sie im Garten." Mit diesen Worten eilte sie in die Küche.

Welches Spiel Sheffield spielen würde, konnte ich nicht erraten; Aber dass er eine böse Absicht hatte, als er vorgab, durch die Predigten des einfachen Geistlichen erbaut zu werden, und dass er seiner noch einfacheren Frau schmeichelte, daran konnte überhaupt kein Zweifel bestehen.

Der Anblick von Herrin Goel auf einem Stuhl auf der Wiese im Schatten eines alten Birnbaums vertrieb meine düsteren Vermutungen. Sie erhob sich, um mich in ihrer hübschen Art förmlicher Höflichkeit zu begrüßen, und als sie ihren Platz wieder einnahm, warf ich mich neben ihr ins Gras und fand ihr strahlendes Gesicht schöner als je zuvor, wenn ich es von dieser Position aus betrachtete.

„Wie lange ist es her, seit ich dich gesehen habe!" sagte ich. „Ich war voller Geschäfte, die ich vielleicht nicht aufgeben würde, sonst hätte ich vorher in Sandtoft sein sollen."

"Es ist gut, dass Sie das nicht getan haben", antwortete sie. "Unsere Männer sind außer sich vor Wut. Fast jede Nacht geht eine Maschine kaputt, etwas wird gestohlen oder es wird versucht, die Gebäude in Brand zu setzen. Vor vier Tagen kam ein Lastkahn zu spät den Fluss herunter, um noch entladen zu werden, und der Mann, der an Bord Wache hielt, wurde ergriffen, geknebelt und gefesselt, und das Boot wurde mit dem Mann darin versenkt. Es geschah mit solcher Heimlichkeit, dass unsere Männer bis zum Morgen nichts davon wussten, obwohl die Wachen die ganze Nacht über auf ihren Posten gewesen waren."

„Aber ich habe nichts mit Mitternachtsplünderern zu tun", knurrte ich.

„Unsere Leute wissen das nicht. Sie haben gehört, dass Sie einer der Anstifter dieser Taten sind.“

„Ist meine – meine Bekanntschaft mit Ihnen nicht eine Garantie dafür, dass ich kein Feind bin?“

„Nein. Leider muss ich gestehen, dass unsere Bekanntschaft eher zu unserem Verdacht führt als zu Ihrer Absolution.“

„Du meine Güte! Unsere Isländer haben offenbar kein Monopol auf die Barbarei.“

„Denken Sie daran, dass unsere Männer Fremde in einem fremden Land sind. Sie werden ausgeplündert, belästigt, bedroht. Einige ihrer Kameraden wurden getötet. Die nächtlichen Angriffe sind so geschickt, dass sie glauben, es müsse sich ein Verräter im Lager befinden. Mein Vater hat die Angewohnheit, bis spät in die Nacht herumzulaufen und Wache zu halten, und ich habe mit einem der Feinde gesprochen. Leider ist Vermuijden weg, und es ist ungewiss, wann er zurückkommt. Ich war in der Tat froh, die Siedlung für ein paar Tage zu verlassen, und Sie werden klug daran tun, im Moment nicht herüberzukommen.“

„Ich habe keinen Anreiz, die Siedlung zu besuchen, während Sie im Pfarrhaus sind, das für Sie ein viel passenderer Aufenthaltsort ist als eine Hütte in Sandtoft.“

„Also wird Mrs. Graves es haben, und in ihrer Güte würde sie mich hier festhalten, ich weiß nicht wie lange; aber mein Platz ist bei meinem Vater, und er ist nach Vereinbarung Arzt der Siedler. Sie dürfen nicht glauben, dass mein Vater es mitgebracht hat.“ mich gedankenlos nach Sandtoft.

Wie wunderschön sie aussah, als sie sich nach vorne beugte, ihr Gesicht strahlte vor Liebe und Stolz!

„Er ist nicht so sehr in die Wissenschaft vertieft, dass er seine Sorge um seine Tochter vergessen würde. Oh nein, wirklich! Er hätte mich in Leiden bleiben lassen, als er floh. Er flehte mich an, befahl mir beinahe, in die Obhut von Freunden in Amsterdam zu gehen, als er Paris verließ, und dort zu bleiben, bis er in England ein geeignetes Zuhause für mich gefunden hätte. Aber was ist ein Zuhause? Machen Maurer und Zimmerleute es aus? Für mich ist es dort, wo mein Vater lebt. Meine Mutter starb in meinem siebten Jahr, und mein Vater tat sein Möglichstes, um meinen Verlust auszugleichen. Sein Kummer machte ihn vorzeitig zu einem alten Mann: Seine Tage waren mit Arbeit ausgefüllt, und die gelehrteste und kultivierteste Gesellschaft Europas beanspruchte seine Freizeit, aber nichts durfte seine zärtliche Fürsorge für seine kleine Tochter beeinträchtigen. Er setzte seine große Liebe zu seiner Frau in seiner Liebe zu ihrem mutterlosen Kind fort. Verzeihen Sie mir, dass ich das alles sage, aber ich könnte es nicht ertragen, wenn Sie meinen Vater falsch auslegen würden."

Ich vergaß zu antworten und blickte mit purer Freude in die strahlenden Augen. Sicherlich lag ihr etwas an mir, so unwürdig ich auch war, denn sie wollte, dass ich ihren Vater so respektierte, wie er es verdiente. Schließlich antwortete ich leise:

„Ich betrachte es als große Ehre, dass Sie es mir erzählt haben."

Aber meine neue Ehrfurcht vor Doktor Goel war sofort in Gefahr, denn er kam auf uns zu, ein Kohlblatt in der einen und sein Vergrößerungsglas in der anderen Hand, und zeigte seiner Tochter in großer Aufregung etwas. Er wandte sich mir zu, während sie hinsah, und verfiel in Englisch, dessen Sinn ich wiedergebe, nicht die genauen Worte:

„Ihr großer Bacon glaubte, dass Raupen durch Fäulnis aus Tau und Blättern entstehen. Aber das ist nicht so. Sie entstehen aus Eiern, die der Schmetterling legt. Dies ist ein weiteres Beispiel für die Bestätigung der Theorie, dass jedes Lebewesen sein Dasein von einem Elternteil ableitet."

Und der alte Herr rieb sich die Hände und lächelte, als hätte er einen Diamanten gefunden. Ich konnte mir kaum das Lachen verkneifen, als ich über die Aufregung um ein paar winzige Raupen auf einem Kohlblatt sprach, aber Frau Goel schien die Freude ihres Vaters zu teilen und sagte zu meiner Überraschung etwas auf Latein zu ihm, als würde sie aus einem Buch zitieren, worauf er mit einem langen Satz in derselben Sprache antwortete. Dann kehrte er in die Geschirrkammer zurück und nahm sein kostbares Kohlblatt mit.

Glücklicherweise rief uns das Läuten der Essensglocke ins Haus und bewahrte mich davor, meine Meinung über den Wert des Studiums von Maden zu äußern. Nach dem Essen, bei dem nichts gesagt wurde, was hier aufgezeichnet werden müsste, zog sich der Pfarrer in sein Arbeitszimmer zurück, der Arzt in die Geschirrkammer, wo er seine Pfeife rauchte, meine Tante in ihr Zimmer für ihr übliches Nickerchen, und so schlenderten Mistress Goel und ich durch den Garten. Irgendwie wurde ich dazu gebracht, über mich selbst zu sprechen, ein Thema, das ich fließend beherrschte, um nicht zu sagen, dass ich schwamm. Ich vertraute der Dame den zweifelhaften Zustand des Vermögens der Vavasour an und sprach davon, es mit dem Schwert zurückzuholen. Ich deutete mehr als halb auf den Plan meines Vaters zur Rettung unseres Vermögens und auf die Meinungsverschiedenheiten zwischen ihm und mir in dieser Hinsicht hin. Kurz gesagt, ich war autobiographisch, sentimental, prahlerisch. Das geduldige Zuhören, der sanfte Blick, das süße Lächeln auf den Lippen meiner Begleiterin verleiteten mich dazu, zu reden, wie ich noch nie zuvor geredet hatte. Ich hätte mir nicht träumen lassen, dass ich einer der gebildetsten Frauen der Niederlande meine kindischen Unflätigkeiten anvertrauen würde, der Busenfreundin von Tesselschade Visscher, einem angesehenen Mitglied des brillanten Kreises, der den Visscher- *Salon* in ganz Europa berühmt gemacht hatte. Ich war glücklich in meiner Unwissenheit, junger Tölpel, der ich war, und plapperte weiter, und sie hörte zu und antwortete so einfach wie jedes Dorfmädchen. Ich sehnte mich danach, ihr zu sagen, wie sehr ich sie liebte, aber ich hielt mich zurück, da ich daran dachte, dass ich morgen enterbt werden könnte und was für ein armseliges Erbe ich bestenfalls sein würde. Sehnsucht! Ich schmerzte vor Sehnsucht. Und wenn ich an Sheffield dachte, war es, als würden mein Kopf und mein Herz platzen, so voll war ich von Eifersucht und Wut. Was ich gesagt hätte, wenn wir noch eine Weile allein gewesen wären, weiß ich nicht, aber meine Tante kam heraus, um sich zu uns zu gesellen, und sie klebte wie ein Blutegel an mir. Ich schlenderte in die Geschirrkammer, wo der Arzt saß und seine Pfeife rauchte, und begann mit ihm zu reden. Sein Englisch verbesserte sich im Laufe unseres Gesprächs, und ich hatte den Eindruck, dass er seine Sprache früher frei benutzt hatte. Er stellte Fragen über unsere Landwirtschaft, die Bäume und Kräuter im sumpfigen Boden, die Vögel und Tiere unserer Wälder und Sümpfe. Er erzählte mir merkwürdige Dinge über das Unkraut, das auf einem groben Tisch vor ihm ausgebreitet war – einige davon waren zu erstaunlich, um es zu glauben, aber ich behielt meine Fassung. Er hatte Glühwürmchen gesucht, und ich sagte ihm, wo man sie finden konnte. Ich stellte ihm Fragen zu einigen Dingen, die mich verwirrt hatten, und erhielt klare und deutliche Antworten. Er wurde sehr freundlich, und unser Gespräch dauerte bis zum Abendessen.

Dieses Abendessen wäre ein sehr angenehmes Mahl gewesen, wenn da nicht eine Sache gewesen wäre. Der Raum war bunt geschmückt mit Weinblättern, grünen Zweigen und Rosensträußen in Krügen und Vasen. Noch nie hatte ich ihn so anmutig geschmückt gesehen, und ich wusste, wessen Werk das war. Meine Tante hatte Geschick darin, gut gekochtes Geflügel, Schleien, Lachse, Kiebitzeier, köstliche Törtchen, bernsteinfarbenes Bier und französischen und spanischen Wein zu servieren, wie der Tisch davon zeugte, aber die Dekoration des Tisches und des Raumes war neu und fremdartig. Als der Doktor und ich den Raum betraten, stand „My Lord Arrogance“ am anderen Ende und beugte sich ehrfürchtig, um der Rede des Pfarrers zuzuhören. Er verbeugte sich vor dem Doktor, und wir nahmen unsere Plätze ein – Sheffield zur Rechten von Mrs. Graves, Mistress Goel neben ihm, der Doktor und ich auf der anderen Seite des Tisches.

Sheffield unterhielt sich mit den Goels über Brederoos *Farce of the Cow* und eine Tragödie von Vondel. Er lobte das Genie und den Unternehmungsgeist von Doktor Samuel Coster und lobte die Schwestern Roemer Visscher in den höchsten Tönen. Als ich dieser Unterhaltung zuhörte, entdeckte ich, wie vertraut Mistress Goel mit diesen gelehrten und schönen Damen war. Die Dramatiker und Dichter von Amsterdam und Leiden waren mir, dem Pfarrer und meiner Tante völlig unbekannt; doch Sheffield schaffte es, Mrs. Graves' Interesse zu wecken, indem er sich herabließ, ihr Erklärungen zu geben und an ihren Geschmack und ihr Urteilsvermögen appellierte, und er erfreute seinen Gastgeber ab und zu mit einem Satz, in dem er andeutete, dass diese Themen weit unter der Ebene seiner heiligen Gelehrsamkeit lägen. Ich stellte mir vor, dass Sheffield meine alberne Unwissenheit im Gegensatz zu seiner Kenntnis der niederländischen Literatur bloßstellen wollte; aber seine offensichtliche Sorge, die Leitung des Gesprächs in seinen eigenen Händen zu behalten, und ein Blickwechsel zwischen Vater und Tochter, als ob eine Bemerkung von ihm sie so sehr kitzelte, dass sie lachten, machten mir bewusst, dass Seine Lordschaft nur eine Lektion wiederholte, die man ihm für diesen Anlass aufgezwungen hatte. Nach kurzer Zeit hatte er eine Menge Wein getrunken, und dann erwies er mir die Ehre, meine Anwesenheit wahrzunehmen.

„Meiner Meinung nach", sagte er, „ist es Vavasour gegenüber unhöflich, nur von göttlicher Poesie zu sprechen. Erzielt Leinen dieses Jahr einen guten Preis?"

Die Anfrage war an mich gerichtet, doch bevor ich antworten konnte, schoss mir Mistress Goel eine Frage zu:

„Was war Ihrer Meinung nach das Motto von Sir William Vavasour?"

Ich hatte nichts von einem Motto gesagt, das meinem Vorfahren eigen war, und verstand nicht sofort, was die Frage bezweckte. Dann begriff ich, dass sie den Zorn, der mir das Blut ins Gesicht getrieben hatte, unterdrücken sollte, und antwortete ihr mit dem ersten Geklimper, an das ich mich erinnern konnte.

Bald nach Sonnenuntergang zogen dicke Wolken auf, die die Dämmerung verkürzten, und Kerzen wurden hereingebracht. Dann betete meine Tante zu Frau Goel, sie möge singen, und ich lernte, was für eine unaussprechliche Freude an der Musik liegen kann, denn der Sänger hatte die Kunst, Kunst zu verbergen, und sang wie es die Drosseln und Nachtigallen tun. Unter der Berührung ihrer Finger wurde das alte Spinett zu einem weiteren Instrument. Ich saß gebannt da, hörte mir ein Lied nach dem anderen an und beobachtete den Gesang mit verschlingenden Augen. Zu meinem Erstaunen waren die Lieder hauptsächlich englisch, und einige davon waren einfache Balladen, die dem Bauernvolk am Herzen lagen. Nach und nach verlangte Mrs. Graves „das spanische Duetto", das Sheffield mit ihrem Gast gesungen hatte, und er ließ sich herab, sie zu befriedigen. Es war ein Konzert von Krähe und

Nachtigall, aber der Kerl zupfte an seinem Kragen, reckte sein Kinn und zappelte herum, als wäre seine Darbietung die beste der Welt gewesen.

Während der letzten Stunde war das leise Grollen des fernen Donners zu hören, und gerade als das spanische Lied endete, blitzte es auf, und sofort folgte ein gewaltiger Donnerschlag, laut genug, um den Knall des Untergangs zu klingen. Meine Tante machte große Aufregung darüber, dass sie mir kein Bett anbieten konnte, und die Notwendigkeit, nach Hause zu gehen, bevor der Sturm schlimmer wurde und ich gewissermaßen aus dem Haus gezwungen wurde. Also verabschiedete ich mich und versprach dem Arzt in ein oder zwei Tagen ein paar Glühwürmchen. Als ich Herrin Goel eine gute Nacht wünschte, glaubte ich, dass ihre kleine Hand zitterte, und in ihren braunen Augen war ein Ausdruck, den ich als Sorge um meine Sicherheit deutete.

Beim ersten Aufbruch war Trueboy unruhig, die Blitze wurden häufiger und der Donner fast ununterbrochen, aber ein fester Zügel und ein wenig Beruhigung brachten ihn zur Fassung.

Ich habe noch nie einen so prächtigen Blitz gesehen. Bei jedem Blitz schien ein Feuer über den Boden vor mir zu laufen, und das Wasser auf beiden Seiten leuchtete rot, während ganz weit entfernte Bäume jedes Blatt zeigten oder zu zeigen schienen. In der Nähe von Hirst Priory rannten einige Rinder und Pferde, die in ihrer Panik über die Zäune gesprungen waren, wie verrückte Tiere auf dem Damm hin und her und liefen große Gefahr, im sumpfigen Straßenrand steckenzubleiben. Es wäre unnachbarschaftlich gewesen, weiterzugehen und Farmer Brewers Bestie ihrem Schicksal zu überlassen, also öffnete ich das Tor der Viehwiese und sammelte alles, was ich sehen konnte, und trieb es auf das Grundstück ihres Besitzers. Es war eine langsame und schwierige Arbeit, da die Tiere so wild vor Angst waren und das einzige Licht die Blitze waren, die sekundenlang ohne Unterbrechung aufeinander folgten, und die darauf folgende Dunkelheit mich zum Stehen brachte; aber schließlich war es geschafft. Dann hämmerte und brüllte ich gegen die Tür der Hütte der Hirschkuh. Nach einigen Minuten öffnete er die Tür und stand zitternd und bebend da wie ein Mann im Fieberanfall.

„O Herr! Bist du es, Meister Frank? Ich dachte, es wäre der Teufel, der gekommen wäre, um mich zu holen. Der Allmächtige ist mit Sicherheit schrecklich wütend."

Ich befahl dem Mann, ein paar Büsche an das Tor und die Zäune in der Nähe zu stecken, wartete aber darauf, dass er gehorchte, und scherzte ihn dabei aus lächerlicher Angst, dass seine Sünden die Elemente so in Aufruhr versetzt hätten. Als er die Arbeit beendet hatte, ritt ich langsam weiter und dachte über eine Tatsache nach, die mir beim Einsammeln des Viehs aufgefallen war, nämlich, dass das Wasser des Sumpfes gestiegen war und hier und da über den Damm gedrängt hatte, obwohl noch kein Regen gefallen war . Plötzlich begann Trueboy mit großem Tempo und ich bemerkte, dass hinter mir Hufschläge zu hören waren. Ich zog ihn hoch, und er machte ein paar Sprünge, denn er war nie bereit, auf der Straße überholt zu werden.

„Da aus dem Weg", rief eine Stimme, die ich als Sheffields Stimme erkannte.

Ich drehte mich im Sattel um und fragte: „Ist mein Herr so betrunken, dass er die ganze Breite des Causeys braucht?"

„Oh, du bist es!" antwortete Sheffield. „Du hättest genauso gut dableiben und zusehen können, wie meine Leman mir den Abschiedskuss gibt, wie sie an meinem Hals hängt und ihre süßen Lippen auf meine drückt."

Zu diesem Zeitpunkt fuhren wir Seite an Seite.

"Lügner!" sagte ich und versetzte ihm mit der Peitsche einen Schlag ins Gesicht.

Ich zügelte das Pferd, erwartete, dass er sich sofort mit Schwert oder Pistole rächen würde, und war bereit genug für die Begegnung, obwohl ich keine andere Waffe hatte als die, die ich benutzt hatte. Aber er schlug nicht zu. Er sagte etwas, das ich nicht verstand, und ich spürte einen krachenden Schlag auf den Kopf. Ich erinnere mich, dass ich dachte, ich sei vom Blitz getroffen worden. Das nächste, woran ich mich erinnere, war, dass ich benommen und krank auf dem Damm lag. Allmählich stellte ich fest, dass meine Kleidung durchnässt war, und nahm an, dass der Regen gekommen war und mich durchnässt hatte, während ich bewusstlos dalag. Dann bemerkte ich, dass Brewers Hinterteil sich über mich beugte und dass er klatschnass war. Kurz darauf kam ich wieder ganz zu mir und hörte den Bericht des Mannes über das, was mir widerfahren war. Kurz gesagt war es dies: Er hatte sich noch ein oder zwei Minuten am Tor aufgehalten, nachdem ich weggeritten war, und sah, wie mir zwei Reiter folgten. Er dachte, es könnten Straßenräuber sein, nahm seinen Mut zusammen und rannte ihnen nach, und kam nahe genug heran, um blitzschnell zu erkennen, dass einer der Männer Sheffields riesiger schwarzer Diener war. Der Mann ging davon aus, dass ich weder von ihm noch von seinem Herrn in Gefahr war, und hatte sich gerade wieder seiner Hütte zugewandt, als er ein lautes Platschen hörte und eine Reihe von Blitzen ihm zwei davonreitende Männer und mein Pferd ohne Reiter zeigte. Er eilte herbei und fand Trueboy, der bis zur Brust im Wasser stand und zitterte. Der Kerl war so schlau zu erraten, dass das Pferd versuchte, seinen Herrn zu erreichen, also watete er vorsichtig weiter und fand mich zwei Fuß unter der Oberfläche liegend. Mein Feind hatte zweifellos Bereitschaft und Geschick bewiesen. Wäre der eine Zuschauer nicht anwesend gewesen, wäre ich ruhig ertrunken und man hätte annehmen können, dass der Tod durch einen Unfall geschah.

„Nun, Stubbs", sagte ich, „du hast mich zu deinem Freund und Schuldner fürs Leben gemacht; aber du darfst nicht vergessen, dass du, wenn du in dieser Angelegenheit auch nur ein Wort sagst, einen anderen Schuldner abgibst, der dich schnell bezahlen wird."

Stubbs schwor ewiges Schweigen, und wir trennten uns, ich sollte nach Hause fahren und fühlte mich äußerst seltsam. Der Blitz zuckte immer noch, aber in längeren Abständen, und bevor ich hundert Meter zurückgelegt hatte, kam ein Windstoß, der die Äste der Bäume nach oben warf und das Schilf niederschlug, und der Regen fiel in Strömen. Das war mir egal, denn ich war so nass, wie ein Mensch nur sein konnte, aber Trueboy gefiel das nicht, also flogen wir den Rest unseres Weges.

Kapitel VII

Luke platzte am nächsten Morgen früh in mein Zimmer und sagte mir, dass das Wasser eine Höhe erreicht hatte, an die sich niemand erinnern konnte. Der Don, der von den Holländern in einen Kanal verwandelt worden war, der ihn mit der Aire verband, hatte seinen alten Lauf mit voller Wucht wieder aufgenommen und die Westseite von Crowle wie bei einer zweiten Sintflut überschwemmt. Ich sprang aus dem Bett und vergaß fast den Schmerz und die Wundheit meines Kopfes und die Steifheit meiner Glieder, denn wenn dieser Bericht wahr war, waren die Bewohner der Pfarrei Crowle in Gefahr. Luke versicherte mir, dass „es keinen Sinn hatte, zu versuchen, Crowle zu reiten, da der Damm unter Wasser stand". Nachdem ich mich mit einer Brotkruste und einem Becher Dünnbier gestärkt hatte, holte ich mein Boot heraus und segelte mit Luke nach Norden. Das Marschgebiet war zu einem tiefen See geworden, und die tief liegenden Felder in unserer Nachbarschaft waren überschwemmt, und hier und da stießen wir auf den Kadaver eines Schafs oder Schweins; aber als wir uns Crowle näherten, bot sich uns ein wahrhaft trauriger Anblick. Die Kornfelder an den Hängen von Totlets waren unter schlammigem Wasser verschwunden, und mehrere Lehmhütten waren eingestürzt. Einige der letzten Pächter waren in ihren Kähnen unterwegs und sammelten so viel von ihren Möbelstücken ein, wie sie konnten. Von ihnen erfuhren wir, dass dort niemand ums Leben gekommen war. Die Leute waren durch das Bellen und Winseln eines Hundes aufgeweckt worden und hatten auf höherem Boden Zuflucht gesucht, bevor die alten Mauern einstürzten. Als wir uns der Stadt näherten, war das Wasser so mit Trümmern verstopft, dass wir das Segel einholten und die Ruder in die Hand nahmen, damit wir nicht zwischen den Schilfbündeln, Strohgarben, leeren Fässern, toten Schafen und Schweinen, Heurechen, Eimern und unzähligen anderen Dingen, die auf der Wasseroberfläche verstreut waren, ins Wasser fielen. Einige der weiter westlich gelegenen Häuser waren bis zu den unteren Fenstern vom Wasser umgeben, und als sie uns sahen, stießen die Bewohner, die sich an den oberen Fenstern befanden, einen lauten Hilferuf aus. Wir riefen, dass wir so schnell wie möglich kommen oder etwas zu ihnen schicken würden, denn unsere erste Sorge galt dem Pfarrhaus. Als wir rechts an Farmer Dowson vorbeikamen, sahen wir ihn und seine Männer hüfttief im Wasser stehen, unter Getreidesäcken taumelnd, Schweine auf den Armen tragend, mit verängstigten Pferden kämpfend, um sie auf das höher gelegene Gelände hinter dem Gehöft zu führen. Der Farmer rief uns zu, aber nur, um seine Seele zu erleichtern, indem er einen Fluch auf die Holländer ausstieß. Das Wasser wurde seichter, als wir uns der Kirche näherten, denn (wie wir später herausfanden) hatte der erste Ansturm des Flusses eine enorme Menge Schlamm heruntergebracht, der sich in einem Bett abgelagert hatte, das von der Mauer des Kirchhofs abfiel. Zu unserer Überraschung stellten wir fest, dass das Wasser am Tor des Pfarrhauses nicht mehr als zwei Fuß tief war. Wir machten unser Boot an der alten Eiche fest und gelangten mit einiger Mühe, denn der Boden war weich, zum Haus, wo wir die Bewohner sicher im oberen Stockwerk vorfanden. Meine Tante klagte lautstark über ihre Habe und ihren Lebensmittelvorrat. Die dringendste Sorge des Pfarrers schien eine Beerdigung zu sein, die für diesen Tag anberaumt worden war. Doktor Goel brütete über einem Entwässerungsplan und ging noch einmal Berechnungen durch, die zu seiner Zufriedenheit bewiesen, dass der für den Don gegrabene Kanal tief und breit genug war, um sein Wasser in jedem möglichen Fall in die Aire abzuleiten, und dass der erhöhte Damm unfehlbar jedem Druck standhalten musste, der auf ihn ausgeübt werden könnte. Er war so vollkommen sicher, dass das, was geschehen war, auf keinen Fall passieren konnte, dass ich ihm ins Gesicht lachen musste – und ihn mächtig beleidigte.

„Sie können doch nicht annehmen, Doktor", sagte ich, „dass die Isländer den Damm niedergerissen haben, um sich zu ertränken."

„Das weiß ich nicht", fauchte er. „Sie sind dumm genug."

Da ich mich daran erinnerte, wie sich das Wasser vor dem Einsetzen des großen Regens allmählich angesammelt hatte, glaubte ich, dass weder der Abfluss zur Umgehung des Don noch der zur Ableitung des Oberflächenwassers für ihren Zweck groß genug gewesen waren. Doch in diesem Moment teilte ich dem Arzt meinen Rat nicht mit.

Mistress Goel stellte viele Fragen, weinte und rang die Hände, als sie von der Not der Menschen hörte, aber sie war schnell wieder ganz ruhig und begann darüber zu sprechen, was am besten für sie getan werden könne. Meine erste Idee war, so viele Boote wie möglich zu sammeln und die Leute von den umliegenden Bauernhöfen und Hütten nach Crowle zu bringen.

„Aber das brauchen Sie nicht zu tun", sagte sie, „es sei denn, es besteht die Gefahr, dass ein Haus einstürzt. Das Wasser lässt nach."

"Woher weißt du das?" Ich fragte.

„Durch eine Markierung, die ich heute Morgen um fünf Uhr an der Treppenhauswand gemacht habe. Das Wasser ist seitdem um zehn Zentimeter gesunken."

Ich sagte etwas, um ihre Selbstbeherrschung in einer Zeit der Besorgnis zu loben, aber sie drängte mich zu der vorliegenden Arbeit.

„Die armen Leute draußen in der Flut", sagte sie, „werden wenig oder gar nichts zu essen haben. Ihr Essen wird verdorben sein, und sie werden keine Möglichkeit haben, sich frische Vorräte zu besorgen. Daran muss man als Erstes denken. Und." Der bloße Anblick eines freundlichen Gesichts wird ihnen viel nützen? Wäre es nicht das Beste, Ihr Boot mit einem Vorrat an Vorräten zu beladen und jemanden mit Einfluss durch die Stadt zu schicken, um andere zu drängen, Ihnen zu folgen? ?"

Dem stimmte ich zu und nach einigem weiteren Reden machte ich mich auf den Weg. Als ich am Fuß der Treppe ins Wasser stieg, rief sie mir vom Treppenabsatz aus zu:

„Oh, Frank, vergiss die Milch für die Kinder nicht."

Ich blickte auf und sah ihr glühendes Gesicht. „Ich werde es nicht vergessen", antwortete ich und schritt mit der Musik in meinen Ohren hinaus.

Alte Männer und Frauen erzählen noch immer die Geschichte der großen Flut, und ein Teil der Geschichte handelt davon, wie der „junge Gutsherr" von Temple Kunststücke vollbrachte, indem er ruderte, hob und trug, um den Leuten zu helfen. Wenn ich an diesem Tag mutig und überdurchschnittlich aktiv war, und ich glaube, das war ich, dann liegt das Geheimnis darin, dass ich meinen Namen zum ersten Mal von den Lippen meiner Liebsten hörte und sah, wie sie errötete, als sie ihn aussprach.

Es ist nicht meine Aufgabe, die Geschichte mit der Kaminecke zu wiederholen. Es genügt zu sagen, dass ich und Luke und ein Dutzend williger Kerle bis zum Einbruch der Dunkelheit unser Bestes gaben und jeden Bauernhof und jede Hütte besuchten, die in den unteren Stockwerken noch stand.

Ungefähr zwanzig Hütten direkt am Flussufer, die von Landarbeitern und Marscharbeitern mit ihren Familien bewohnt waren, waren einfach weggefegt worden. Wie viele Menschenleben dabei zerstört wurden, war damals noch nicht abzusehen. Die Verluste der Bauern waren furchtbar. Die Verwüstungen unter Pferden und Rindern waren beträchtlich, Hunderte von Schweinen und Tausende von Schafen waren ertrunken. Schornsteine wurden umgeworfen und vernichtet, und die Ernten waren vernichtet.

Wie die Männer die Holländer verfluchten! Ihre Rachedrohungen ließen mich wünschen, dass Herrin Goel und ihr Vater Crowle sicher verlassen würden. Denn unsere Islonier sind keine Kerle, die sich mit einem Fluch besänftigen und dann nicht mehr daran denken, sondern von der langsamen, sturen Art, die zuerst schwelt und erst am Ende brennt. Ich versicherte ihnen, dass ihr „Anwalt" eine Entschädigung für ihre Verluste verlangen würde. Ich argumentierte, dass diese Katastrophe so viel Gutes in sich haben könnte, dass sie den Widerstand meines Vaters gegen den Vermuijden-Plan rechtfertigen und den König und seine Berater dazu zwingen könnte, sich die Vernunft anzuhören. Aber die meiste Zeit stieß ich auf bitteres und verächtliches Gelächter.

Ein Mann sagte: „Es hat keinen Sinn, so zu reden, Mester Frank. Ihr Vater ist ein echter Gentleman, aber er ist den holländischen Teufeln nicht gewachsen. Wir hätten uns seine friedliche Art zu reden nicht anhören sollen. Squire Portingtons Art, mit Räubern und Mördern wie Vermuijden und seiner Bande umzugehen."

Fast alle waren derselben Meinung, und ich kehrte entmutigt und besorgt ins Pfarrhaus zurück, und so müde, erschöpft und schlaftrunken, dass ich davonschlich und ins Bett fiel, zu müde, um auch nur mit Frau Goel zu reden.

Ganz unerwartet bat mich der Pfarrer, einige Tage in seinem Haus zu bleiben. Bisher hatten wir einander wenig zu sagen; er hatte niemandem viel zu sagen. Ich hatte ihn seit meiner frühen Kindheit nicht gemocht, als ich den Eindruck hatte, dass er wie einer seiner Folianten in Pergament gebunden war und dass ihm der Hinterkopf abgetrennt worden war. Seine Tage verbrachte er inmitten dieser Folianten, und Mr. Butharwick sprach mit Respekt von seiner Gelehrsamkeit, aber was für einen Nutzen daraus erwachsen sollte, wusste ich nie. Er hielt Predigten, die übermäßig lang waren und für mich und, wie ich urteilte, für seine Gemeindemitglieder im Allgemeinen völlig unverständlich waren, die sich zum Schlafen zusammenzogen, als sie den Text hörten. Meine Tante kümmerte sich um alle Angelegenheiten der Gemeinde und kontrollierte stets den Pfarrer, bevor er das Haus verließ, um sicherzustellen, dass er anständig gekleidet war und sein Taschentuch in der Tasche hatte.

Die verheerende Flut erweckte ihn für den Alltag um ihn herum, nicht auf einmal, sondern langsam. Er kümmerte sich besonders um die Sorgen seiner trauernden Gemeindemitglieder, von denen es viele gab. Ein kleiner Bauer, Coggan, war tot im Wasser am Fuß einer Leiter gefunden worden, die von seinem Schlafzimmer herabführte. Ein anderer Mann, ein etwas betrunkener Kerl, war von der Flut überrollt worden, während er auf dem Küchenboden seinen Drink austrank. Ein alter Mann, dessen Leute ihn die Nacht über allein gelassen hatten, war offenbar beim Öffnen seiner Tür ertappt und überwältigt worden. Das Kind von Ducker, dem Schmied, war seit ein oder zwei Tagen krank, aber in der Nacht der Überschwemmung war es auf einem Sofa eingeschlafen und schlief so friedlich, dass die Mutter seinen Schlaf nicht störte, sondern ihn zudeckte legte mich hin und ging zu Bett. Sie fand es am Morgen ertrunken. Außer diesen Fällen in der Stadt selbst wurden zahlreiche Leichen in der Nähe der Hütten am Ufer des Don und anderswo geborgen. Unter diesen Umständen wurde der Pfarrer oft um Rat, Hilfe und Trost gebeten. Der Küster verlor den Verstand, armer Mann, und es gab Schwierigkeiten, die angemessene Bestattung so vieler Leichen vorzubereiten, und es gab auch Schwierigkeiten, wer die Bezahlung für dieses und jenes garantieren würde. Es war für uns schwierig, einen Boten zu finden, der den Gerichtsmediziner holen könnte, da jeder Mann so sehr mit seinen eigenen oder den Angelegenheiten seines Herrn beschäftigt war. Daraufhin überzeugte mich der Pfarrer, in den Dienst zu treten, und übergab alles in meine Obhut. Ich muss ihm die Gerechtigkeit widerfahren lassen und anerkennen, dass er seine geistlichen Pflichten gewissenhaft erfüllte und großzügig mit seinem Geldbeutel umging. Die schmerzhaften und etwas schrecklichen Details sind kein notwendiger Teil meiner Erzählung, und deshalb lasse ich sie; aber wie man annehmen kann, war ich mehrere Tage lang voll beschäftigt.

Jeden Abend gab es eine Stunde, die mich für all die Mühe und den Stress des Tages entschädigte, wenn nicht sogar mehr, indem Mistress Goel eine Weile mit mir plauderte oder mir etwas vorsang. Wir sprachen hauptsächlich über das eine spannende Thema, und zu solchen Zeiten war kein ruhiges, privates Gespräch möglich; aber sie zu sehen und ihre Stimme zu hören genügte, um mich für den Augenblick glücklich zu machen.

Luke beunruhigte mich ein wenig, als er mir erzählte, er habe im White Hart und anderswo ein Gespräch belauscht, wonach Doktor und Frau Goel nach Crowle gekommen seien, „um das Wasser zu verzaubern". Dame Hind hatte viel darüber gesprochen, dass sie mit Sicherheit mit dem Teufel im Geschäft seien, und einige ihrer Gäste schworen, den Hexen bei der ersten Gelegenheit ein Ende zu bereiten. Obwohl ich diese Drohungen nicht für sehr ernst hielt und vollstes Vertrauen in meine Fähigkeit hatte, meine Freunde zu beschützen, da ich bei den Crowle-Leuten in hoher Gunst stand, gelang es mir, sie davon abzuhalten, das Pfarrhausgelände zu verlassen, außer wenn ich sie begleiten konnte. Luke hatte große Angst, aber da er immer eine feine Nase für Gefahren hatte, erregten seine Ängste meine nicht.

Am dritten Abend meines Aufenthaltes wurde Sheffield angekündigt. Er empfing mich ohne eine Spur von Verwirrung.

„Ha, Vavasour!" er sagte. „Gib dir Freude, wieder zum Leben zu kommen."

„Danke – vielen Dank", antwortete ich.

„Wieder zum Leben erwachen!" rief meine Tante. „Was meinen Sie, Mylord?"

„Hat er dir nichts erzählt? Als ich ihn das letzte Mal sah, in der Nacht des Gewitters, wurde er vom Blitz getroffen."

"Vom Blitz getroffen!" wiederholte meine Tante.

„Ja, ich überholte ihn auf der Straße und wir gerieten in eine Art Streit, worüber ich mich nicht mehr erinnere, denn um die Wahrheit zu gestehen, ich war zu betrunken. Wir fuhren Seite an Seite und plapperten wütend, wann Ich sah einen Feuerball herabfliegen und er fiel von seinem Pferd. Ich schäme mich, sagen zu müssen, dass ich so schnell ich konnte davonritt und ihn seinem Schicksal überließ.

Als ich gedrängt wurde, meinen Bericht zu erstatten, sagte ich: „Ich habe den Blitz nicht gesehen, der mich umgeworfen hat, und ich kann Ihnen nicht mehr sagen, außer dass ich mich am nächsten Morgen im Bett wiederfand, umso schlimmer."

Meine Tante beschimpfte mich (mit Tränen in den Augen) wegen meiner Zurückhaltung und war Sheffield rührend dankbar, dass er sie über die Gefahr informiert hatte, in der ich gewesen war. Doktor Goel interessierte sich für den Meteor und stellte so viele Fragen dazu Größe, Form und Farbe, der Grad seiner Helligkeit, die Zeitspanne, in der es sichtbar war, und so weiter, dass Sheffield sich in einen Strudel von Widersprüchen geriet und diese dann mit der Begründung entschuldigte, er sei sehr betrunken gewesen Zeit.

„Bei Bacchus", sagte der Arzt, „das müssen Sie gewesen sein."

Eine Person schwieg, aber ihre hellen Augen beobachteten Sheffield und mich. Doktor Goel drehte sich zu mir um und versuchte, mir etwas über meine Gefühle zu entlocken, aber ich blieb dabei, dass ich nichts weiter sagen konnte. Sheffield machte sich auf den Weg und lehnte die Einladung meiner Tante ab, beim Abendessen zu bleiben.

Herrin Goel deutete an, dass sie Lust auf einen Spaziergang hätte, und ich war voller Eifer und bereit, sie zu begleiten. Während sie Hut und Umhang aufsetzte, wartete ich im Flur, und Luke, der zu diesem Zeitpunkt nie weit von meinem Ellbogen entfernt war, kam mit meinen Pistolen auf mich zu.

„Vielleicht brauchen Sie sie", sagte er mit leiser Stimme. „Ich habe heute Abend ein paar hässliche Kerle gesehen."

Ich lachte, nahm sie aber und den Gürtel, den Luke nicht vergessen hatte, und bewaffnete mich außerdem mit einem robusten Eschenstock, der meiner Meinung nach die beste Waffe war, die ein Mann tragen konnte.

Wir nahmen den Pfad, der sich durch den Wald nach oben zum Crown Hill schlängelte. Der Mond, der jetzt fast voll war, schien uns ab und zu durch die dahinjagenden Wolken ins Gesicht.

„Ich möchte Sie nach dem Attentat fragen, das neulich Abend auf Ihr Leben verübt wurde", sagte meine Begleiterin abrupt. „Oh!", fuhr sie fort, „ich weiß, dass die Geschichte mit dem Blitz völlig falsch ist. Sie wurden von hinten niedergestreckt und dem Tod überlassen. Ihr Angreifer kann nicht verstehen, wie es sein kann, dass Sie noch am Leben sind, also erfindet er eine Geschichte, vielleicht zu seiner Verteidigung, oder, wahrscheinlicher, um Sie zu provozieren, etwas zu sagen, das das für ihn mysteriöse aufklären könnte. Und Sie haben den Plan durchschaut und wollten das Geheimnis nicht verraten."

„Das ist Zauberei!", sagte ich und starrte.

„O je, nein! Es ist der Witz einer gewöhnlichen Frau, erleuchtet durch die Blicke, die zwischen Ihnen und Ihrem Feind hin- und hergingen."

Ich gab zu, dass sie es richtig erkannt hatte, sagte aber nichts darüber, was auf den niederschmetternden Schlag folgte.

„Sie sind entschlossen, die Art und Weise Ihrer Rettung geheim zu halten?" Sie fragte.

„Derzeit ja", antwortete ich.

„Sie haben zweifellos gute Gründe. Aber es gibt noch eine andere Sache, über die ich mit Ihnen sprechen wollte. Erlauben Sie, dass es eine solche Tugend wie Klugheit gibt? Wenn ja, ist es klug, sich einem Feind auszusetzen – einem mächtigen, listigen , skrupelloser Feind?"

Dann platzte es aus mir heraus: „Sagst du mir, vor ihm wegzulaufen? Weil –
"

„Bleiben Sie einen Moment", sagte sie. „Besonnenes Vermeiden und feige Flucht sind doch sicher nicht dasselbe."

„Die Familienähnlichkeit ist zu groß, als dass ich sie unterscheiden könnte", sagte ich.

„Das habe ich befürchtet", antwortete sie. „Was ist das für ein Geräusch, das wir hören?"

Es war der Lärm einer Menschenmenge – hastige Schritte, heisere Rufe. Er kam schnell näher. Der Pöbel kam den Hügel herauf. Jetzt konnte ich deutlich „ausländische Hexe", „holländischer Teufel" und andere Schreie noch widerlicherer Art hören. Wir wurden eindeutig verfolgt. Auf dem Gipfel des Hügels stand eine alte Windmühle, die uns Schutz bieten könnte, und dorthin brachte ich Mistress Goel eilig. Die Tür war mit einem Vorhängeschloss verschlossen, aber ein kräftiger Tritt brach sie auf. Ich schob meinen Begleiter hinein, nahm die Tür, legte sie quer über den Eingang, schleppte ein paar Getreidesäcke dagegen und hatte eine erträgliche Barrikade; gerade rechtzeitig, denn der Pöbel war über uns und stieß beim Anblick des Hindernisses auf seinem Weg einen Schrei enttäuschter Wut aus.

„Können Sie eine Pistole laden?", fragte ich Herrin Goel.

„Ja", antwortete sie.

Ich nahm das Pulverhorn und den Schrotbeutel von meinem Gürtel und reichte sie ihr.

„Ich werde meine Pistole in deinen Schoß werfen, wenn ich schießen muss; lade sie nach und gib sie mir, wobei ich mich gut hinter mir halte", befahl ich.

Mittlerweile hatte sich die Menschenmenge vor der Mühle versammelt. Zum Glück befanden wir uns im Schatten und das Mondlicht schien voll auf sie. Eine halbe Minute lang blieben sie stehen, und nur ein Gemurmel unter den Anführern war zu hören. Dann trat einer von ihnen vor.

„Einen Schritt näher, und ich feuere", sagte ich leise.

„Niemand will dir wehtun, Meister Frank", sagte der Kerl. „Gebt die Hexe auf, das ist alles, worum wir bitten."

„Hier ist keine Hexe", antwortete ich. „Da ist eine Dame, der Gast Ihres Pfarrers. Wehe Ihnen, wenn ihr durch Ihre Hand etwas zustößt! Aber Sie müssen mich ermorden, bevor Sie Finger auf sie legen."

„Sie ist eine Hexe und hat uns das Wasser gebracht; Nancy Isle weiß das ganz sicher", antwortete der Sprecher.

(Diese Nancy Isle war in ihrem hohen Alter ein armes Geschöpf, galt aber immer noch als „weise Frau".)

„Sie hat Mat, dem Stallknecht, ein Mittel gegeben, das sein Fieber im Nu geheilt hat", rief eine Stimme. „Hat einen Zauber, um wilde Tiere zu zähmen", rief ein anderer. „Wascht sich jeden Morgen am ganzen Körper in kaltem Wasser, was jeden Christen umbringen würde; Lisabeth, das Dienstmädchen im Pfarrhaus, hat es mir selbst erzählt", brüllte ein anderer. „Sie macht Höllenbrühe aus Gallen und Giftpilzen und Raupen. Ich habe gesehen, wie der alte Teufel sie für sie gesammelt hat", sagte ein anderer. „Weiter mit euch, ihr Feiglinge", kreischte eine Frauenstimme. „Habt ihr Angst vor einem Mann, und er ist verzaubert? Sie hat mein unschuldiges Baby getötet, und ich werde ihr die Augen ausreißen." Und Duckers Frau kam eilig herbei, drei Männer folgten ihr.

Ich schoss dem ersten von ihnen durch die Schulter, und er fiel; Ich drückte den Pistolenkolben schwer auf eine Hand der Frau, die sich wie eine Wildkatze an der Absperrung festklammerte, was sie zum Heulen brachte. Die anderen beiden Männer kamen langsam genug heran, um mir Zeit zu geben, die Pistole in den Schoß meines Begleiters zu werfen und mich für einen Aufwärtsschlag mit der Faust zusammenzukauern. Ich schlug einem von ihnen unters Kinn, und er fiel bewusstlos zurück; aber der zweite schaffte es halb über die Tür, bevor ich mit ihm fertig werden konnte. Obwohl ich um mehr als nur mein Leben kämpfte , versetzte ich ihm mit einiger Scham einen Tritt in den „Wind", der ihn für eine Weile beruhigte. Bisher hatte ich großes Glück, und der Feind war etwas eingeschüchtert, aber wenn sie in großer Zahl ankamen, musste ich allein durch ihr Gewicht überwältigt werden. Dazu reichte ihr Mut im Moment nicht aus; Sie begannen mit Steinen zu werfen, was kein schlechter Schachzug war, denn ich musste die Tür bewachen. Ich bekam einen heftigen Schlag auf den Kiefer. Dann folgte eine Pause, die damit endete, dass einer aus der Menge mir zurief:

„Wir wollen dich nicht töten, junger Knappe."

„Danke", antwortete ich. „Bisher wurde mir nicht viel angetan."

„Wir wollen dich nicht töten. Gib die Hexe her und wir werden sie schwimmen lassen. Wenn sie sinkt, werden wir weggehen. Wenn sie schwimmt, wirst du sie verlassen. Fairer können wir es nicht sagen."

„Jetzt hört mir zu", antwortete ich. „Ihr könnt jeden vor Gericht wegen Hexerei anklagen lassen. Wenn ihr das Gesetz selbst in die Hand nehmt, werde ich einige von euch töten und die übrigen werden gehängt, weil sie mich getötet haben."

Sie antworteten mit einer Steinsalve und einem wütenden Ansturm. Ein Stein traf Mistress Goel und sie sank zu Boden. Ich konnte nichts für sie tun, außer sie mit meinem Fuß so weit von der Tür wegzustoßen, wie ich nur konnte, denn die Männer waren auf mich losgegangen, schrien und fuchtelten mit Stöcken und Messern. Ich trat zurück und rechnete damit, dass sie sich in der Öffnung zusammenquetschten, was sie auch taten, indem sie Hals über Kopf auf mich zukamen. Ich versuchte keinerlei Deckung, sondern stand da, um eindringenden Köpfen einzuschlagen. Ein Messer wurde geworfen und steckte in meiner linken Schulter, ob in Stoff oder Fleisch, wusste ich nicht. Meine gute Esche schlug drei Köpfe nieder und mein Stiefel zerschmetterte ein Gesicht in einer Ecke. Dann zogen sich die Kerle ein wenig zurück, zogen ihre gefallenen Kameraden mit sich, blickten aber immer noch zur Tür; also zog ich meine Pistole und schoss einem von ihnen ins Bein. Damit waren sie außer Reichweite.

„Gib mir die Pistole", sagte mein Begleiter ziemlich schwach.

"Gott sei Dank!" Ich ejakulierte, aber ich konnte meinen Posten nicht verlassen, um sie zu sehen.

Einige der Männer redeten laut und zeigten; andere rannten in verschiedene Richtungen davon. Kurz darauf kehrten sie zurück, mit toten Ästen und Strohhaufen. Sie machten sich auf den Weg zur anderen Seite der Mühle und hielten sich dabei von Pistolenschüssen fern. Offensichtlich wollten sie die Mühle in Brand stecken und uns ausbrennen. Es würde schnell brennen, denn es war nur schwach gebaut und das Holz alt und trocken, und ich befürchtete, dass der Ort zu heiß für uns sein würde, lange bevor eine große Anzahl von Menschen dorthin gelockt würde; Aber unser bester Plan war, so lange wie möglich dort zu bleiben, wo wir waren. Der Großteil unserer Feinde saß nun am Boden und wartete auf den Ausgang des Feuers. Ich hätte vielleicht ein Loch in die Mühlenwand geschlagen, aber unsere Sicherheit – so wie sie war – hing davon ab, dass es nur eine Öffnung gab, die wir bewachen konnten. Während ich den Feind im Auge behielt, blickte ich auf Mistress Goels Verletzung. Es war ein Schnitt über dem Auge und es hatte stark geblutet, aber die Blutung hatte aufgehört. Sie bestand darauf, meinen Ärmel aufzuschneiden, aus dem das Messer gefallen war, nachdem sie einige Zeit dort steckengeblieben war, und fand einen tiefen Schnitt, und mein Ärmel war mit Blut getränkt. Sie verband die Wunde mit einem Streifen ihres Kleides. Jetzt hörten wir draußen ein lautes Knistern und Brüllen. Das Feuer hatte sich ausgebreitet.

„Frank", sagte Mistress Goel, und mein Herz erbebte bei dem Wort und dem Tonfall. „Frank, versprich mir, dass du mich lieber tötest, als mich in ihre Hände fallen zu lassen. Ich würde dich um eine Pistole bitten, wenn du es selbst tun würdest, aber vielleicht brauchst du sie. Versprich es mir bei allem, was dir heilig ist."

„Ich verspreche dir, dass du nicht lebend gefangen wirst, und zwar bei dem, was mir am heiligsten ist – meiner Liebe zu dir."

Die Hitze in der Mühle wurde erdrückend. Schlangenartige Flammen schlugen durch die Risse und Spalten und zischten empor.

„Wir müssen es ums Überleben versuchen", sagte ich und riss die Säcke und die Tür weg.

Der Feind erwartete uns. Plötzlich wandten sie sich in die andere Richtung, und der Polizeipräsident kam in Sicht, gefolgt von einer Gruppe junger Männer, einige zu Pferd, einige zu Fuß. Dann floh die Menge in ein Dutzend Richtungen, und ich trug meine ohnmächtige Frau in die Mitte einer Gruppe jubelnder, lachender Freunde.

KAPITEL VIII

Die Aufgabe, die hundertundeine Frage unserer Retter zu beantworten, fiel Mistress Goel zu, denn ich konnte nicht deutlich sprechen, da meine Wange und Lippen so geschwollen waren. Zwei meiner Freunde hoben mich trotz meines knurrenden Widerstands auf ihre Schultern, während zwei andere mit ihren Armen und Stöcken „einen Stuhl" für sie bildeten, und wir wurden schreiend zum Pfarrhaus getragen, wobei der Lärm die guten Leute dort nicht wenig erschreckte. Als meine Tante Mistress Goels blutbeflecktes Gesicht und meine aufgedunsene Wange sah, begann sie in einem Atemzug zu lachen und zu weinen und rief, ich sei der rücksichtsloseste Kerl der Welt und man könne mir die Pflege einer Dame nicht anvertrauen. Der Arzt drückte seine Tochter an seine Brust und hielt sie dann von sich weg, um ihre Verletzung zu untersuchen, und drehte sich um, um mich wütend anzustarren, als ob ich das Unheil angerichtet hätte. Seltsamerweise war es der Pfarrer, der nach Schwamm und Wasser, Bandagen, Pflaster und dergleichen rief; Er empfahl dem Arzt, sich unverzüglich um unsere Wunden zu kümmern, brachte das Dutzend, das plötzlich losplapperte, zum Schweigen und brachte uns kurz gesagt zur Ordnung.

Luke erzählte, wie er uns gefolgt war, weil er befürchtete, wir könnten angegriffen werden. Er war jedoch erstaunt über die Größe der Menschenmenge, die sich so schnell versammelt hatte und anscheinend unter der Führung eines Mannes stand, der ihm fremd war. Er sah, wie wir in der alten Mühle Zuflucht suchten, und dachte, es sei besser, eine Gruppe zu Hilfe zu rufen, als allein zu kommen. Er machte sich also auf den Weg, um die jungen Burschen zu alarmieren, die am Tag nach der Flut mit uns gearbeitet hatten, und traf durch großes Glück den Polizeipräsidenten des Wapentake beim Abendessen in einem der Häuser an, die er besuchte. Den Rest der Geschichte kann ich ohne die Langeweile weiterer Worte verstehen. Während Lukes Erzählung hatte sich Doktor Goel um die Verletzung seiner Tochter gekümmert und kümmerte sich nun um mich. Meinen Schnitt an der Schulter erklärte er für unwichtig, schüttelte aber den Kopf über die Verletzung an meinem Kiefer. Im Moment konnte er nicht viel tun, außer mir einen nassen Lappen ums Gesicht zu binden und mir den Mund zu waschen, wobei er mich ermahnte, nichts davon zu schlucken. Inzwischen machten meine Freunde mich auf Mistress Goels Bericht hin zum Helden, und da saß ich mit geschwollenem Gesicht, ließ eine Flüssigkeit in meinem Mund rollen, die mich zusammenzucken ließ, und konnte kein Wort sagen. Es kam mir so seltsam vor, als wäre ein Held in einer solchen Lage, dass ich lachte, etwas von dem Zeug des Arztes ausspuckte und etwas davon hinunterschluckte, aber der Hustenanfall und die darauf folgenden Schmerzen heilten mich wirksam von meiner Neigung zu weiterem Lachen.

Der Polizeipräsident hielt es für ratsam, für die Nacht eine Wache im Pfarrhaus einzurichten, das Kommando jedoch selbst zu behalten.

„Man kann nicht sagen, wie weit der Pöbel gehen kann, wenn ihm der Verdacht der Hexerei in den Kopf gesetzt wurde", sagte er. „Und meiner Meinung nach wäre es für Doktor und Frau Goel ratsam, so schnell wie möglich in Sandtoft unter ihren eigenen Leuten Zuflucht zu suchen."

Wir wurden die ganze Nacht nicht gestört, und das geschah auch am nächsten Tag, was unsere Angelegenheiten zumindest für eine Weile in den Schatten stellte. Wir bekamen Besuch von einem königlichen Kommissar, der mit Trommelschlag öffentlich bekannt gab, dass alle wohlgesinnten Personen und guten Untertanen ihm im Laufe der nächsten drei Tage im Gerichtssaal des White Hart, wo normalerweise das Herrengericht abgehalten wurde, aufwarten sollten, um dort ihre Treue zum Thron durch Darlehen, Wohltätigkeit, kostenlose Geldgeschenke und Dienste für Seine Majestät zu beweisen. Diese Person erschien früh am Tag im Pfarrhaus, begleitet von einer Reihe Musketieren. Ich war zufällig mit dem Pfarrer in einem Raum, in dem er Pfarreiangelegenheiten erledigte, die er meiner Tante nicht übertragen konnte, als ein dickbäuchiger Mann hereinstolzierte, der eine würdevolle Miene vortäuschte, in Wirklichkeit aber ein Bewusstsein für die Musketiere draußen war. Nach einer knappen Begrüßung nahm er Platz und begann mit den Worten:

„Sie haben vom Erzbischof die Anweisung erhalten, Ihrer Gemeinde die Pflicht zu predigen, zur königlichen Staatskasse beizutragen, und sie so auf meinen Besuch vorzubereiten. Sie dachten, es genügte, den Brief von der Kanzel vorzulesen. Erklären Sie Ihren Ungehorsam."

Etwas vom alten Adam lebte noch in dem Geistlichen und blitzte aus seinen Augen.

„Mit welcher Autorität haben Sie———", begann er.

Aber der andere brach aus –

„Autorität! Autorität, quotha! Autorität genug, um einen Bischof ins Gefängnis zu schicken, wenn er mir Anlass dazu gäbe."

An diesem Punkt tat ich eine äußerst umsichtige Handlung. Der Kommissar hielt seinen Hals schief, und meine Hände juckten, ihn ganz herumzudrehen, also verließ ich den Raum und eine Versuchung, die für mich zu stark werden könnte. Von der Umsicht zur Politik ist es nur ein Schritt. Als nächstes schickte ich Luke mit starkem Bier zu den Musketieren und bat ihn zu bleiben, um zu erfahren, wie ihnen das Gebräu schmeckte und was sie ihm sonst noch erzählen wollten. Sie erzählten ihm eine ganze Menge. Der Kommissar hatte eine Liste der Adligen und Bauern in der Nachbarschaft und neben jedem Namen den zu fordernden Betrag. Er hatte eine weitere Liste ärmerer Leute, darunter die Namen junger Männer, die zum Dienst in der Armee oder Marine rekrutiert werden könnten, es sei denn, sie oder ihre Verwandten waren bereit, sich eine Entlassung zu erkaufen. Die Macht dieses Pascha schien keine Grenzen zu haben. Vor seiner Ankunft auf der Insel hatte er mehrere Herren ins Gefängnis geschickt, weil sie sich weigerten, seine Forderung vollständig zu bezahlen. Einige angebliche Geizhälse aus niederen Familien, die vorgaben, arm zu sein, ließ er an den Daumen fesseln. Von armen alten Frauen erpresste er unglaubliche Summen, indem er ihnen drohte, ihnen ihre Söhne wegzunehmen.

Leute, die sich gegenüber dem Vertreter seiner Majestät „unverschämt" verhalten hatten, wurden auf die Plantagen verfrachtet. Der Korporal hatte Luke mit der Ansicht beglückwünscht, dass der König durch diese Sammlung so viel Geld bekommen würde, dass er das Parlament nicht um einen weiteren Schilling bitten müsste.

Der dickbäuchige Mann verließ das Pfarrhaus kurz nachdem ich diesen Bericht erhalten hatte und nahm fünfzig Pfund mit, und der Pfarrer zog sich in sein Arbeitszimmer zurück, vielleicht zum Beten.

Im Laufe des Vormittags kam Mr. Butharwick zu mir und brachte eine Vorladung des Kommissars mit, in der er die Anwesenheit meines Vaters im White Hart verlangte, und so schloss ich mich gegen ein Uhr der dort versammelten Gesellschaft an. Der Kommissar, mit Namen Tunstall, wie wir aus der Verlesung seines Haftbefehls unter dem Großen Siegel erfuhren, den er einigen Herren zur Einsichtnahme überließ, saß an einem Tisch, mit einem Schreiber an seiner linken Hand, vier oder fünf seiner Musketiere hinter ihm stehen. Es gab Sitzplätze für die Männer von Rang und Stand, aber zwei Drittel des Saals waren von einer stehenden Menschenmenge besetzt. Nach der Verlesung des Haftbefehls hielt Tunstall eine lange pompöse Rede, in der er die Bedürfnisse des Königs, die Pflichten seiner Untertanen und die Unruhen darlegte, die im Reich durch parteiische und verräterische Personen verursacht wurden, die ihre Privilegien und die Milde seiner Majestät missbraucht hatten indem es gelang, die Abstimmung über Lieferungen zu verzögern, die für die Verteidigung des Königreichs und die Würde der Krone dringend erforderlich waren. Kurz gesagt, der König wollte dringend Geld, und wir sollten es finden, sonst wären die Folgen unangenehm. Der Kommissar sah sich seine Papiere an und sagte dann, dass der erste Name auf seiner Liste der von George Stovin aus Totlets sei, der auf fünfhundert Pfund geschätzt werde. Knappe Stovin erhob sich und sprach:

„Es ist nicht meine Aufgabe, über die Anforderungen Seiner Majestät zu urteilen oder eine Meinung über die Angemessenheit dieser ungewöhnlichen Art, sie zu erfüllen, abzugeben, sondern nur zu sagen, dass die

Anforderungen an den Adel und die Bauern von Crowle – und an den Adel – gestellt wurden und die Bauern von Axholme im Allgemeinen – ist zum äußerst ungünstigen Zeitpunkt gekommen. Hunderte von Hektar in verschiedenen Teilen der Insel, die letztes Jahr schwere Ernten brachten, werden durch die Aktion ausländischer Eindringlinge, die unter dem Schutz seiner Majestät stehen, versumpft. In diesem Teil der Insel wurden viele von uns der Armut nahe gebracht. Die Hütten, in denen meine Arbeiter lebten, wurden weggefegt, und die meisten meiner Scheunen und Nebengebäude sind ertrunken Es ist ungeheuerlich, vom König Geld zu verlangen.

Es folgte ein lautes Grollen der Zustimmung zu Squire Stovins Rede. Sobald es aufhörte, erteilte der Kommissar dem Korporal mit leiser Stimme einen Befehl und sagte dann:

„Dieses verräterische Gerede wird dich mehr als fünfhundert Pfund kosten, du frecher Rebell. Ich gebe dir eine Stunde, um zu schicken und zu bekommen, was für einen Aufenthalt in Lincoln Castle benötigt wird."

Auf dieses Wort hin packte ein Musketier den Knappen und fesselte ihm die Hände auf dem Rücken. Überall im Raum war ein Grollen wütender Stimmen zu hören, und es hätte zu einem Tumult kommen können, aber auf ein Signal hin, das ich nicht wahrnahm, drangen zwanzig Musketiere durch die Tür hinter der Versammlung ein.

Knappe Stovin rief: „Wird ein Freund so freundlich sein, zu Frau Stovin zu gehen und ihr zu sagen, dass ich eine Reise mache und meinen Koffer haben möchte?"

„Niemand verlässt den Raum ohne meine Erlaubnis", brüllte der Kommissar, als sich eine Reihe von Herren umdrehten, um den Auftrag des Gutsherrn zu erledigen.

Daft Jack, der Stadtidiot, schlurfte von hinten zum Tisch.

„Vielleicht gibt mir die Ehre Euer Gnaden die Erlaubnis zu gehen", sagte er; „Aber ich möchte dem armen König neun Pence geben." Und damit legte der Narr die Münze auf den Tisch.

Der Kommissar war sich des kichernden Lachens bewusst und warf das Stück dem armen Jack zurück und forderte ihn auf, sich seinen Geschäften zu widmen.

Der Kerl machte eine erstaunte Geste, steckte dann sein Geld wieder ein und schlurfte ans andere Ende des Raumes, während er mit seiner hohen Falsettstimme vor sich hin redete:

„Es ist ein weiter Weg nach Lincoln, man muss Fähren überqueren, die Straßen sind übel, und überall wimmelt es von Straßenräubern und Räubern. Ich hoffe, der Gutsherr kommt sicher an, der arme Mann."

Ein schwaches Lächeln über Daft Jacks Sorge um die sichere Ankunft des Gefangenen huschte über das Gesicht des Kommissars. Er ahnte offensichtlich nicht, was Daft Jack wirklich vorhatte. Dann rief er:

„Sieh zu, dass du mir den Koffer des Gefangenen direkt bringst, hörst du, Narr?"

„Ja, ja, Euer Ehren", antwortete Jack.

„James Tankersley, Stellmacher", las der Angestellte vor, und der Stellmacher trat vor. Er war als armer, aber fleißiger Mann bekannt, der allein seine alte Mutter und seine Schwestern, zwei kränkliche Frauen, ernährte.

„Ich habe die Ehre, ausgewählt worden zu sein, seiner Majestät zu dienen, Tankersley", grinste der Kommissar.

„Ich würde nichts Besseres verlangen, Euer Gnaden, aber meine arme alte Mutter und meine Herren sind für ihr Brot auf mich angewiesen."

„Das geht mich nichts an, Mann. Übermorgen marschierst du mit mir. Wenn du heimst, wirst du als Deserteur erschossen, das ist alles."

Der große Kerl zitterte wie ein Blatt im Wind.

„Oh, Euer Ehren", rief er mit erstickter Stimme, „haben Sie Mitleid mit uns. Sie werden meine Mutter töten."

„Hör auf zu weinen!" schrie der Kommissar, „oder ich lasse Sie fesseln und auspeitschen. Wenn Sie ein verdammter Feigling sind, zahlen Sie mir zehn Pfund für eine Entlassung."

"Zehn Pfund!" schrie der arme Kerl; „Ich habe kein Pfund auf der Welt und die Hälfte des Holzes im Hof ist nicht bezahlt."

Bauer Brewer kam nach vorne und sagte: „Ich werde seine Entlassung kaufen."

„Gott segne Sie, Mr. Brewer", sagte der Stellmacher.

"Brewer? Steht dieser Name auf der Liste?", fragte der Kommissar seinen Angestellten.

Dann kramten die beiden in ihren Papieren, doch sie schienen keine Aufzeichnungen über die Existenz des Bauern zu finden. Schließlich blickte der Kommissar auf und sagte:

„Ein Mann, der zehn Pfund für einen anderen übrig hat, muss wohlhabend sein, Mr. Brewer. Fünfzig Pfund für den König sind keine große Forderung."

Ein Gemurmel ging durch den Raum, denn der Bauer hatte bei der Flut viel verloren und jeder wusste, dass er nie großen Wohlstand gehabt hatte. Etwas in dieser Art wollte Brewer vorbringen, wurde aber unterbrochen.

„Ich bin nicht hier, um zu streiten, mein Mann, sondern um Geld einzusammeln. Wenn Sie hartnäckig sind, habe ich die Möglichkeit, Sie gefühlvoll zu überzeugen. Bringen Sie die sechzig Pfund bis drei Uhr mit, sonst erfahren Sie, was sie sind." Korporal, lassen Sie diesen Mann raus.

So ging es weiter, ein Mann nach dem anderen wurde gemobbt und bedroht und nach Einschätzung des Kommissars losgeschickt, um Geld einzustreichen. Die Vorgänge waren damals schon aufregend genug, aber es würde ermüdend sein, sie zu erzählen. Sie wurden unterbrochen, als Daft Jack in weniger als der vorgesehenen Stunde mit dem Koffer des Gutsbesitzers zurückkam, den er mit einem Knall direkt ins Zimmer fallen ließ und sagte, während er sich mit dem Rücken zur Tür auf den Boden setzte und sich das Gesicht abwischte „Ich kann keinen Schritt weiter gehen; gebt es ihm zu Ehren, einer von euch." Auf ein Nicken des Korporals hin ging einer seiner Männer damit voran und legte es auf den Tisch. Der Angestellte öffnete es zur Inspektion durch seinen Chef, als mit einem summenden und summenden Geräusch, das den Raum erfüllte, ein Schwarm wütender Wespen herausstürzte. Was dann geschah, kann ich nicht beschreiben. Ich sah, wie der Kommissar und sein Angestellter rasend durch einen huschenden Dunst wütender Insekten tanzten.

Als ich in die andere Richtung schaute, sah ich eine Masse gekrümmter Rücken und gebeugter Köpfe, die kopfüber auf die Tür zusteuerten. Der Ausgang ging mir zu langsam, mit einer Wolke aus Wespen um meinen Kopf herum, also sprang ich aus dem einzigen Fenster, das sich wie eine Tür öffnete. Es war ein ziemlich langer Fall auf den Boden, aber mehrere rührige Männer folgten mir. Wir fanden Squire Stovin im Sattel vor dem Gasthaus, seine Füße unter dem Bauch des Pferdes festgebunden, seine Wachen auf beiden Seiten aufgestiegen und eine große Menge hatte sich um sie versammelt, die sich gegenseitig auf eine Art schubsten und drängelten, die nichts Gutes für die Kavalleristen verhieß, da die meisten Männer ihre Stöcke in den Händen hatten. Der Unfug hätte schon früher begonnen, wenn Mr. Stovin nicht die Autorität über die Jungs gehabt hätte. Kurz darauf kam der Korporal heraus und sagte, da der Kommissar nicht in der Lage sei, die Anweisungen zu geben, auf die die Männer warteten, würde er die Verantwortung übernehmen, den Squire auf Ehrenwort freizulassen. Mr. Stovin gab es bereitwillig; seine Fesseln wurden entfernt und ein Mob eskortierte ihn nach Hause, wobei er bis zum Geheule jubelte. Gastgeber

Hind erzählte mir, dass Tunstall und sein Angestellter furchtbar verletzt worden und in nicht geringer Gefahr seien. „Sein Kopf ist fast so groß wie sein Bauch", sagte Hind über den Kommissar. Um ihn machte ich mir keine Sorgen, wohl aber um den armen Jack, der zweifellos schrecklich bestraft werden würde, wenn man ihn schnappte. Und außerdem war ich neugierig. Ich fand Jack in seiner Einzimmerhütte am südlichen Ende der Stadt, wo eine Menge Gegenstände auf dem Lehmboden ausgebreitet waren: ein Paar Klampenbretter, eine Lederflasche, eine Schnitzmaschine, Draht- und Bandrollen, ein Knäuel Kammgarn, Angelhaken, Korken, eine Armbrust, ein paar Stück Schwarzbrot und andere Dinge, von denen er einige gerade in seine vielen und geräumigen Taschen steckte.

„Ich gehe zu meiner Jagdhütte in den Thorne Moors", sagte er mit vollkommenem Ernst.

„Ein wenig Geld könnte von Nutzen sein", sagte ich und reichte etwas davon.

„Nein, danke, Mester Frank", antwortete er. „Wahrscheinlich möchte ich keine. Auf meinem Anwesen gibt es jede Menge Hasen, Kaninchen, Sumpfvögel, Fische und Eier."

Ich wusste, dass Jacks Selbstvertrauen begründet war, da er über die größte Geschicklichkeit verfügte, wenn es darum ging, einem Kaninchen eine Schlinge zu legen, einen Hecht zu zwicken oder einen Vogel in Schussweite zu locken.

„Würde es Ihnen etwas ausmachen, mir zu erzählen, wie Sie dazu gekommen sind, ein Wespennest in den Koffer des Gutsherrn zu stecken, Jack?"

„Alles ein Fehler, weil ich tief in Gedanken versunken bin, Mester Frank."

"Wie so?"

„Als ich die Auffahrt herunterkomme, sehe ich ein Wespenloch in der Böschung. Und ich wollte Wespenlarven als Köder. Also habe ich das Loch verstopft und das Nest herausgezogen, verstehen Sie?"

„Aber du wolltest keine lebenden Wespen, Jack."

„Lebende Wespen eignen sich sehr gut zum Dippen, Mester Frank, wenn du weißt, wie man mit ihnen umgeht. Aber tief in Gedanken steckte ich das Nest in Squires Schweinsmandel statt in mein Taschentuch. Und ich vergaß das Nest, als ich es hinlegte." Knie dich hin und schüttle es, weil du so tief in Gedanken versunken bist.

„Aber worüber hast du so intensiv nachgedacht?"

„Ich versuche herauszufinden, warum mich der dickbäuchige Mann einen Idioten genannt hat.“

Und Jack sah aus, als ob ihn die Frage immer noch verwirrte.

„Dummkopf hin oder her, Jack, du hast getan, wozu keiner von uns den Verstand oder den Mumm hatte. Aber er wird dich töten, wenn es ihm jemals wieder gut genug geht, es zu tun.“

„Wenn ich lebe, bis er mich tötet, werde ich ein sehr alter Mann sein“, antwortete Jack mit ungeheurer Verachtung.

Er hatte nun seine Besitztümer verstaut, einiges in seinen Taschen, einiges in einem Sack, den er sich über die Schulter warf, und stand flugbereit da. Wir gaben uns die Hand und er sagte:

„Luke Barnby kennt den Weg zu meiner Hütte.“

Obwohl ich unbedingt zum Pfarrhaus zurückkehren wollte, dauerte es lange, bis ich es tat, denn alle waren auf der Hauptstraße und unterhielten sich und lachten über die plötzliche Auflösung der vom Kommissar einberufenen Versammlung. Hier traf ich einen, der nicht anwesend gewesen war und meinen Bericht über die Angelegenheit hören wollte; dort einen anderen, der anwesend gewesen war und alles noch einmal durchgehen wollte. Eine Gruppe junger Burschen schleppte mich ins White Hart, wo sie auf Daft Jacks Gesundheit und die Gesundheit des Mannes tranken, der ihn „auf den Trick hereingelegt“ hatte. Ohne Grund hatten sie mir die Ehre für die List zugesprochen, und auch mein klares Abstreiten konnte sie nicht davon abbringen, dass ich meine Finger im Spiel hatte. Schließlich konnte ich mich von ihnen lösen und fand im Pfarrhaus alles ruhig vor.

Es war vereinbart worden, dem Vorschlag des Polizeichefs am nächsten Tag Folge zu leisten, und dieser hatte sich verpflichtet, das Haus während der Nacht zu beschützen. Anna, wie ich sie selbst nannte, hatte sich von dem Schock des Vorabends erholt und sah trotz eines Gipskreuzes auf der Stirn bezaubernd aus. Nachdem ich die wahre und vollständige Geschichte von Daft Jacks Leistung erzählt hatte, redeten der Arzt und der Pfarrer abwechselnd Prosa, und zwar die Beschreibung aller giftigen Insekten, die der Mensch kennt, denke ich; der andere führt Beispiele aus der Geschichte, heilige und profane, für ihr Eingreifen in menschliche Angelegenheiten an und scheint Freude daran zu haben, von der Folter zu erzählen, die einem unglücklichen Unmenschen, dessen Namen ich vergessen habe, von einem Feind zugefügt wurde, der ihn mit Honig beschmieren und entlarven ließ zu den Stichen von Bienen und Wespen. Der Pfarrer war ein zu guter Christ, um sich über die Leiden des Kommissars zu freuen, aber ich bin sicher, er fand einen gewissen Trost in der sehr genauen Beschreibung, die er von den Qualen des anderen Mannes gab.

Anna war ungewöhnlich schweigsam, und ich hoffte, dass dies auf denselben Gedanken zurückzuführen sein könnte, der mich so hielt, nämlich auf den bevorstehenden Abschied am nächsten Tag. Mit heimlicher Freude bemerkte ich, dass die Lieder, die sie auswählte, als sie auf meine Bitte hin zum Spinett ging, von einer süßen Melancholie durchzogen waren, die von Liebe herrühren könnte.

KAPITEL IX

„Ich habe dich gebeten, mit mir auszugehen, weil ich dir etwas sagen muss, bevor du nach Sandtoft zurückkehrst." So begann ich schwach, während wir durch den Garten gingen, der jetzt einigermaßen frei von Schlamm und Abfall war, den die Flut mit sich gebracht hatte, und in dem ein paar Blumen ihre Köpfe der Julisonne entgegenstreckten. „Ich habe dir neulich Nacht gesagt, dass ich dich liebe. Ich hätte es vielleicht nie gewagt, es zu sagen, wenn ich nicht befürchtet hätte, keine zweite Chance zu bekommen. Mistress Goel – Anna – kannst du mich lieben?"

Sie hob ein wenig ihr edles Gesicht, warf mir einen Blick zu, den ich nicht verstand, und dann senkten sich ihre Augenlider, als sie mit zitternden Lippen antwortete:

„Es wäre nur zu einfach, dich zu lieben, Frank, aber ich bin gebunden – ich bin bereits verlobt. Hab Geduld mit mir, während ich dir meine traurige Geschichte erzähle." Sie setzte sich und ich neben sie, schweren Herzens.

„Vor Jahren einigten sich mein Vater und sein bester Freund, Cornelius Vliet, auf eine Heirat zwischen mir und dem einzigen Sohn seines Freundes. Ich schreckte vor dem Gedanken zurück und bat meinen Vater, mir zu erlauben, abzulehnen; aber er lachte über das, was er für mädchenhafte Perversität hielt. Er konnte nicht glauben, dass ich eine Abneigung gegen einen jungen Mann hatte, der als gutaussehend, wohlerzogen, tapfer und Erbe eines großen Vermögens galt. Und tatsächlich konnte ich nichts gegen Sebastian sagen, außer dass ich die größte Abneigung dagegen hatte, mit ihm oder irgendeinem anderen Mann verheiratet zu sein. Mein Vater gab so weit nach, dass er die Angelegenheit eine Weile aufschob. Dann wurde er festgenommen und ins Gefängnis geworfen, und wir wussten, dass sein Schicksal der Tod oder lebenslange Haft sein würde. Sebastian kam zu mir und bot an, die Flucht meines Vaters zu sichern – unter einer Bedingung. Ich gab ihm mein Versprechen, und er erfüllte sein eigenes durch großzügige Bestechung und, wie ich zugeben muss, auf die Gefahr seiner eigenen Freiheit, vielleicht seines Lebens. Er begleitete uns nach Paris. Dort Ich sah und hörte viel mehr von seiner Lebensweise, als ich zu Hause gekannt hatte, und es war furchtbar und abscheulich für mich. Mein Vater versicherte mir, dass junge Männer nicht schlechter dran wären – was mich so beleidigte. Ich kann Ihnen nicht sagen, wie schrecklich ich es fand, meine Pflicht und Liebe gegenüber meinem Vater zu vernachlässigen und Sebastian gegenüber so undankbar für das Leben und die Freiheit meines Vaters zu sein, aber ich konnte mein Wort nicht halten. Ich schwor, dass ich nicht heiraten würde, bis Sebastian seinen Kurs änderte. Er machte mir keine Vorwürfe, verspottete mich nicht und stritt nicht mit mir, sondern verschwand. Seit einigen Monaten haben wir nichts mehr von ihm gehört. Ich nahm an, er war angewidert von dem, was er von meiner Undankbarkeit und Wankelmütigkeit halten musste; aber gestern erhielt mein Vater einen Brief von ihm, in dem er sagte, er habe das Trinken und Würfeln und alle bösen Wege aufgegeben und komme, um seine Braut abzuholen. Er hat beschlossen, sich Vermuijden anzuschließen und unser Exil zu teilen, und wird seinem Brief schnell folgen. Mein Vater ist erfreut. Verzeihen Sie mir, Frank, dass ich Ihnen nicht aus dem Weg gegangen bin. Ich bin schuldig, ich weiß. Verzeih mir."

Ich war schon ein Dutzend Mal kurz davor gewesen, die Geschichte zu unterbrechen, aber da ich sah, wie schwer es Anna fiel, sie zu erzählen, wollte ich es ihr nicht noch schwerer machen. Jetzt platzte es aus mir heraus. „Vergib ihr! Vergib der Sonne, dass sie scheint, den Blumen, dass sie blühen!" Ich sagte ihr, wie sehr mir das Herz für sie schmerzte, aber sie müsse weiterhin tapfer durchhalten. Von Pflicht gegenüber ihrem Vater in Bezug auf diese Heirat wollte ich nichts hören. Ich erklärte, dass ein so erzwungenes Versprechen sie nicht binden könne. Der Versuch, es zu halten, würde bedeuten, gegen sich selbst zu sündigen, gegen den Mann, gegen ihren Vater, der dadurch am Ende unglücklich werden würde, gegen mich, gegen die Liebe, gegen Gott. Ich sagte ihr, ich sei sicher, dass sie mich ein wenig liebte, und ich würde sie niemals aufgeben. Sie gehörte *mir* und sollte mir gehören, solange sie oder ich lebten. Woher die Worte kamen, wusste ich nicht, denn ich bin normalerweise schwer von Begriff, aber sie kamen heiß und schnell, und Anna sah zu mir auf, als ich über ihr stand (meine Gefühle hatten mich auf die Füße gehoben), lächelte mit verschwommenen Augen und sagte zitternd:

„Du meisterhafter Frank! Ich könnte dir fast glauben, aber oh! Das kann nicht sein."

Sie stand plötzlich aufgeregt auf. „Hier ist Sebastian!", rief sie, und ich drehte mich um und sah ihn, begleitet von Doktor Goel, auf uns zukommen. Nachdem Anna und er sich begrüßt hatten, sagte der Doktor etwas zur Vorstellung, und Vliet und ich verbeugten uns. Er sah so schwarz aus wie eine Gewitterwolke, und ich zweifellos ebenso. Ich glaube, er erkannte mich auf den ersten Blick als seinen Rivalen und hasste mich dementsprechend. Wie sehr ich ihn verabscheute, lässt sich mit Worten nicht ausdrücken.

Er war ein ziemlich gut gebauter Mann, zwei oder drei Zoll kleiner als ich, mit kalten, bläulich-grauen Augen, die ziemlich eng beieinander standen, einem großen Mund, dicken Lippen, einer niedrigen Stirn und etwas aufgedunsenen Wangen. Dass er zu einem nüchternen und anständigen Leben übergegangen war, glaubte ich nicht und glaubte auch nicht, dass er es jemals tun würde, und mein Unglaube ging mir zu Herzen. Da ich mich nicht an der holländischen Unterhaltung beteiligen wollte, verließ ich die drei und kehrte zum Haus zurück, wo ich hörte, dass Vermuijden wieder in Sandtoft war und Sebastian Vliet mit sechs seiner Männer dorthin geschickt hatte, um Doktor Goel und seine Tochter zu eskortieren, mit der Bitte, sie sollten schnell kommen.

Innerhalb einer Stunde war die Gruppe bereit zum Aufbruch. Zwei der Holländer trugen das Gepäck (außer einigen kleinen Kisten, die der Doktor nicht in andere Hände geben wollte) und die anderen drei Männer mit Musketen, Entermessern und Pistolen gingen voran. Dann kamen der Doktor und Vliet, Anna und ich als Letzte. Da der Anlegeplatz, wo sie ihr Boot in Obhut eines von ihnen zurückgelassen hatten, nicht mehr als eine halbe Meile entfernt war, beeilte ich mich, den Faden unseres vorherigen Gesprächs wieder aufzunehmen, wurde aber von meinem Vorhaben abgebracht. An einer Stelle, wo drei Straßen zusammentrafen, begegneten wir einer Menschenmenge, die „auf der Stange ritt". An der Spitze der Prozession schritt ein Kerl, der ein Horn blies; dann ein Dutzend andere, die mit Schürhaken und Eisenlöffeln auf Pfannen und Kessel schlugen; ein Dudelsackspieler machte Lärm wie Schweine im Sturm; ein zerlumpter Schlingel, der auf einem Esel saß, trug eine Stange, an der der Kittel einer Frau baumelte. Hinter diesem Fahnenträger folgte ein altes Pferd, auf dem eine grinsende Frau saß, die eine riesige Schöpfkelle hielt, mit der sie ihren Mann fröhlich bearbeitete, der hinter ihr ritt, das Gesicht dem Schweif des Pferdes zugewandt, und vorgab, an einem Spinnrocken zu arbeiten. Zwei Burschen marschierten zu Pferd hinter dem Paar her und trugen eine Stange, auf der ein dritter ritt, auf eine Pfanne schlug und wiederholte:

"Mit einem Ran, Tan, Tan,
auf meiner alten Blechdose, Mrs. Mooley und ihrem guten Mann, sie hat
ihn verprügelt, sie hat ihn verprügelt, weil er einen Penny ausgegeben hatte,
als er in Not war. Sie hat ihn mit einem dreibeinigen Schemel aufgestellt; sie
hat ihn so hart geschlagen und ihn so tief geschnitten, bis das Blut
herunterlief wie bei einem frisch aufgespießten Schaf."

Ein schreiender, höhnender Pöbel begleitete den Zug und machte mit Markknochen, Hackmessern, Zangen, Bratrosten und Kesseln Lärm, und etwa ein halbes Dutzend bellender und kläffender Köter verstärkte den Lärm. Eine prominente Figur in der Meute war Duckers Frau, die durch den Verlust ihres Kindes verrückt geworden war. Sie hüpfte und schrie und lachte, mal hier, mal dort, und war für den Pöbel fast ebenso amüsant wie der Pantoffelheld und seine zänkische Frau.

Wenn die Verrückte Anna erblickte, würde es Ärger geben, da war ich mir sicher; Also ging ich weiter, in der Hoffnung, nicht mit der Menschenmenge in Kontakt zu kommen, die höchstwahrscheinlich auf der Straße, über die wir gekommen waren, abbiegen und die Stadt umrunden würde. Aber das Spektakel hatte eine gewisse Anziehungskraft auf Vliet, der aufstand, um die vorbeiziehende Menge zu beobachten, und lachend sagte: „Ah! justitia de los cornudos!" Ich vermutete daher, dass er das Reiten auf dem Stang in Spanien gesehen hatte.

Ich bat Anna, die fünf Holländer vorwärts zu treiben, da das Boot noch etwa 400 Meter entfernt war. Wie ich befürchtet hatte, blieben einige aus dem Pöbel stehen, um Vliet in seinem fremden Kostüm anzustarren, und das führte dazu, dass Duckers Frau Anna und mich bemerkte. Sie stieß den Schrei „Hexen! Hexen!" aus, und die Menge stimmte sofort in den Ruf ein. Ich sah, wie die Füchsin von ihrem Ross sprang, um sich der Frau des Schmieds an der Spitze der Bande anzuschließen, die uns Hals über Kopf folgte. Dann rannte ich zum Boot, Anna halb tragend, die zunächst zurückblieb und mich anflehte, ihrem Vater zu Hilfe zu eilen. Da er sechs gut bewaffnete Männer zu seiner Verteidigung hatte – denn die Holländer hatten sich umgedreht und sich mannhaft verhalten, die beiden, die das Gepäck getragen hatten, warfen es in das Schilfbett am Straßenrand und griffen zu ihren Waffen –, kümmerte ich mich nur um Annas Sicherheit. Ich hatte sie gerade ins Boot gesetzt und dem Mann klar gemacht, dass er in den Fluss hinausfahren und im Schilf Schutz suchen müsse, als der Rest unserer Gruppe herankam, der Pöbel ihnen auf den Fersen, ihre Schürhaken, Bratroste, Hackmesser und was nicht noch alles schwang und sich gegenseitig mit Rufen wie „Die Hexe! Zerreißt sie in Stücke!" und wilden Flüchen anfeuerte.

Mit großer Kühle und Schnelligkeit erfassten die Holländer die Lage, stellten sich dem wütenden Pöbel entgegen und zwei von ihnen schossen. Ob jemand verletzt war, konnte ich nicht sehen, aber der schreiende Mob ließ sich nicht einmal aufhalten. Sie kamen wütend näher und einige Minuten lang waren wir in einen ungeordneten Nahkampf verwickelt, der höchstwahrscheinlich damit geendet hätte, dass wir durch die schiere Überzahl in den Fluss getrieben worden wären, wenn nicht ein Pistolenschuss in den Rücken der Menge abgefeuert worden wäre, der sie überraschte und ein wenig zerstreute. Dies gab den Holländern Gelegenheit, ihre Musketen zu benutzen und als einer der Anführer des Mobs fiel, waren die übrigen etwas eingeschüchtert und zogen sich einige Meter zurück. Dann kam Luke von hinten hervorgerannt und stellte sich neben mich. Er war es, der den Schuss abgefeuert hatte, der uns rettete, nachdem er mir mit meinen Pistolen gefolgt war. In dieser Sturmpause versuchte ich die Leute zum Weggehen zu überreden; aber ich hatte kaum zu sprechen begonnen, als einer der Männer einen Schritt nach vorn machte und einen Bratrost nach meinem Kopf schleuderte, der glücklicherweise weit flog, denn ich sprang auf ihn zu, schnappte ihn und warf ihn ins Schilfbett. Aber er hatte den anderen einen Hinweis gegeben, dem sie schnell folgten; alle möglichen Geschosse sausten um uns herum, und einer der Musketiere wurde getroffen und fiel rückwärts in den Fluss. Wir konnten nichts für ihn tun, denn ein weiterer Schauer aus Messern, Töpfen und Steinen flog um uns herum, und unsere Angreifer kamen mit einem Ansturm. Ich gab Vliet einen Hinweis, obwohl ich nicht wusste, ob er Englisch verstand. Er nickte und sprach mit seinen Männern. Als die vordersten der Menge direkt bei uns waren, zogen wir uns schnell zurück, Vliet und drei der Holländer auf der einen Seite, ich und Luke und einer der Holländer auf der anderen. Der Druck der Hintermänner trieb fünf oder sechs der Anführer kopfüber in den Fluss, und wir warfen oder stießen mehrere hinter ihnen her. Der Rest erschrak und rannte wie Kaninchen davon. Ich glaube, dass die Entdeckung, dass die „Hexe" verschwunden war, ebenso viel mit ihrer Panik zu tun hatte wie mit dem Verlust ihrer kühnsten Geister, die im Wasser zappelten. Als der Pöbel floh, bemerkte ich, dass Blut aus meinem rechten Handgelenk strömte und meine Kraft damit schwand. Ich bat Luke, mein Taschentuch fest darum zu binden, aber das half nichts; das Taschentuch war im Nu ein durchnässter Lappen und das Blut strömte immer noch. Luke rief in großer Angst nach Doktor Goel, der kam und meinen Mantel und meine Hemdsärmel zerriss, ein Stück Holz ein Stück über dem Ellbogen auf meinen Arm legte und es dort mit einem Verband befestigte, den er von meinem Hemd gerissen hatte. Dies stillte die Blutung auf wunderbare Weise, aber ich wurde seltsam schläfrig und saß auf dem Boden, überwältigt von Mattigkeit. Der Doktor ging von mir weg, um sich zwei tote oder schwer verwundete Kerle anzusehen, die auf der Straße lagen.

Die Holländer jagten die Männer im Fluss und schossen ab und zu, aber für mich war alles wie im Traum, bis ich hinter mir einen leichten Schritt hörte, von dem ich wusste, dass es Annas war. Bevor ich mich umdrehen konnte, sah ich eine Bewegung im Schilf und dann ein Gesicht, das Gesicht der verrückten Frau, das mich oder jemanden hinter mir anstarrte. Im nächsten Moment sprang sie mit einem Messer in der Hand aus ihrem Versteck, und ich, jetzt aus meiner Betäubung erwacht, stand auf, um sie zu packen. Ich fing sie mit meinen Armen, aber sie riss mich zu Boden. Sie wand und wand sich; sie legte ihre Hände um meinen Hals und versuchte, mich zu erwürgen; sie biss mir in die nackte Schulter; aber ich hatte gerade genug Verstand und Kraft, sie festzuhalten, bis ich Luke sagen hörte:

„Lassen Sie los, Meister Frank – lassen Sie los; ich habe sie in Sicherheit gebracht, und Sie verbluten."

Als nächstes sah ich, dass der Pfarrer in seiner alten Robe daneben stand. Er und alle anderen sahen so ernst aus, dass ich den Eindruck bekam, dies sei ein Bestattungsunternehmen und ich sei die Person, die sie begraben wollten.

„Das darfst du nicht", flüsterte ich. „Ich bin nicht tot."

Auf mysteriöse Weise wurde Wein produziert, und Anna hielt mir das Horn an die Lippen. Der Trank belebte mich sehr, und sie erzählten mir, was während meines Ohnmachtsanfalls vorgefallen war. Sobald die Verrückte in Gewahrsam genommen worden war, war Luke zum Pfarrhaus gelaufen, um Wein zu holen, und hatte dem Küster befohlen, die Bahre als praktischstes Transportmittel zu bringen. Der Pfarrer war gefolgt. Der Arzt hatte sich um meine Wunden gekümmert und Anweisungen für ihre zukünftige Behandlung gegeben, und nun konnte Vliet es kaum erwarten, zu gehen. Also sagten wir uns Lebewohl, und Annas rechte Hand lag einen Moment lang auf meiner linken, und meine Lippen berührten sie. Dann legte das Boot ab, und ich wurde zum Pfarrhaus gebracht.

KAPITEL X

Niemand möchte etwas über Krankheit und Schmerz lesen (es sei denn, es sind diejenigen, deren Aufgabe es ist, sie zu heilen), aber ich bin in gewisser Weise gezwungen, etwas über meine Wunden zu sagen, sonst würde meine Geschichte später kaum verstanden. Der Schnitt in meinem Handgelenk bereitete mir am dritten Tag so große Probleme, dass ich es kaum noch verhindern konnte, den Verband abzureißen. Mit der Zeit war der Schmerz in meiner Hand fast unerträglich. Auch die Schmerzen in meiner Schulter waren schmerzhaft. Die frühere Wunde brach wieder auf, der Biss entzündete sich stark, und ich bekam eine Art Fieber, so dass mir zeitweise schwindelig wurde und ich kaum wusste, wo ich war oder was ich sagte. Als ich wieder ich selbst war, ärgerte und ärgerte ich mich über meinen schwachen und hilflosen Zustand und hatte manchmal Angst, der Biss der verrückten Frau könnte Wahnsinn ausdrücken. Ich konnte meine eigene Gereiztheit und meinen Mangel an Selbstbeherrschung nicht verstehen. Die Diener machten mich wütend, indem sie sich so leise in mein Zimmer schlichen und es wieder verließen und mit scharfem Flüstern sprachen, das mir wie Stilettostöße ins Gehirn drang. Der gute Mr. Butharwick, der mich mit nahezu schlafloser Sorgfalt pflegte, machte mich fast verrückt, indem er mir befahl, nicht an Themen zu denken, die mich störten, und indem er über Dinge sprach, die mich überhaupt nichts angingen. Er hatte eine erstaunliche Entdeckung über die Kinder Israels gemacht und wie ihr Schicksal im Himmel geschrieben stand, ebenso wie die Zukunft der wahren Kirche und das Schicksal des Antichristen. Einem, der die Bibel liest und sich mit Astrologie auskennt, könnte alles klar gemacht werden, und mein guter Lehrer schien zu glauben, dass ich durch die Erläuterung dieser Geheimnisse beruhigt werden könnte. Ich verzichte auf gotteslästerliche Worte über die Heiligen Schriften, aber ich habe Dinge über die Sterne und das Anschauen von Sternen gesagt, die Herrn Butharwick zutiefst verletzt haben.

Eines Nachts wachte Dick Portington mit mir, und in den Momenten, in denen ich von den Schmerzen befreit war, erzählte er mir, wie der Kommissar mehr tot als lebendig weggetragen worden sei, aber er schwor Rache an denen, die sein Leid verursacht hatten. Von Kämpfen zwischen den Holländern und den Isloniern hatte er viel zu erzählen; wie die Männer von Haxey die Männer von Vermuijden vertrieben, ihre Böschungen niedergerissen, die Abflüsse zugeschüttet, Karren und Werkzeuge verbrannt und ihre Werke im Süden der Insel völlig zerstört hatten; wie ein Angriff auf Sandtoft durchgeführt und abgewehrt worden war, wobei einige der Angreifer in die Hände der Holländer fielen, die sie bis auf den letzten Zentimeter ihres Lebens ausgepeitscht und sie dann freigelassen hatten, so gut sie konnten, unter Androhung schlimmerer Strafen die nächste Gruppe von Gefangenen. Dies geschah auf Befehl des neuen Kommandanten Vliet, der bei den Niederländern aufgrund seiner Kühnheit und List hohes Ansehen genoss. Vermuijden war weggegangen, um eine weitere Operation in Bedfordshire zu beaufsichtigen, und überließ Vliet die volle Autorität.

Die nächsten zwei Tage hatte ich hohes Fieber, und meine Vormünder weigerten sich, Dick noch einmal Gelegenheit zu geben, mit mir zu sprechen. Luke war in diesen Tagen mein bester Krankenpfleger und Gefährte, denn mein sturer Mann war verliebt, und zwar in Martha, Annas Dienstmädchen. Sie trafen sich irgendwie, wann immer ich ihm die Erlaubnis gab, nach Sandtoft zu übersetzen, was ich nie abgeneigt war. Wenn er siebenmal die Woche um Erlaubnis gebeten hätte, hätte ich ihm nicht nein gesagt. Tatsächlich, wenn ich manchmal wegen Schwäche und Gedankenschweifen die Zeit aus den Augen verlor, fragte ich ihn, ob er heute gehen wolle, und er antwortete: „Gott segne Sie, Meister Frank, und es war erst gestern, als ich hinüberfuhr." Durch Luke erfuhr ich von meiner Liebe, und sie schickte mir Nachrichten und gab ihm Anweisungen zur Behandlung meiner Verletzungen und zu meiner Ernährung. Luke war es, der mir erzählte, dass ihre Mutter eine Engländerin war, die Tochter eines Londoner Kaufmanns, die aus Gewissensgründen ins Exil gegangen war. Martha war ebenfalls englischer Abstammung, das Kind einer Dienerin, die die Familie in die Niederlande begleitet hatte. „Das erklärt, warum sie Gebäck backt", fügte Luke hinzu. Durch Luke hörte ich, dass Vliet sich mit Eifer um sie bemühte, Doktor Goel unterstützte ihn; aber dass ich in der Zofe eine Freundin am Hof hatte, die eher eine bescheidene Freundin als eine gewöhnliche Dienerin war und Sebastian mit vollkommenem Hass hasste. Ich war überrascht und verblüfft, als ich hörte, dass Sheffield Sandtoft besucht und eine Freundschaft mit Vliet geschlossen hatte. Das konnte ich nicht verstehen und es beunruhigte mich.

Nach vierzehn Tagen konnte ich mich wieder ein wenig bewegen, aber die Wunden an der Schulter waren nicht richtig verheilt und ich kam nur langsam wieder zu Kräften.

Eines Tages, als ich draußen auf dem Rasen vor dem Haus saß und Luke neben mir damit beschäftigt war, ein Gewehr zu reinigen, kam eine alte Frau mit einem zerfetzten Schal über dem Kopf und einem Korb auf dem Arm schwach die Auffahrt herauf und hustete ab und zu asthmatisch. Mit keuchender Stimme bat sie darum, mir den Inhalt ihres Korbes zeigen zu dürfen. Luke gab ihr seinen Stuhl, den sie mit überschwänglicher Dankbarkeit annahm, und bat dann um einen Schluck Wasser.

„Bring ihr einen Likör, Luke", sagte ich, als er in die Küche ging.

Sobald er außer Hörweite war, sagte die alte Frau mit Bess Boswells Stimme:

„Schicken Sie ihn wieder weg, wenn er zurückkommt. Ich muss noch ein privates Wort mit Ihnen reden."

Und tatsächlich, als ich sie jetzt genauer ansah, erkannte ich die Augen, aber der Rest des Gesichts war das einer alten Frau.

„Was soll dieser Mummenschanz, Bess?", fragte ich.

„Hast du vergessen, was ich dir gesagt habe? Es ist gefährlich für mich, dabei gesehen zu werden, wie ich mit dir spreche", antwortete sie.

„Nein, aber ich kann beim besten Willen nicht begreifen, welche Gefahr darin besteht", sagte ich.

„Das können Sie gewiß nicht, aber das ändert nichts an der Tatsache", antwortete sie, und ich fand, daß ihr Ton meinen Scharfsinn ziemlich verächtlich ansah.

Luke kam in diesem Moment mit dem Likör auf uns zu, und ich bat ihn, uns eine Weile allein zu lassen, da die Arme mir etwas über ihre Angelegenheiten zu erzählen hatte. Er zog sich außer Hörweite zurück, blieb aber in Sichtweite von uns.

„Ihr Mann hat schnellere Auffassungsgabe als Sie", sagte sie. „Er kennt mich nicht, und er vertraut mir nicht. Er lädt seine Waffe und behält mich im Auge; ein guter Diener, das. Ich wünschte, du würdest ein Beispiel an ihm nehmen und es sein Hüte dich vor Fremden. Vor zwei Monaten habe ich dich gebeten, die Insel zu verlassen, und es ist ein großes Glück, dass du heute noch am Leben bist.

„Ich war ein- oder zweimal in Gefahr; ich weiß so viel."

Bess wedelte hochmütig mit der Hand.

„Ich spreche nicht von Mobs und verrückten Frauen; deine Feinde sind viel furchterregender."

„Komm, Bess, lass diesen geheimnisvollen Stil fallen und erzähle eine einfache Geschichte, wenn du eine hast. Du meinst, dass Sheffield mir einen Groll schuldet und nicht bei Kleinigkeiten bleiben wird, um ihn zu bezahlen. Das weiß ich genauso gut wie du, und ich zittere deswegen nicht in meinen Schuhen.

Bess lachte. „Einer Ihrer schlimmsten Feinde ist Ihr Vertrauen in körperliche Stärke und Mut. Lord Sheffield ist nicht mit dem schärfsten Verstand der Welt gesegnet, obwohl er Ihnen an Schlauheit überlegen ist, aber er hat die Hilfe eines Mannes, der so gerissen ist wie der Teufel."

„Meinst du den Holländer, Vliet?" Ich fragte.

Bess lachte erneut. „Der Holländer ist eine Bulldogge, und wenn Sie vorsichtig sind, werden Sie sich seinem Zwinger nicht nähern. Aber Sie müssen auf der Hut sein vor jemandem, der intrigieren kann. Lassen Sie mich Ihnen sagen, dass es jetzt auf Castle Mulgrave eidesstattliche Anschuldigungen gegen diesen Dummen gibt Jack war Ihr Werkzeug, und wenn der arme Kerl erwischt wird, muss er gestehen, dass er es war.

„Aber es ist eine Lüge!" rief ich aus.

"Ich frage mich, wie viele Lügen auf der Folterbank gestanden wurden", erwiderte Bess. "Es liegt eine Anklage gegen Sie vor – und wir warten auf etwas, das den Fall untermauert –, dass Sie sich der Autorität des Königs in Thorne widersetzt und andere dazu angestiftet haben. Gleichzeitig wird unter den einfachen Leuten gemunkelt, dass Sie ein Verräter an der isländischen Sache und an Ihrem Vater sind. Den Holländern wird gesagt, dass Sie ihr heimlicher Feind sind, der Anstifter der Angriffe auf sie."

„Aber diese Geschichten widersprechen sich, die eine der anderen!"

„Was macht das schon? Ihre Wirkung ist, dass man von allen Seiten mit Hass und Abscheu betrachtet wird. Kurz nach der Crowle-Flut standen Sie bei den Menschen in großer Gunst, aber heute sind sie anderer Meinung. Geschichten sind das In jedem Wirtshaus wurde von Ihnen erzählt, was lächerlich wäre, wenn man ihnen nicht glauben würde. All dies geschieht nur, damit Ihr Feind sich die Mühe erspart, von Ihnen abzuhauen, und wenn er es nicht tut, ist er bereit, selbst zu handeln. "

„Aber welches Motiv kann er haben?" fragte ich ungläubig.

„Um Geld zu bekommen", antwortete sie.

"Wer ist der Mann?"

„Bevor ich es Ihnen erzähle, muss ich Ihr Wort haben, mich niemals zu verraten – niemals jemand anderem davon zu erzählen, weder direkt noch indirekt."

„Das gebe ich dir."

„Der Mann ist mein Vater."

Ich habe jetzt gelacht. „Lord Bozzy", „betrügerischer Bozzy", der Zigeunerschurke, dessen Heldentaten und Streiche auf der ganzen Insel ein ständiger und genüsslicher Scherz waren! Es war lächerlich, ihn im Licht eines bösartigen, subtilen Feindes zu betrachten.

Bess schenkte mir ein verächtliches Lächeln. „Wissen Sie zufällig, dass er ein Pferd gestohlen und es anschließend an den Mann verkauft hat, dem er es gestohlen hatte? Haben Sie jemals gehört, dass er als Ehrengast im Haus eines Richters empfangen wurde, der ihn verurteilt hatte? Haben Sie schon einmal gehört, dass er ein Geistlicher, ein Londoner Kaufmann, ein französischer Reisender und ein Dutzend anderer Charaktere war, die ihn gut kannten? Und ob er alles verstehen kann? Was glaubst du, wenn du ein dämlicher Gutsbesitzer auf der Insel bist, nur um sich zu amüsieren und zu spielen? Was glaubst du, was er nicht tun kann, wenn er damit ein Vermögen verdienen will?"

Als ich darüber nachdachte, gestand ich mir ein, dass Verachtung für Boswell töricht sein könnte, und wurde sofort misstrauisch. Was wäre, wenn dieses Mädchen eingesetzt worden wäre, um mich abzuschrecken? Ich ahnte sie nicht, aber hätte man ihr nicht erlauben dürfen, dies und das zu hören, in der Hoffnung, dass sie es mir mitteilen würde und ich so von der Insel vertrieben würde? Ich sollte ein guter Kerl sein, der um mein Leben rennt, denn eine Dirne schrie Bugaboo!

„Nun, Bess, ich bin dir unendlich dankbar", sagte ich; „Aber ich werde wahrscheinlich nicht fliehen. Wenn Sie so freundlich sind, mich vor einem Plan zu warnen, von dem Sie hören, werde ich gewappnet sein."

„Glauben Sie, dass mein Vater mir oder irgendjemandem seine Pläne mitteilt? Ich kann seinen Plan anhand einer Anweisung erraten, die er gibt; ich kann einen Zweck erraten, indem ich ihn genau beobachte. Er redet nicht davon, etwas zu tun, er tut es." ."

Es war merkwürdig zu sehen, welchen Stolz sie auf den Mann empfand, dessen Pläne sie zu durchkreuzen versuchte – Stolz vermischt mit Angst.

Wir saßen eine Weile schweigend da. Dann stand Bess auf, um zu gehen.

„Du willst meine Warnung nicht beachten? Oh, du bist verhext, sonst würdest du nicht Haus und Land verlieren, ein schönes Mädchen verschmähen, das deine liebevolle, treue Frau sein würde, deinem Vater das Herz brechen, dein Leben riskieren, und das alles für – eine fremde Frau!"

„Ich glaube, Sie sind ehrlich, Bess", erwiderte ich, „aber geschieht das alles aus eigenem Antrieb?"

„Und wer soll mir das sagen?", fragte sie.

„Nein, das kann ich nicht erraten."

„Und das wird es auch nie." Und weg ging sie ohne ein weiteres Wort.

Ein oder zwei Tage später kam mein Vater zurück. Er sah erschöpft und gealtert aus, und es tat mir im Herzen weh, die Veränderung zu sehen. Er wiederum war zutiefst beunruhigt, mich schwach und kränklich vorzufinden, und schickte Luke mit einem Brief an einen dortigen Arzt nach Doncaster. Er verbot ihm, zurückzukehren, bis er den Arzt holen konnte. Als er hörte, dass ich mir bei der Verteidigung der Goels Wunden zugezogen hatte, hielt er sich mit dem Sprechen zurück, aber sein Blick war voller Trauer und Zorn zugleich.

Am späten Abend berichtete er Herrn Butharwick und mir darüber, was er getan hatte, um die Entscheidung der Richter gegen Vermuijden in Kraft zu setzen, aber alles war vergebens. Schließlich beschloss er, sich an den König selbst zu wenden, dessen Testament das Urteil des Gesetzes für nichtig erklärte. Er bestach einige der Diener Seiner Majestät schwer, konnte aber lange Zeit keine Audienz bekommen. Der König war so besorgt und aufgeregt wegen der französischen Diener der Königin, von denen er sich sehr wünschte, sie loszuwerden und sie in ihr eigenes Land zurückschicken zu lassen, dass ihm nichts anderes einfiel oder einfiel, es sei denn, es ginge um irgendeine Möglichkeit Geld in die Hände zu bekommen, das er so sehr brauchte. Das sagten die Höflinge und Diener. Dennoch folgte mein Vater dem überaus unruhigen König von einem Ort zum anderen auf der Suche nach einem günstigen Anlass und fand ihn schließlich in einem Dorf in der Nähe von Cambridge. Einer der Herren des Königs, der das Geld meines Vaters genommen hatte, kam zu ihm in seine Unterkunft und berichtete, dass Seine Majestät an diesem Abend in besserer Stimmung sei, da er von Seiner Gnaden von Buckingham einen Brief erhalten habe, der ihm versicherte, dass die Bergseher bald vertrieben würden nach Frankreich. Als der Herr ihn in dieser Stimmung sah, überreichte er ihm die Petition meines Vaters, die der König verlesen hatte, und bedeutete dann, dass der Bittsteller in sein Gemach eingelassen werden dürfe.

„Aber sobald ich in die Gegenwart des Königs kam", sagte mein Vater, „wusste ich an seinem finsteren Gesichtsausdruck, dass meine Bitte keine Aussicht auf Erfolg hatte. Er ließ sich nicht herab, mit mir zu sprechen, bis er es seinem Volk erzählt hatte." Ich stammte aus Lincolnshire, einer Grafschaft, die Heinrich VIII. als die untreueste Grafschaft Englands bezeichnet hatte, was aus eigener Erfahrung gerechtfertigt war. Und der schlimmste Teil dieser rebellischen Grafschaft war die Insel Axholme, wo einer seiner Kommissare abscheulich gewesen war Dann fuhr er fort, dass er in seiner Fürsorge für seine Untertanen in dieser barbarischen Ecke seines Herrschaftsgebiets einen Plan zur Rückgewinnung vieler Hektar Land, das jetzt unter Wasser steht, genehmigt habe, und sagte auf mich zeigend: „ Dieser Kerl hat es gewagt, sich seinem König zu widersetzen, indem er sich unserem gnädigen Vorsatz widersetzte, indem er, ich weiß nicht, welche juristischen Streitereien vor Gericht an den Tag legte, und wenn sein rebellischer Plan scheitert, hat er tatsächlich die Kühnheit, sich uns persönlich zu nähern.' Dann riss er das Papier auf, warf es ins Feuer und drehte sich zu mir um und sagte: „Geh zum Teufel und danke deinen

Sternen, dass dir kein Schwert durch deinen Körper dorthin hilft." Daraufhin wurde ich aus der heiligen Gegenwart gedrängt."

Nachdem Mr. Butharwick in den Ruhestand gegangen war, eröffnete mir mein Vater den Stand unserer Angelegenheiten, und zwar in einer völlig neuen Art und Weise. Die Veränderung war so groß, dass ich Angst davor hatte, ich wusste kaum was. Er, der es gewohnt war, mit so viel Entschlossenheit und Meisterschaft zu sprechen und zu handeln, beklagte nun seine Unklugheit, als er die lästige Verantwortung des „Anwalts" auf sich nahm, und beschuldigte sich selbst, mir dadurch Unrecht getan zu haben. Ich traute meinen Ohren kaum und zweifelte, ob ich wach war oder träumte.

„Ich war zuversichtlich, dass in England eine gerechte Sache siegen muss, aber ich hätte erkennen müssen, dass sich in diesem Land alles verändert hat. Ein König, der die Rechte seines Volkes im Allgemeinen verachtet und sein Parlament missachtet, kann nicht daran gehindert werden mit ein paar Landbesitzern und armen Leuten in Axholme, wenn er in großer Geldnot ist und es dadurch bekommen kann, dass er uns mit Füßen tritt. Ich habe in meiner törichten Überzeugung ein großes Unrecht getan, indem ich das Anwesen so schwer belastet habe.

Ich wusste nicht, was ich antworten sollte; plapperte etwas davon, dass wir unser Möglichstes tun würden, um das Unheil wiedergutzumachen.

„Glücklicherweise ist das möglich", antwortete er. „Es besteht kein Zweifel, dass Herrin Ryther und ihr Vater Sie als Bewerber um ihre Hand in der Ehe willkommen heißen werden. Möglicherweise sind Sie derzeit nicht geneigt, eine Ehe zu schließen, und Sie haben keine Eile, aber Sie sollten keine Zeit verlieren, die Dame um ihre Hand zu bitten Versprochen. All unsere Sorgen haben ein Ende. Und sobald du verheiratet bist, werde ich Butharwick mitnehmen und die Braut hier zurücklassen. Wenn ich zurückkomme, wird mir ein Haus in Beltoft genügen .

„Leider kann ich Herrin Ryther nicht bitten, mich zu heiraten", antwortete ich, „weil ich eine andere Dame mit jeder Faser meines Körpers und jedem Gedanken meines Herzens liebe."

Mein Vater lächelte. „Das denkst du, Frank; und es ist teilweise meine Schuld. Ich hätte dich in die Stadt entlassen, dich auf die große Tour schicken sollen, um dir die Chance zu geben, zu beweisen, wie oft wir verliebt sein können und wie schnell wir uns wieder trennen können." Es ist wieder eine Krankheit für die Jugend, ein vorübergehendes Fieber, aber solange das Delirium anhält, ist eine Veränderung der Luft ein Heilmittel.

Wie ich diese Verachtung der Liebe verachtete, wie ich protestierte und schwor, dass meine Liebe nicht sterben könne, kann sich ein Liebhaber vorstellen, und kein anderer würde so etwas lesen wollen.

Mein Vater antwortete mit einem nachsichtigen Lächeln: „Ja, ja, mein Sohn, ich weiß. Aber du musst einsehen, dass eine Heirat mit dem holländischen Mädchen nicht in Frage kommt. Du hast nichts, worüber du heiraten könntest. Wenn du Mistress Ryther abweist, bist du ein landloser, mittelloser Mann. Selbst wenn es anders wäre, wie kannst du die Tochter eines Kerls heiraten, der aus dem Gefängnis ausgebrochen ist und sein Land verlassen hat, anstatt ihn wegen Verschwörung zur Ermordung seines Prinzen vor Gericht zu stellen? Eine hübsche Familienverbindung für den Herrn von Temple Belwood! Du könntest genauso gut vorschlagen, eine Zigeunerin zu heiraten; besser noch, denn dein eigenes Volk würde dir deswegen nicht das Haus über dem Kopf niederbrennen, wie es sicherlich der Fall wäre, wenn du eine Frau aus dem Lager der holländischen Invasoren nehmen würdest. Außerdem ist das Mädchen bereits mit einem Schurken vermählt – oder so gut wie vermählt –, der aus König Christians Armee ausgestoßen wurde, weil er beim Würfeln betrogen hatte. Ich habe mir nämlich einige Mühe gegeben, mich über deine Fancy und ihre Gefährten zu informieren.“

„Und wer ist Ihr Informant, wenn ich fragen darf?“

„Ein Franzose namens Chavatte, ein Gentleman und ein Geschäftsmann, der mit Vermuijden herüberkam und viel Geld in das Geschäft steckte. Ich traf ihn in Cambridge, wo er Vermuijden suchte, so wie ich den Gesalbten des Herrn suchte. Er hat sich aus guten Gründen aus der Firma zurückgezogen. Zum einen ist er davon überzeugt, dass der Plan für die Entwässerung völlig mangelhaft ist, und Vermuijden will von einer Änderung nichts hören. Dann hat er entdeckt, dass der König Dinge verkauft hat, die ihm nie gehört haben, und er hat keine Lust, Hehlerware zu heischen, noch erwartet er, dass die rechtmäßigen Eigentümer sich jemals dem Raub beugen werden. Und er hegt die größte Abneigung gegen Vermuijdens Leutnant und Stellvertreter. Er versucht, etwas von seinem Geld zurückzubekommen, und wird bald nach Hause gehen. Sie werden geneigt sein, ihn für einen vernünftigen Mann zu halten, denn er bewundert die Schönheit von Frau Goel und lobt ihre Hingabe an ihren Vater, den er für verrückt hält, vor allem, weil er sie diesem Mann zur Frau geben möchte. Vliet. „Aber er findet Anklang beim unverständlichen Geschlecht“, fügte Chavatte mit seinem französischen Achselzucken hinzu.“

Ich sprach eine Zeit lang nicht. Ein schrecklicher Zweifel hatte sich in meinen Kopf geschlichen. Angenommen, Annas kindliche Ehrfurcht würde ihre Abneigung gegen Sebastian Vliet überwinden. Angenommen, der Kerl hätte sein Verhalten geändert. Angenommen, es gelang ihm, ihre Zustimmung zu gewinnen. Wenn Anna für mich verloren wäre, was machte es mir dann aus, ob ich Mistress Ryther, einen Zigeuner oder einen Mohren heiratete? Wenn ich den lieben alten Ort retten und meinen Vater glücklich machen konnte, war es dann nicht meine Pflicht, dies zu tun? Immer vorausgesetzt, dass Anna nicht meine Frau sein konnte oder wollte. Es war das erste Mal, dass ich der Verzweiflung nachgab, und selbst jetzt verstehe ich nicht, was mich in Trübsinn stürzte.

Mir war nur eines klar: Ich musste Anna unverzüglich sehen und erfahren, ob ich mein ganzes Leben lang gesegnet oder unglücklich sein sollte. Ich konnte mir nicht vor Augen führen, dass ich ihr nichts anzubieten hatte, damit sie annahm, oder dass ihr Vater das Angebot möglicherweise lächerlich machen würde. Ich konnte an nichts anderes denken als an die Notwendigkeit, Anna zu sehen und das Wort zu hören, das über mein Schicksal entscheiden sollte. Mein Vater sagte nichts, um meine Meditationen zu unterbrechen. Seitdem er nicht zu Hause war, hatte er sich das Rauchen zur Gewohnheit gemacht, zündete nun seine Pfeife an und zog schweigend. Als er seine Pfeife ausgetrunken und die Asche ausgeklopft hatte, sagte er:

„Ich werde Sie heute Abend nicht zu einer Antwort drängen; aber es ist zu bedenken, dass hübsche junge Frauen, die jede Menge Geld haben, nicht so reichlich vorhanden sind wie Brombeeren im September.“

„Ich werde Ihnen morgen Abend eine Antwort geben“, antwortete ich, sagte aber nichts von meiner Absicht, am Morgen nach Sandtoft zu fahren, denn ich war mir sicher, dass mein Vater sich entschieden dagegen wehren würde. Tatsächlich brauchte ich wegen der Leichtigkeit in meinem Kopf und der Schwere in meinem Herzen eine Weile, um nach oben und ins Bett zu kommen. Luke, der mir normalerweise half, war weg, und mir wurde klar, dass ich ihn morgen noch viel mehr vermissen würde, wenn ich ihn heute Abend vermissen würde.

KAPITEL XI

Als ich mich gerade zu Bett legen wollte, bemerkte ich einen roten Schimmer am Himmel im Westen und befürchtete, dass dies Ärger in Sandtoft bedeutete. Daher blieb ich lange wach; doch schließlich übermannte mich die Müdigkeit und ich schlief einige Stunden. Ich wachte früh auf, zog mich langsam und tastend an – mein Arm schmerzte mehr als sonst – und ging hinaus, als suchte ich die Morgenluft. Dabei achtete ich darauf, den Dienern, die bereits auf den Beinen waren, keine Ahnung von meinem Vorhaben zu geben.

Zu dieser Jahreszeit, Mitte August, gab es drei Möglichkeiten, das Fen zu überqueren. Man konnte sich seinen Weg auf Stelzen oder mit Klampenbrettern aussuchen, aber in meiner gegenwärtigen Schwäche wagte ich es nicht, eine der beiden Methoden auszuprobieren. Die dritte Möglichkeit war, in Belshaw ein Boot zu nehmen, auf einem gewundenen Fluss, der schließlich etwa eine Meile oberhalb von Sandtoft in den Idle mündete. Luke hatte mir erzählt, dass der Idle seit der Zerstörung von Vermuijdens Werk im Süden der Insel wieder floss, also wählte ich die einfachste, wenn auch langsamste Art der Fortbewegung; aber als ich das kleine Gasthaus in Belshaw erreichte, war kein Boot zu haben. Dame Drury erzählte mir, dass ihr Boot beim Zimmermann zur Reparatur sei und dass Drury mit dem flachbödigen Kahn losgefahren war, um es mit Halbenten und Bekassinen zu versuchen, die im Fen zu erscheinen begannen. Mir blieb nichts anderes übrig, als auf seine Rückkehr zu warten, die je nach seinem Glück beim Vogelfang früh oder spät erfolgen würde.

Während die Dame ein Frühstück für mich zubereitete, erwähnte sie zufällig den Cousin ihres Mannes, der ein Jahr lang in ihrem Haus gelegen hatte und an einer Art Lähmung litt. Halb aus Neugier, halb aus Mitgefühl befragte ich sie und erfuhr, dass er etwa dreißig Jahre alt war, dass er nach dem Tod seines Vaters vor dreizehn Jahren ein bescheidenes Vermögen geerbt hatte und auf der Suche nach etwas in die Welt hinausgezogen war Wissen und Abenteuer in vielen Ländern. Etwa zwölf Monate zuvor war er in London angekommen, mit der Absicht, seine Freunde auf der Insel zu besuchen und dann nach Virginia zu fahren, um sich Kapitän John Smith (der ein entfernter Verwandter der Drurys war) anzuschließen; aber er war plötzlich von einer mysteriösen Krankheit befallen worden und lag nun hilflos in einem oberen Raum. Als ich fragte, ob der arme Kerl einen Besucher willkommen heißen würde, ging sie, während ich aß, nachfragen und kam mit der Nachricht zurück, dass er sich sehr freuen würde, mich zu empfangen.

Auf den ersten Blick erwärmte sich mein Herz für ihn, obwohl ich nicht weiß, was das Geheimnis seines Charmes für mich war. Wissen wir jemals, was uns zu einem anderen hinzieht? Er hatte ein hübsches Gesicht, aber nur seine Augen waren bemerkenswert. Die breite Stirn war mit dunklen Haarbüscheln gekrönt; Mund und Kinn waren unter Schnurrbart und Bart verborgen, aber die Augen leuchteten. In seinem Lächeln lag Zauberei, als er seine dünne Hand ausstreckte und sagte:

„Dies ist ein Tag, der mit einem weißen Stein markiert wird. Ich habe oft von dir gehört, aber kaum damit gerechnet, dich jemals in meiner Höhle zu sehen.“

Ich ergriff die Hand, und es würgte mir die Kehle, als ich sah, dass solch ein Mann ein Gefangener war, und sagte:

„Wenn ich das gewusst hätte, wäre ich früher gekommen.“

„Ich danke Dame Fortune, dass Sie jetzt gekommen sind“, sagte er.

Er hatte sein armes kleines Zimmer zu einem wunderbaren Ort gemacht. An den Wänden hingen viele Skizzen, hauptsächlich aus dem Gedächtnis gezeichnet, wie ich später erfuhr, voller Leben und Geist. Es gab auch urige Zeichnungen, Ausdruck seiner humorvollen Fantasie. Am Kopfende seines Bettes standen ein paar durchgelesene Bücher in mehreren Sprachen. Auf dem Tisch lagen Papiere voller mathematischer Studien. Er folgte meinem Blick und sagte:

„Die Stunden sind nicht so bleiern, wie man befürchten könnte. Mit Büchern und Bleistift und einem fragenden Geist muss man nicht untätig sein.“

„Aber an Freiheit und Reisen gewöhnt –“ begann ich.

„Und daher mit einem Schatz an Erinnerungen“, unterbrach er sie. „Früher streifte ich durch die Felder und graste, jetzt liege ich und käue wieder. Sie werden vielleicht lachen, wenn ich Ihnen sage, dass meine schlimmste Plage der ewige Fliegenschwarm ist. Manchmal macht mich ihr Summen und ihre Berührung fast wahnsinnig. Die trägesten, widerlichsten, frechsten und gemeinsten Dinge auf Erden, kein Wunder, dass die Bibel ihre Erschaffung Beelzebub zuschreibt. Sie wissen nicht zufällig, welches das richtige Opfer ist, das man ihm darbringen sollte? Ich würde es darbringen, wenn er mir wohlgesinnt wäre und seine Geschöpfe von mir entfernen würde.“

„Die Dame würde Ihnen ein Papier vorbereiten, mit dem Sie sie fangen können.“

„Sprechen Sie nicht darüber! Sie tat es, und der Schrecken darüber bleibt bei mir. Aber eines habe ich daraus gelernt: Die Priester liegen mit ihrer Lehre von der ewigen Qual falsch. Ich konnte die elenden Kämpfe der meisten nicht ertragen.“ Abscheuliche und abscheuliche und wertlose *Insekten* .

„Fragen der Göttlichkeit sind mir ein Rätsel“, sagte ich lachend.

„Fragen aller Art sind mein Beruf", antwortete er.

Dann drehte sich das Gespräch um seine Reisen, und er sprach von Menschen und Dingen in fast allen Ländern Europas. Er schien überall Freunde gefunden zu haben und hatte etwas über die Tugenden jedes Volkes zu sagen. Er hatte es mit eigenen Augen gesehen und selbst beurteilt und sprach mit einer entzückenden Frische. In seinem Wunsch, die Dinge von innen zu sehen, hatte er schon so manchen drolligen Streich gespielt, hier, um in eine Moschee zu gelangen, dort, um in die Höhle eines Räubers einzudringen, und er erzählte seine Eskapaden kurz und leichthin, wie ich noch nie zuvor einen Menschen sprechen gehört hatte mein Leben. Trotz meiner Sehnsucht nach Sandtoft verging die Zeit in seiner Gesellschaft schnell und wir aßen gemütlich zusammen zu Mittag. Aber als es zwei oder drei Uhr schlug und Drury nicht erschien, wurde ich unruhig und unruhig und suchte nach einem Vorwand, warum ich hinausgehen sollte.

„Wie Sie wollen", sagte er. „Aber wenn Sie Ihrer Ungeduld nur Luft machen wollen, dann gehen Sie auf und ab und fluchen Sie ein wenig. Es ist lange her, dass ich das Vergnügen hatte, einem Liebhaber zuzuschauen."

„Und wer sagt Ihnen, dass ich einer bin?"

Er lachte, wie ich noch nie einen anderen Mann lachen gehört habe: sanft und melodisch.

„Oh, mein Freund, der Name steht überall auf dir geschrieben. Die Karte eines blinden Bettlers ist nicht so lesbar. Seufzer, Anfälle von Schweigen, eifriges Lauschen nach Fluchtmöglichkeiten – ein Dutzend Zeichen machen es deutlich. Und außerdem, wer könnte einen verwundeten Mann, der immer noch ziemlich kränklich ist, über das Moor nach Sandtoft bringen, ausgerechnet an diesem Ort der Welt – außer der Liebe, dem stärksten der ältesten Götter, ehrwürdig wie das Chaos und Mutter Erde und die Unterwelt?"

„Sie sprechen wie ein Anhänger", sagte ich.

„Ja, vom Gott; nicht, wie du, von der Priesterin. Die Gottheit ist eine; seine Diener sind zahlreich."

Für mich war das ein klimpernder und irritierender Ton, aber da drang in meine Ohren der Klang von Dame Drurys Stimme, mit der sie ihren Mann mürrisch begrüßte, also wünschte ich meiner neuen Freundin „Guten Tag" und eilte die Treppe hinunter.

Ich hatte Schwierigkeiten, mir den Stechkahn zu leihen. Drury hatte morgen dies, das und jenes zu erledigen. Es gab „viel Geflügel", das so früh in der Saison gute Preise erzielen würde, und er misstraute meiner Zusage, dass ich am Abend zurückkehren würde; und ließ sogar Zweifel daran durchsickern, ob er den Stechkahn oder mich jemals wiedersehen würde, wenn er mir erlaubte, ihn nach Sandtoft zu bringen, wo „die Holländer so verrückt wie Bienen sind, wenn ihr Korb umgeworfen wurde". „Würde er ihn direkt verkaufen?", fragte ich, ungeduldig wegen der Zeitverschwendung durch Streitereien. Nein, das würde er nicht tun, weil der Preis des Stechkahns den Zeitverlust nicht decken würde, während ein neuer zusammengebaut wurde. „Nehmen Sie jeden Preis, den Sie wollen", sagte ich, stieg um fünf Uhr in den Stechkahn und begann, mit der Stange flussabwärts zu fahren. Ich konnte wegen der Schwäche meines rechten Arms nicht mit zwei Stangen arbeiten, also kam ich nur langsam vorwärts. Mehrmals war ich gezwungen, beide Arme an der einzelnen Stange zu benutzen, wenn das Wasser sehr seicht war oder das Unkraut wucherte. Das war eine schwere Arbeit, so schwer, dass ich nach einer Stunde Arbeit eine Art Schwimmen im Kopf bekam und mich auf den Boden des Kahns legte, um mich eine Weile auszuruhen. Ich weiß nicht, ob ich einschlief oder ohnmächtig wurde, aber als ich aus dem Schlaf oder der Ohnmacht erwachte, war es dunkel geworden und ein sanfter Regenschauer fiel. Ich nehme an, der Regen in meinem Gesicht weckte mich. Ich marschierte weiter, aber so schwach, dass mich die Dunkelheit einholte, bevor ich Sandtoft erreichte, denn die dichter werdenden Regenwolken schnitten das Zwielicht ab. Als ich zur Siedlung kam, stieg ich an der ersten geeigneten Stelle zum Anlegen aus und ging, nachdem ich den Kahn vertäut hatte, langsam und vorsichtig am Ufer entlang, um das Tor zu finden. Plötzlich blitzte mir eine Laterne ins Gesicht und meine Arme wurden von hinten gepackt und gefesselt. Meine Entführer drängten mich weiter, wechselten ein paar Worte in ihrer eigenen Sprache, sagten aber nichts zu mir.

Kurz darauf wurde ich in einen kahlen Raum gestoßen, der von einer Lampe beleuchtet wurde, die an einem Haken in der Planke hing, wo Vliet und drei andere rauchend um einen Tisch saßen, auf dem zwei oder drei quadratische Flaschen, mehrere Gläser und ein Glas standen Krug Wasser. Die Enge des Raumes mit dem Tabakgestank und dem Geruch von Schiedam war erstickend und ekelerregend, und alles begann sich zu drehen; aber ich riss mich mit starker Willensanstrengung zusammen, denn irgendetwas warnte mich, dass ich hier meinen Verstand behalten musste. Während Vliet und die anderen sich auf Niederländisch unterhielten, löste einer der Männer meine Fesseln, und als ich nach unten schaute, sah ich, dass meine rechte Hand rot war, und dann spürte ich, wie ein langsamer Tropfen den Arm hinunterlief. Jetzt verstand ich meine Ohnmacht. Meine Wunde war wieder aufgebrochen und der Blutverlust hatte mich geschwächt.

Der Mann, der die Kordel, die meine Arme fesselte, durchtrennt hatte, durchsuchte mich nun, als ob er vermutete, ich hätte Waffen unter meiner Kleidung versteckt. Dabei zog er meinen Mantel aus, und als er feststellte, dass mein Hemdsärmel mit Blut durchtränkt war, schaute er mir knapp ins Gesicht und machte dann eine Bemerkung zu Vliet, die ihn dazu veranlasste, einem der Männer die Laterne abzunehmen und sie gegen meine zu stoßen Nase. Nach der Inspektion setzte er sich hin und lachte, bis sein Gesicht rot wurde. Dann schenkte er sich ein riesiges Glas Schnaps ein, trank die Hälfte davon in einem Zug aus und lachte erneut. Als sein Anfall vorbei war, sagte ich:

„Sie erkennen mich, glaube ich, Mynherr Vliet?"

Ich fand, dass er Englisch sprechen konnte, wenn auch abscheulich, und mit einem betrunkenen Stottern.

„Oh ja, Mister – der Teufel will Ihren Namen! Ich kenne Sie."

„Sie können nicht annehmen, dass ich mit irgendeiner bösen Absicht nach Sandtoft gekommen bin."

„Beim Himmel und bei der Hölle, aber ich kann es vermuten und bin mir dessen sicher. Tausend Teufel, ja. Du bist ein Spion, ein Verräter, ein Judas."

Dann wandte er sich an seine Männer, plapperte sie schnell auf Niederländisch und erteilte schließlich einem der Männer einen Befehl, den er ausführen wollte.

„Diese Schmerzen, die Sie bei der Verteidigung Ihres Volkes erlitten haben, sollten Sie bescheinigen, M. Vliet", sagte ich und zeigte auf meine Schulter.

„Ah! Sie sind schlau, Herr Judas. Sie kämpfen ein wenig bei Tageslicht für uns, damit Sie im Dunkeln gegen uns planen können. Sie planender Teufel!"

Obwohl ich beim Anblick von Vliets Gesichtsausdruck, in dem wütender Hass nicht weniger sichtbar war als Trunkenheit, wusste, dass zwischen mir und dem Tod nur ein Schritt war, konnte ich mir ein Lächeln über den Charakter, den er mir gab, nicht verkneifen.

„Du lachst! Du wirst sehr komisch aussehen, wenn du gehängt wirst!" er sagte.

„Seien Sie sich dessen sicher", sagte ich langsam und so deutlich ich konnte, falls vielleicht einige der Holländer genug Englisch konnten, um zu verstehen, was ich meine: „Wenn Sie mich hängen, werden Sie gehängt, und jeder Mann, der Ihnen hilft."

Ich sah am Blick eines der Kerle, dass er mich verstand. Er flüsterte Vliet etwas zu, der aufsah und fragte:

„Welche Lüge haben Sie zu erzählen, warum Sie hierhergekommen sind?"

„Ich bin gekommen, um aus privaten Gründen mit Doktor Goel und seiner Tochter zu sprechen.“

„Im Schutz der Dunkelheit, wie ein Dieb! Du schleichst an einem unbewachten Ort am Ufer entlang. Um zum Arzt zu gehen! Lügner!“

„Ich bin heute früh aufgebrochen, wurde aber unterwegs behindert und bin erschöpft, sodass ich gleich an der ersten Stelle, die ich erreichte, aus dem Boot gestiegen bin.“

Ich sah, dass ich den einen Mann einigermaßen beeindruckt hatte, denn er stellte Vliet eine Frage, in der er den Namen des Arztes erwähnte, worauf die Antwort ein klares Nein war; und während er es gab, nahm Vliet eine Pistole aus einer Schublade unter dem Tisch und sah den Mann drohend an. Dann drehte er sich zu mir um.

„Sie sind ein Lügner. Ihr Lord Sheffield hat mir erzählt, wie gerissen Sie sind. Sie geben vor, ein Freund einiger unserer Leute zu sein, um etwas über unsere Arbeit und unsere Verteidigung zu erfahren. Dann schicken Sie Ihre Schurken, um sie zu verbrennen und zu zerstören Sie haben es letzte Nacht getan. Ich habe zwei von ihnen gehängt, und ich werde dich hängen lassen! – das dafür!“ – schnippte mit den Fingern. „Sie sind ein Rebell gegen Ihren König; und ein englischer Lord wird meinen Freund ertragen.“

Er trank einen weiteren feurigen Schluck. Ich begann zu glauben, dass meine Lebenschancen gering seien. Vliet glaubte vielleicht oder auch nicht wirklich, dass ich der Anstifter der Angriffe auf die Siedlung war, aber er hatte das Wort von Sheffield dafür und würde zweifellos Sheffields Männer bereithalten, es zu schwören, wenn es seiner Lordschaft gefiele. Vliets wahres Motiv könnte unter dem Vorwand einer summarischen Gerechtigkeit gegenüber einem Staatsfeind gut verborgen bleiben. Es gab jedoch eine Möglichkeit, die ihm nicht in den Sinn gekommen war; Ich würde es ihm sagen. Das alles ging mir durch den Kopf, bevor Vliet sein leeres Glas auf den Tisch stellte.

„Haben Sie irgendwelche Zeugen, die beweisen, dass Lord Sheffield Ihnen erzählt hat, dass ich Randalierer gegen Sie angeheuert habe? Denn wenn Sie das nicht getan haben, wird er, nachdem Sie ihn befriedigt haben, indem er mich aus dem Weg geräumt hat, keinen Finger rühren, um Sie vom Henker fernzuhalten Er wird leugnen, dass er jemals solche Dinge gesagt hat, und dir ins Gesicht lachen.

Für einen Moment war er benommen, aber er war zu betrunken, um noch denken zu können.

„Bah! Du bist ein lügender Teufel!“ er sagte.

In diesem Moment kam der Mann, den er hinausgeschickt hatte, zurück und sagte, wie ich verstand, dass alles bereit sei. Ich nahm ein Glas vom Tisch, spülte es mit Wasser aus dem Krug aus, füllte es erneut und trank. Ich war fast schaudernd, und der Kerl könnte denken, ich zittere vor Angst. Vliet gab ein Zeichen, und ich wurde ins Freie geführt. Mehrere Männer standen mit brennenden Fackeln und Feuerschalen in den Händen daneben, und im Licht dieser Lichter sah ich den Galgen über mir, an dem ein Seil baumelte. Die Schlinge wurde mir über den Kopf gestülpt. Einige Männer spuckten in die Hände und packten das andere Ende des Seils, bereit, daran zu ziehen; und ich schloss die Augen, um das Gebet des Wirts zu beten, als mich ein lauter Schrei mit der klarsten Stimme der Welt aufweckte. Die Menge teilte sich, und Anna trat an den Fuß des Galgens und sagte in herrischem Ton etwas auf Niederländisch. Die Männer lockerten das Seil, einer von ihnen drehte es ein oder zwei Mal um einen Pflock im Pfosten. Dann folgte ein schnelles Gespräch zwischen Anna und Vliet, begleitet von murmelnden Stimmen der Umstehenden. Ich verstand kein Wort, aber an Tonfall und Gesten erkannte ich, dass Anna zunächst empört und wütend war, dann aber zu Flehen getrieben wurde. Dann kam der Arzt und beteiligte sich an dem Gespräch, wobei er sich hauptsächlich an seine Tochter wandte. Es endete damit, dass Anna Vliet erlaubte, ihre Hand zu nehmen, und einen Satz wiederholte, den er ihr zu diktieren schien. Anna tat nun so, als wolle sie zu mir kommen, aber Vliet versperrte ihr den Weg; und es kam zu einem Streit, der wiederum damit endete, dass Vliet seinen Willen durchsetzte. Anna ging widerstrebend mit ihrem Vater weg, und ich wurde in das Zimmer geführt, in das man mich zuerst gebracht hatte.

Als wir – das heißt Vliet und ich und seine drei Begleiter – den Raum wieder betraten, reichte mir einer von ihnen meinen Mantel, aber ich zog ihn nicht an, weil er vom Regen durchnässt war. Dann fand er eine Pferdedecke, warf sie mir über die Schultern und bot mir die Spiritusflasche an. Da ich sah, dass er bisher gut gelaunt war, bat ich um Brot, und er brachte etwas hervor, das ich kaute, bevor ich mir eine kleine Menge des Schnapses gönnte. Es ließ mich schaudern, als ich es trank, aber es erfüllte mich mit Leben und Wärme. Die ganze Zeit über lag Vliet in einer Art Benommenheit in seinem Stuhl zurück, was meiner Meinung nach darauf zurückzuführen war, dass er nach so viel Gin-Trinken an der frischen Luft gewesen war. Nach einer Weile stand er auf und nahm einen Schluck. Dann zündete er seine Pfeife an und begann, schnüffelnd und heftig mit seinen Kameraden zu reden. Nach und nach drehte er sich zu mir um –

„Ich verschone dein Leben; ich werde dich nicht hängen. Warum kniet du nicht nieder und küsst meine Stiefel? Wo ist deine Dankbarkeit für meine Gnade?“

Da ich die Anfrage nicht beantwortete, fuhr er fort:

„Dummes Schwein! Aber ich werde dich zum Sprechen bringen. Ich habe meiner Frau – meiner *Frau*, verstehst du – mein Wort gegeben, dass ich dich nicht hängen werde; aber ich werde dir die Ohren abschneiden und deine Nase aufschlitzen. Tausend Teufel, ja! Und dann werde ich dich ins Moor hinauswerfen, und wenn du dort stirbst, ist das nicht meine Schuld.

„Wenn du Rache an mir willst, dann nimm es wie ein Mann", antwortete ich. „Du hast ein Messer in deinem Gürtel; gib mir eines und lass uns kämpfen. Du bist halb betrunken, aber ich habe nur meinen linken Arm und bin ansonsten schwach. Komm, sei ein Mann."

Und ich stand auf, denn ich wünschte mir nichts sehnlicher als einen Kampf auf Leben und Tod. Ein Leben ohne Anna war nichts wert, und wenn ich ihn zufällig töten könnte, wäre sie von diesem abscheulichen Tier befreit. Die anderen Holländer plapperten untereinander und mit Vliet, und soweit ich es verstehen konnte, unterstützten sie meine Forderung nach einem Kampf. Vielleicht würden sie nicht sehr betrübt sein, wenn der Schläger den Kürzeren zog. Er blickte uns alle wütend an, goss sich noch mehr Gin ein und trank ihn, ließ seine Pfeife auf den Boden fallen, zog sein Messer und ging auf mich los. Aber er hatte zu viel getrunken, um gefährlich zu sein. Ein Schlag zwischen die Augen schickte ihn wie einen Klotz zu Boden, und er blieb bewusstlos liegen. Der freundliche Holländer nahm mich am Arm und führte mich zu Doktor Goels Haus.

KAPITEL XII

Martha öffnete uns die Tür so schnell, dass ich den Eindruck bekam, sie hätte hinter der Tür auf uns gewartet. Sie führte mich in ein Zimmer, das nach dem, das ich gerade verlassen hatte, wunderbar gemütlich aussah; und ein kaltes Huhn, Brot und eine Flasche Wein waren ein angenehmer Anblick, denn ich hatte den Hunger eines verhungernden Hundes. Anna kam herein und zwang mich, mich zum Essen und Trinken hinzusetzen, so unordentlich und schmutzig ich war, mit der Pferdedecke um meinen Körper. Sie ließ mich nicht viel reden, und Martha eilte mit frischen Vorräten herein, bis ich erklärte, ich könne nichts mehr essen. Dann kam der Arzt, um meinen Arm zu untersuchen. Er pfiff, als er ihn freilegte.

„Wie drollig ihr Engländer doch seid!", rief er aus. „In diesem Zustand daran zu denken, einen Arm zu benutzen! Aber schließlich ist es ein Glück, dass ihr es getan habt."

Dann versuchte er mir mit viel gelehrter Sprache zu erklären, wie gut es sei, dass meine Wunde erneut ausgebrochen sei. Er badete und reinigte den Arm, salbte und band ihn fest und redete die ganze Zeit mit Anna und Martha, die daneben standen, um ihm die Dinge zu geben, die er wollte; aber ich war zu schwer, um aufzupassen, und schlief schon im Halbschlaf, bevor er mit mir fertig war. Ich war etwas überrascht, als Luke am Tatort erschien, aber er brachte mich schnell ins Bett.

Am späten nächsten Tag erwachte ich, munterer und frischer als seit vielen Tagen, aber auch außerordentlich schwach. Luke brachte mir einen Schluck eines seltsamen Biers, das mich sehr belebte, und als ich es getrunken hatte, erzählte er mir, wie er gestern spät mit dem Arzt aus Doncaster zurückgekehrt war und alle im Temple Belwood wegen meines Verschwindens in großer Aufregung vorgefunden hatte. Niemand hatte vermutet, dass ich nach Sandtoft gegangen sein könnte, aber Luke erriet natürlich, was ich vorhatte; also machte er sich mit Stange, Laterne und Klampenbrettern auf den Weg nach Belshaw, wo er von meinen Taten hörte, und marschierte schnurstracks über das Fen auf die Siedlung zu. Er musste nur die Signale geben, die er und Martha vereinbart hatten, ein Pfeifen wie das eines Kiebitzregenpfeifers, gefolgt vom Schrei einer Eule, um seine Liebste zu ihrem Stelldichein zu bringen, war aber verblüfft, als er erfuhr, dass man bei Doktor Goel nichts von mir gesehen oder gehört hatte. Er schlich vorsichtig umher, Martha hielt Wache, fand den Kahn und kehrte, nachdem er sich vergewissert hatte, dass ich in der Nähe war, zu Martha zurück. Als sie durch eine von einem Weidengebüsch verdeckte Öffnung in den Palisadenzaun eindrangen, zeigte ein Aufflackern von Feuersalven und Fackeln, wie ich und meine Begleiter vom Wachraum zum Galgen gingen, und sie eilten mit der Nachricht zum Haus des Arztes. Was folgte, ist bereits geschrieben.

Als ich davon sprach, nach Hause zu gehen, nahm der Arzt einen autoritären Ton an und gelobte, er würde mich notfalls mit Gewalt zurückhalten, bis er überzeugt sei, dass ich nicht mehr Gefahr laufe, meinen Arm zu verlieren. Ich leistete keinen entschiedenen Widerstand, sondern schickte Luke nach Temple, um meinen Vater zu beruhigen und mir Wechselkleidung und andere Dinge zu bringen, die ich brauchte, und richtete mich höchst zufrieden im Haushalt des Arztes ein. Bei mir hatte sich eine wunderbare Veränderung vollzogen, die möglicherweise auf die Entfernung des Giftes aus meinem Blut zurückzuführen war, wie der Arzt behauptete, oder darauf, dass ich mit Anna unter einem Dach war, wie ich zu glauben geneigt war. Niemand schien weitere Probleme von Vliet zu befürchten, und ich begann zu zweifeln, ob mein Erlebnis vom Vorabend real oder nur ein Albtraum gewesen war. Doktor Goel saß in seinem eigenen Zimmer, die Pfeife im Mund, über Blättern und Wurzeln und dergleichen wie Müll, und kam hin und wieder heraus, um mir Fragen zu stellen, und gab als Grund dafür an, dass ich ein scharfes Auge und die Angewohnheit habe, zu beobachten Bemerkenswert für jemanden, der sich in den Naturwissenschaften nicht auskennt, aber ich dachte, dass seine wahre Absicht darin bestand, mich daran zu hindern, mit seiner Tochter allein zu sein, obwohl die Wahrscheinlichkeit dafür gering war, denn Anna hatte hausfrauliche Pflichten (oder erledigte sie), was dazu führte, dass sie gehen musste kommt ständig. Jetzt sollte es Medikamente für die Patienten ihres Vaters herstellen; nun mit Martha über Küchenangelegenheiten sprechen; Jetzt muss ich nach alter Kleidung für einige der ärmeren Siedler Ausschau halten; Immer etwas, das unser Gespräch abbrach, wenn ich mich dem Thema näherte, das mir am Herzen lag. Da ich vorerst an einem Gespräch mit ihr verzweifelte, wagte ich es, den Arzt bei seiner seltsamen Beschäftigung zu unterbrechen. Er ertrug die Unterbrechung höflich, obwohl er seufzte, als er sein Glas abstellte und aufhörte, über dem Zeug auf dem Tisch zu brüten. Ich fragte ihn, ob Vliet auf Mistress Goels Fürsprache seinen Trunkenheitsrausch aufgegeben hatte.

„Freak? Das ist ein Witz, nicht wahr?" er antwortete. „Das war kein Scherz, Herr Vavasour. Sebastian war wütend über das Unheil, das in der vergangenen Nacht angerichtet wurde, und er hätte Sie gehängt, wenn meine Tochter nicht eingegriffen hätte. Oh ja. Vielleicht hätte er seinen eigenen Hals gefährdet. Ich weiß es nicht." . Das Gesetz scheint in diesem Teil Englands in der Schwebe zu sein. Aber Sebastian hätte seine Chance damals nicht genutzt, aber was sagt Ihr Sprichwort? Meine Tochter war zur Stelle, um Ihr Leben zu retten. Ich habe die Genugtuung, einem Herrn zur Seite zu stehen, der mir eine Verpflichtung auferlegt hat und ihr verlobter Ehemann hat der Heirat innerhalb von drei Monaten zugestimmt, und ich habe eine gewisse Hoffnung, bis dahin in mein Heimatland zurückkehren zu dürfen", schloss der Arzt lächelnd.

Innerhalb von drei Monaten verheiratet! Ich wünschte, Luke hätte sich verirrt oder Vliet wäre sturer gewesen. Was war mir mein Leben wert, wenn Anna verloren war? Aber an einen betrunkenen Raufbold gekettet! Viel besser wäre es gewesen, wenn man mich letzte Nacht erwürgt hätte. Das konnte nicht sein. Das durfte nicht sein.

Ich weiß nicht, wie mein äußeres Verhalten meine Gefühle verriet, aber der Arzt bemerkte etwas davon, denn er fuhr fort:

„Was ich jetzt sagen werde, ist ein wenig unregelmäßig, fast unpassend, aber vielleicht ist es für beide Seiten von Vorteil. Ich weiß, dass Sie meine Tochter bewundern und sich einbilden, in sie verliebt zu sein. Bleiben Sie und hören Sie mir kurz zu. Zweifellos könnten Sie Ihre Gefühle in stärkeren Worten beschreiben. Wir werden sagen, dass Sie sie lieben. Bedenken Sie bitte, wie unmöglich es ist, dass ihr Vater einen Heiratsantrag von Ihnen in Erwägung ziehen sollte. Wenn ich richtig informiert bin, hängt Ihr Erbe des väterlichen Besitzes von der Zustimmung Ihres Vaters ab?" (Wer hatte ihn informiert?, fragte ich mich und nickte.) „Der Besitz ist schwer belastet, hat man mir das gesagt?" Wieder nickte ich und wunderte mich. „Aber angenommen, Ihre Aussichten wären so gut, wie sie schlecht erscheinen, könnte ich dann zustimmen, dass meine Tochter in einer halbwilden Gegend wie dieser begraben wird? Könnte ich zulassen, dass sie, die als Zierde der intellektuellsten Gesellschaft Europas geschätzt wird, zur verachteten Gefährtin fetter Bauernfrauen wird, für die der Verkauf von Geflügel und Butter das Hauptgeschäft des Lebens ist und deren Vergnügungen äußerst grob und frivol sind? Es wäre eine unerhörte Torheit meinerseits, selbst wenn es keine vorab vereinbarte Regelung für den Lebensunterhalt meiner Tochter gäbe. Aber es trifft sich, dass sie mit einem vermögenden Herrn verlobt ist, der die Aufrichtigkeit seiner Zuneigung durch eindrucksvolle Beweise bewiesen hat" („Und besonders letzte Nacht", murmelte ich vor mich hin), „nicht zuletzt, weil er angenehme Orte und Gefährten aufgegeben hat, um das Exil zu ertragen und der Dame seiner Wahl nahe zu sein."

Ich konnte meinen Mund nicht länger halten.

„Sie haben Mynherr Vliet ins Gespräch gebracht, Doktor, also müssen Sie mir die Frage verzeihen, ob Sie glauben, dass irgendeine Dame das betrunkene Untier lieben kann? Und wenn nicht –"

„Es besteht keine Notwendigkeit, die Angelegenheit hypothetisch zu behandeln", unterbrach der Arzt. „Ich kann Ihnen versichern, dass meine Tochter die ganze Zuneigung zu Mynherr Vliet hegt, die sich ihr Verlobter nur wünschen kann. Wir sind etwas unhöflich, wenn wir ein solches Thema ansprechen, aber da ich jede Illusion beseitigen möchte, die in Ihrem Kopf bestehen könnte, möchte ich Ihnen sagen, dass ich … Ich gebe Ihnen mein Wort, dass jede Neigung zu sich selbst, die Sie sich vielleicht vorgestellt haben, nichts weiter als ein vorübergehendes Gefühl war. Junge Frauen mit einer bestimmten Geisteshaltung, genährt von Poesie und Drama, neigen dazu, eine vorübergehende Vorliebe für einen hübschen jungen Mann zu hegen Mann, dem man in neuen Szenen begegnet, besonders wenn sie von der vermeintlichen Verlassenheit des akzeptierten Liebhabers etwas gereizt sind.

Ich schaute den alten Herrn an, der mich gütig anlächelte, als wäre er überzeugt, dass er das Herz einer Frau kannte, und fragte mich, ob er möglicherweise recht haben könnte. Oder täuschte er sich über das Glück seiner Tochter, weil er sich so sehr danach sehnte, wieder ein Zuhause, Freunde und angenehme Beschäftigungen zu finden? Es könnte wahr sein, dass Anna mich nicht wirklich liebte, das konnte ich durchaus glauben; Aber es war unglaublich, dass sie ein Biest wie Vliet lieben konnte. Während ich schweigend dasaß, erfuhr ich von Vermuijdens Ankunft und seinem Wunsch, den Arzt und Anna zu sehen. Also wurde ich allein gelassen, um nachzudenken. Einige Dinge, die der Arzt gesagt hatte, verwirrten mich nicht wenig. Was er gegen die Insel gesagt hatte, kümmerte mich nicht im Geringsten, und auch der niedrige Zustand meines Vermögens, den ich in meinem jugendlichen Selbstvertrauen in nicht allzu langer Zeit wieder gutzumachen hoffte, machte mir keine großen Sorgen. Konnte er die Wahrheit sagen, als er sagte, dass Anna sich wirklich dafür entschieden hatte, die Frau von Vliet zu werden? Das war die Frage. Ich konnte nicht anders, als zu glauben, dass ihre Zurückhaltung mir gegenüber darauf hindeutete. Und doch sah das, was in der Nähe des Galgens geschah, eher so aus, als hätte sie Vliet ihr Wort aus reinem Wunsch gegeben, mein Leben zu retten. Aber dieses unter Drohung erpresste Versprechen und eine Drohung, die Vliet selbst mit seinem nüchternen Verstand nicht zu rechtfertigen vermochte, konnte nicht als bindend angesehen werden. Es war absurd, es für ein heiliges Versprechen zu halten. Ich konnte auch nicht glauben, dass Anna leichtsinnig und wankelmütig ist, selbst wenn ihr Vater ihr Vorwürfe machte. Mir war nur eines klar: Ich musste mit Anna reden. Während ich nachdachte, hörte ich ein Klopfen an der Tür, und die dralle Martha kam herein und sagte, Luke sei zurückgekehrt und erwarte mein Vergnügen. Ihr strahlendes, ehrliches Gesicht war gut zu sehen und ich kam ins Gespräch mit ihr. Ich fragte sie, ob sie gehört habe, was gestern Abend zwischen Herrin Goel und Vliet vorgefallen sei.

„Fast alle, Sir", antwortete sie, „und wünschte, ich wäre zum ersten Mal in meinem Leben ein Mann."

„Warum?"

„Dass ich die Kraft habe, ihn auf der Stelle zu töten, weil er die intelligenteste und süßeste Dame der Welt gefoltert hat."

„Er verlangte das Versprechen, dass sie ihn innerhalb von drei Monaten heiraten würde, nicht wahr?"

„Oh ja. Er achtete weder auf Vernunft noch auf Warnungen. Er sagte, du sollst sterben, was auch immer ihm später passieren würde, es sei denn, sie gab ihm an Ort und Stelle vor Zeugen ihr Wort."

„Und Doktor Goel kann sich vorstellen, dass seine Tochter mit ihm glücklich sein wird!" sagte ich mir erstaunt.

„Oh, der Arzt!" rief Martha verächtlich. „Er hat sein Gehirn mit Unkraut und kriechenden Dingen verschwendet, bis er nichts mehr hat, mit dem er seine Mitgeschöpfe verstehen kann. Er denkt an Sebastian Vliet, wie er einmal war, bevor seine Wangen aufgedunsen und seine Hände zitternd waren. Dann hat der Arzt es getan Er hat sein Geld in diesem verrückten Geschäft verloren oder es so gut wie verloren, und er möchte den Verlust bei meiner Herrin wettmachen. Er glaubt, dass Vliet reichlich davon hat, und hat keinen Sinn dafür, dass das Geld im April wie Schnee schmilzt , wenn es in den Händen eines betrunkenen Spielers ist. Jeden Abend, wenn Vermuijden weg ist, spielt er – und verliert, denn die Männer, mit denen er spielt, kennen alle seine Tricks und noch mehr Er wird von dem Lord, der ihn besucht, und von einem anderen Schurken, der Vliets Geld holt und trägt, in große Höhen gelockt. Aber was bedeutet Vliet?

„Er scheint von einiger Bedeutung zu sein, da er das Wort von Frau Goel hat, ihn zu heiraten, und ihr Vater ist sehr erfreut darüber, dass es so sein soll."

„Und was nützt das gegen einen Gentleman, der sie liebt? Jeder Liebhaber, von dem ich gehört habe, hat nach dummen alten Leuten mit den Fingern geschnippt, seinen Rivalen verprügelt und ist mit der Dame davongeritten."

„Leider", dachte ich, „braucht man dazu nicht nur einen Degen, sondern auch eine Börse und einen Ort, wohin man reiten kann." Was ich sagte, war: „Aber die Dame muss einwilligen, bevor selbst der Held einer Ballade mit ihr durchbrennen kann."

"Zustimmung!" wiederholte Martha. „Und wozu nützt ein Liebhaber, wenn er ihr nicht die Mühe erspart, zuzustimmen, alle Argumente abbricht, indem er ihr den Mund verschließt, und es mit ihren Eltern austrägt, wenn der Ring an ihrem Finger ist und die glückliche Röte auf ihrer Wange? Du hältst mich vielleicht für ein kühnes Mädchen, das so zu reden, aber ich weiß, was ich weiß. Und es tut mir weh, die ganze Nacht über schluchzend und betend zu hören und den lieben Engel mit geschwollenen Augenlidern und einem erbärmlichen Zittern auf ihren Lippen zu sehen Morgen. Eines ist sicher: Wenn er der betrunkenen Übersättigung, dem Messer eines Saufkumpanens oder dem Blitz des Allmächtigen entkommt, werde ich selbst Rattengift in sein Fleisch stecken ."

Sie sah aus, als ob sie es ernst meinte, ihr Gesicht war blass, ihre Augen leuchteten.

„Soll ich Luke zu Ihnen schicken, Sir?" fragte sie mit anderer Stimme.

Luke hatte mir viel zu erzählen, aber im Wesentlichen war das Missfallen meines Vaters über meinen Besuch in Sandtoft und meinen Verbleib dort groß; und Mr. Butharwick hatte Luke beauftragt, mich zu bitten, unverzüglich zurückzukehren, da der gute alte Mann durch die Wut meines Vaters sehr beunruhigt war. Keiner von beiden hatte gehört, dass ich nur knapp dem Galgen entkommen war, da ich Luke verboten hatte, davon zu sprechen.

Erst am Abend des nächsten Tages kam ich zu einem fünfminütigen Gespräch mit Anna, die mir mit erstaunlicher Geschicklichkeit aus dem Weg ging; aber mit Marthas Hilfe gelang es mir, sie zu treffen, als sie aus einem Haus kam, das als Krankenhaus für kranke und verwundete Holländer diente. Selbst dann versuchte sie, mir zu entkommen, aber ich ließ kein Nein zu. Sie musste mit mir dorthin gehen, wo man ohne Unterbrechung reden konnte, und das war auf dem Fluss. Als sie nachgegeben hatte und wir in ein Boot gestiegen waren, begann sie von ihrer Hoffnung zu sprechen, dass die Fehde zwischen den Holländern und den Isloniern durch eine auf dem Rat am Vorabend vereinbarte Maßnahme gemildert werden könnte. Den Eingeborenen, die dazu gebracht werden konnten, Gräben auszuheben, Böschungen zu errichten und Material zu transportieren, sollte ein hoher Lohn angeboten werden. Wenn die Arbeit nicht direkt gewinnbringend sein sollte, könnte der Einsatz derselben zu einem freundschaftlicheren Gefühl beitragen. Ich ließ sie weiterreden, wohlwissend, wer mir diesen Rat gegeben hatte, bis wir an ein breites Gewässer mit einem kleinen Ufer in der Mitte des Baches kamen, auf dem eine alte Birke wuchs. Ich fuhr mit dem Boot dicht unter den Baum, drehte den Maler ein oder zwei Mal um einen überhängenden Ast herum, ließ die Ruder los und war an der Reihe zu sprechen.

"Die Fragen zwischen Holländern und Isländern werden bleiben, aber nicht die zwischen uns beiden. Du weißt, dass ich dich liebe, Anna. Ich kann es dir nicht in schönen Worten sagen, aber seit Anbeginn der Welt hat kein Mann eine Frau mehr geliebt und wird es auch nie bis ans Ende tun. Ich bin ein einfacher, rauer Kerl und habe dir nichts zu bieten außer meiner Liebe — nicht Geld, Land, Rang oder sonst etwas; aber ich werde mir, so Gott will, etwas erarbeiten oder erkämpfen, wenn du zu mir kommst, wenn ich es getan habe. Ich glaube, du liebst mich, aber du hast es nie gesagt. Sag ‚Ich liebe dich, Frank' und –"

Sie unterbrach meine lange Rede mit einem Wort: „Grausam!" und brach in Tränen aus.

Dann hätte ich das Boot beinahe zum Kentern gebracht. Es war ein bisschen verrückt und mein Gewicht war beträchtlich, aber ich kletterte an ihre Seite, legte meinen Arm um sie und zog ihren Kopf an meine Brust. Sie sah nicht, wie knapp wir einem Umkippen entgangen waren, und sie wehrte sich auch nicht gegen meine Umarmung, sondern schluchzte weiter, als ob ihr das Herz brechen würde.

Da fand ich heraus, dass man gleichzeitig himmlisch glücklich und voller Kummer sein kann, denn jedes Schluchzen von ihr schien mir die Brust zu zerreißen, während ich meine Freude nicht zurückhalten konnte. Als sie wieder ein wenig zu Atem gekommen war, tat sie so, als wolle sie sich zurückziehen, aber das ließ ich nicht zu.

„Aber, Frank, ich werde einen doppelten, dreifachen Meineid begehen und meinen Vater über alle Maßen betrüben und beschämen."

„Sag ‚Ich liebe dich, Frank'", beharrte ich.

Schließlich tat sie es und versteckte ihr errötendes Gesicht an meiner Brust. Dann sagte ich ihr – was ich nicht wiederholen werde. Und in großem Zittern gab ich ihr einen unbeholfenen, ungeschickten Kuss. Wie lange ich in meiner Verzückung hätte reden und versuchen sollen, meine Liebe zu bekräftigen, weiß ich nicht, aber die Sonne ging unter, ohne dass wir es bemerkten, bis die zunehmende Dämmerung Anna dazu brachte, über die richtige Zeit zu rufen. Also nahm ich die Ruder und ruderte von der schönsten Insel der Welt weg. Martha stand an der Tür und wartete auf unser Kommen, und als wir das Haus betraten, ergriff sie meine Hand und hob sie an ihre Lippen.

KAPITEL XIII

Der Arzt war zu einer Besprechung mit seinem Chef einberufen worden, also hatte ich gehofft, dass wir einen langen Abend für uns alleine haben würden, aber Anna unterdrückte es im Keim.

„Das Glück ist gütig", sagte sie. „Ich gebe dir etwas zu essen, und dann musst du nach Hause."

„Zu Hause weg? Warum?" Ich forderte.

„Weil mein Vater sehr wütend sein wird, wenn er erfährt, was wir getan haben."

„Ein Grund mehr, bei dir zu bleiben."

„Oh, du dummer Frank! Glaubst du, er wird mich schlagen? Aber wenn du hier bist, wird er Dinge sagen, die ihm eines Tages leidtun werden – Dinge, die du vielleicht nur schwer verzeihen kannst. Wenn ich ihn hingegen allein habe, kann ich ihn, je nachdem, wie es nötig ist, überreden, schimpfen oder weinen und ihn zur Vernunft bringen."

„Weglaufen liegt mir nicht", sagte ich.

„Und ich würde Sie auch nicht wegschicken, wenn Sie nur das Geringste tun könnten. Es gibt im Moment niemanden, der niedergeschlagen oder in den Fluss geworfen werden könnte; nur ein älterer Herr muss versorgt werden. Und in Temple Belwood ist noch einer, der ungeduldig darauf wartet, seinen Sohn zu sehen. Gehen Sie und tun Sie Ihr Bestes mit ihm, und überlassen Sie mir meinen Vater."

Am Ende stimmte ich zu. Ich rief Luke an, um alles für meine Abreise vorzubereiten, und er musste mir sagen, dass ein Teil des Moores von Sandtoft, fast direkt nach Belton, kürzlich durch die Erhöhung einer Böschung für eine Woche bis zu einer Tiefe von zwei bis drei Fuß überschwemmt worden war Entwässerung, mit der begonnen wurde. Mit einem leichten Boot könnte man leichter und schneller überqueren, als es bisher möglich war.

„Warum nicht über die Böschung laufen?" Ich fragte.

Es schien, als sei das Ufer rau, und in der zunehmenden Dunkelheit und dem aufsteigenden Nebel würde es hier und da unangenehm sein. Also entschieden wir uns für das Boot als Fortbewegungsmittel. Während wir uns unterhielten, hatte Anna sich beeilt, mir das Abendessen zuzubereiten, denn sie wollte unbedingt, dass ich ging, und erlaubte mir auch nicht, während des Essens oder danach zu verweilen. Ich wollte über unsere Zukunft sprechen, aber sie wollte nicht.

„Haben Sie neun Pence?" Sie fragte. „Rustikalliebhaber machen einen kaputt, nicht wahr?"

Ich brach eines auf und hielt ihr die Hälften hin.

Sie nahm eines und sagte lachend: „Jetzt sind wir uns gebührend verlobt. Wozu noch weitere Worte? Wenn Sie Ihr Zeichen bringen, liegt meines bereit."

Rosenrot errötete sie, als ich sie in die Arme nahm, sie an mein schnell schlagendes Herz drückte und Lippe an Lippe mit ihr drückte. Doch dann zog sie sich zurück, unterbrach unseren Abschied und entließ mich.

Ich fand Luke, der mit dem kleinen Boot auf mich wartete, und stieg ein. Ich bat ihn, bis zum Morgen in Sandtoft zu bleiben und mir dann Nachricht von Mistress Goel zu bringen. Er erhob einige Einwände gegen mein alleiniges Gehen, aber ich überstimmte ihn, und zweifellos stimmte ihn die Aussicht auf eine längere Unterredung mit Martha zum Gehorsam. Er hatte eine brennende Laterne ins Boot gelegt, die nützlich sein würde, erinnerte er mich, wenn ich zu den Sumpfgruben käme. Die Sumpfgruben waren angeblich bodenlose Tümpel, die zur Hälfte von sehr alten Birken umgeben waren, von denen einige noch grün, andere umgestürzt und verrottet waren. Jetzt stand das Moor unter Wasser, die Bäume könnten eine Plage sein, wenn ich kein Licht hätte, denn die Nacht war dunkler, als Nächte im August gewöhnlich sind.

Ich dankte meinem guten Kerl für seine Fürsorge, wünschte ihm eine gute Nacht und ruderte schnell davon, wobei ich mich von der Böschung fernhielt, damit sich am Fuße der Böschung keine Balken befanden. Als ich, wie ich schätzte, ungefähr eine Meile zurückgelegt hatte, hörte ich mit dem Rudern auf, um die Laterne aufzuheben, und hielt sie auf der Suche nach den Weidenbäumen nach vorne. Dabei bemerkte ich, dass das Boot rückwärts und ein wenig in Richtung Böschung trieb. Wie könnte es in einer stehenden Wasserfläche eine Strömung geben? Aber es gab sicherlich eine Strömung; und läuft auch ziemlich stark. Die Holländer konnten zu dieser Nachtzeit nicht bei der Arbeit sein und die Schleuse zu irgendeinem Zweck öffnen, den ich vermuten konnte. Möglicherweise gab es irgendwo einen Defekt in der Böschung, einen Riss, der sich unter dem Druck des Wassers vergrößerte. Was auch immer das Geheimnis sein mag, mein bester Weg war, so schnell wie möglich zu rennen; Also nahm ich beide in die Hand und zog mit aller Kraft daran. Bis zu diesem Zeitpunkt hatte ich nur einen Skull über dem Heck benutzt und meinen schwächeren Arm geschont. Keine fünf Minuten später kratzten die Ruderboote am Boden und das Boot blieb stecken. Als ich die Ruder trug, beugte ich mich mit der Laterne in der Hand über die Bordwand und sah, dass rund um das Boot nur wenige Zentimeter Wasser standen. Ich war nicht auf einer Schlammbank gestrandet, sondern wurde durch das Abfließen des Wassers gestrandet! Was als nächstes zu tun sei, war eine Frage. Wenn ich bis zum Damm waten könnte, könnte ich meine Reise zu Fuß fortsetzen; Aber das durfte ich nicht wagen, bis ich die Beschaffenheit des Bodens kannte, denn in diesem Teil des Moores gab es viele Moorgruben, und in eine davon zu treten bedeutete, in einen schrecklichen Tod gesaugt zu werden. Ich stocherte mit einem Löffel in der Erde herum, und es sank wie ein Löffel in den Brei. Ich befand mich direkt über einer Schlammgrube. Ich habe es noch einmal mit dem Skullen versucht, aber das hat überhaupt nichts geholfen. Dann versuchte ich, das Boot nach vorne zu stoßen, aber es gab nichts, wogegen ich stoßen konnte. Ich stand auf, hielt die Laterne über meinen Kopf, spähte durch den Nebel und sah einen Busch etwa sechs oder sieben Meter vor mir, also war ein Stück fester Boden gerade außerhalb meiner Reichweite! Wenn ich eine Seilrolle bei mir gehabt hätte, hätte ich vielleicht eine Schlaufe in den Busch geworfen und mich so gerettet; aber das Malerseil war das einzige Seil im Boot, und es war nicht länger als sechs Fuß. Das Einzige, was mir noch blieb, war, so geduldig wie möglich bis zum Morgen zu warten, bis vielleicht jemand in Reichweite kam oder Luke mich aufsuchte, es sei denn, das Wasser sollte durch Glück wieder steigen. Es war doch keine große Belastung: Die Nacht war nicht kalt, aber durch den Nebel etwas kühl. Als ich zu diesem Schluss kam, wurde ich von etwas erschreckt, das über meinen Kopf hinwegzischte und einige Meter hinter dem Boot mit einem Platschen und einem leisen Knall zu Boden fiel. Jemand muss von der Böschung aus geworfen haben, und zwar offenbar auf mich. Meine Laterne musste ihm beim Zielen helfen. Da ich sie nicht auslöschen wollte und keine Möglichkeit hatte, sie wieder anzuzünden, wickelte ich ein dickes Halstuch, das ich über dem Horn trug, und verstaute es im Bug. Während ich dies tat, prallte ein weiterer Stein mit solcher Wucht in das Boot, dass ich vermutete, dass er von einer Schleuder geschleudert wurde. Weitere Steine folgten in rascher Folge, aber nicht mehr als einer von drei oder vier traf das Boot; Aber einer versetzte mir einen solchen Schlag ins Gesäß, dass ich darüber nachdachte, welche Konsequenzen es haben würde, wenn ich einen weiteren solchen Schlag an einer wichtigeren Körperstelle erhielte.

Ich konnte mir im Moment keine Art von Schutz ausdenken, aber mir kam der Gedanke, dass ein kleiner Trick meinen Feind verwirren könnte. Ich zog ohne große Anstrengung eine der Ruderbänke hoch, denn das kleine Boot war alt und verrottet, zog meinen Mantel aus, um meine Aktionen vor dem Feind zu verbergen, schnitt ein Stück der Fangleine ab, band die Laterne an der Ruderbänke fest und setzte sie aufs Wasser, in der Hoffnung, dass sie davontreiben könnte. Ich legte sie mit dem Horn seitlich vom Ufer ab, in der Hoffnung, sie würde ein Stück weit wegtreiben, bevor mein Angreifer sie erblickte. Zu meiner großen Erleichterung glitt sie sanft davon und drehte sich erst, als sie, so genau ich es schätzen konnte, etwa zwanzig Meter weit weg war. Sie zog eine Weile seine Salven auf sich und verschwand dann, obwohl ich nicht wusste, ob er sie getroffen hatte oder sie zufällig umgekippt war. Während seine Aufmerksamkeit auf diese Weise von mir abgelenkt war, hatte ich Zeit, darüber nachzudenken, was ich tun sollte, falls er meinen Aufenthaltsort wieder herausfinden sollte, was ich zuversichtlich genug für unwahrscheinlich hielt. In diesem Punkt täuschte ich mich, mein Feind ließ sich nicht so leicht besiegen. Aber ich nutzte die vorübergehende Ruhepause so gut ich konnte, indem ich die andere Ruderbank aufriss, um Platz zu bekommen, um mich auf dem Boden des Bootes auszustrecken, und mich auf eine Seite rollte, wobei ich die Bordwand fast bis zur Wasseroberfläche drückte und mich so vor Verletzungen schützte, solange die Bretter seiner Batterie standhalten konnten.

Ich war nicht allzu schnell gewesen. Ein schwacher roter Schimmer begann sich durch den Nebel zu zeigen, und da ich eine Ahnung hatte, was der Feind vorhatte, vergrößerte ich die Öffnung einer klaffenden Spalte ein wenig und blickte zum Ufer. Ein Feuer war entzündet worden, und der Mann, der es angezündet hatte, stand mitten im Licht. Wie ich vermutet hatte, war der Mann Vliet. Er hatte ein Gewehr auf dem Rücken hängen und eine Schlinge in der Hand. Zweifellos hatte er meine Abfahrt von Sandtoft gesehen, das Schleusentor hochgezogen, um das Wasser abzulassen, und war mir den Ufer entlang gefolgt. Der Zufall hatte ihn begünstigt, indem er mich an einer Stelle stranden ließ, von der ich mich nicht bewegen konnte. Er musste mein Boot nur in Stücke schlagen oder es sogar unschwimmbar machen, und mein Schicksal war besiegelt. Er konnte zurückkehren, um die Schleuse zu schließen, und in wenigen Stunden würde das Wasser sowohl das Boot als auch mich bedecken. Das war ziemlich sicher, wenn er nicht mehr tat, als das Boot zu zertrümmern. Er würde versuchen, mehr zu tun, daran war ich überzeugt. Ich konnte nichts tun. Der Versuch, über den Schlamm zu kriechen, wäre ein Todesurteil gewesen. Ich musste am Boot bleiben, solange die Planken zusammenhielten, mich möglichst verstecken und kein Geräusch machen. Wenn ich kein Zeichen von mir gab, könnte er denken, ich sei entkommen oder tot.

Als ich sein Tun beobachtete, gab er mir einen Hoffnungsschimmer. Er hob eine Flasche an den Mund und kippte sie nicht hoch. Wie inbrünstig hoffte ich, dass er genug hatte, um sich zu betrinken! Seine nächste Bewegung zeigte, dass er im Augenblick keineswegs betrunken war. Er ging vom Feuer weg und blieb, wie ich annahm, oft stehen, um Steine aufzuheben. Offenbar wollte er Pulver und Kugeln so lange wie möglich sparen und seine Arbeit so leise wie möglich verrichten. Als er zum Feuer zurückkam, zündete er eine Fackel an und stieg die Böschung hinab, wobei er den Boden des Sumpfes sorgfältig betrachtete, als wollte er näher an das Boot herankommen, aber er war zu vorsichtig, um es zu wagen. Dann stieg er die Böschung hinauf und nahm seine Schleuder wieder auf. Er hatte gefunden, wo das Boot lag, denn er schaffte es, ungefähr jedes dritte Mal zu treffen. Sein Ziel war so schlecht, dass es unter anderen Umständen lächerlich gewesen wäre, aber ich hatte keine Lust zu lachen, als ein Brett nach dem anderen knackte und zersprang. Ich drehte mich um und lag mit dem Rücken zu ihm, knirschte vor Wut mit den Zähnen, weil ich so schmachvoll bekifft und so hilflos war. Schließlich, vielleicht nach einer Stunde ununterbrochenen Schießens, trat eine Pause ein, und ich drehte mich um, um meinen Feind anzusehen. Es war nur zu leicht, ihn durch die klaffenden Risse und Löcher in der Plankenverkleidung zu sehen. Er saß zwischen dem Feuer und mir, so dass jede seiner Bewegungen deutlich zu erkennen war. Wenn ich ein Gewehr gehabt hätte, hätte ich ihn erschießen können, wo immer ich wollte. Er rieb sich mit der linken Hand die rechte Schulter, als schmerze sie von der Anstrengung. Dann trank er aus seiner Flasche, die er diesmal höher hielt. Er saß so lange da, dass ich zu hoffen begann, er glaubte, er hätte mich erledigt; aber bald darauf stand er auf, nahm sein Gewehr in die Hand und bereitete sich zum Schießen vor. Ich rollte mich jetzt bis an den äußersten Rand der Bordwand, und das Wasser und der Schlamm flossen sanft auf mich zu. Das war gut so, denn Vliets Zielen mit einem Gewehr war anders als sein Zielen mit einer Schleuder. Ein Schuss nach dem anderen traf und durchlöcherte den Bretterhaufen, der einst ein Boot gewesen war, aber wie durch ein Wunder verfehlte mich ein Schuss nach dem anderen. Vliet glaubte offensichtlich, dass sich außer einem Toten niemand in dem Wrack befinden konnte, denn er begann zu singen. Niemals habe ich Musik, selbst die beste, mit mehr Vergnügen gehört, als dieser dicken, betrunkenen Stimme zuzuhören, die ein unmelodisches Lied schrie! Ich sah zu, wie er seine Flasche leerte, das Feuer verstreute und am leiser werdenden Lärm hörte, dass er nach Sandtoft zurückkehrte.

Erst als er gegangen war, merkte ich, wie kalt und nass ich war, und entdeckte, dass die Hälfte des Bootes, auf dem ich lag, im Schlamm versunken war. Zuerst dachte ich, ich hätte es mit nichts Ernsterem zu tun als mit dem Schlamm, der hereingeflossen war, als ich auf der Bootskante lag; aber als ich meine Finger tief in den Schlamm tauchte, stellte ich fest, dass die Grube mein Floß und mich langsam, aber sicher verschluckte, mit einer Geschwindigkeit von vielleicht einem Gerstenkorn pro Minute. Dessen konnte ich mir nicht sicher sein, denn ich hatte keine Gewissheit über die Zeit. Das Einzige, was sicher war, war, dass der Schlamm mich einholte. Ich fürchtete mich, mich zu bewegen, weil mein Gewicht den Untergang verschlimmern könnte; aber ich konnte nicht still im Dunkeln liegen bleiben, um unaufhörlich unter Wasser gesaugt zu werden, also rollte ich mich sehr behutsam herum und drückte die löchrigen und zerbrochenen Planken nach und nach auf die Oberfläche des Schlamms, wodurch die Seite, auf der ich vorher gelegen hatte, angehoben wurde. Wie durch ein Wunder zerbrach es nicht völlig, und ich lag eine Zeit lang darauf, bevor es vom Schlamm überschwemmt wurde, worauf ich mich vorsichtig auf die andere Seite drehte, die durch mein Gewicht angehoben worden war. Diese gab schneller nach als zuvor, hielt mich aber vielleicht zehn Minuten lang oben, und dann wiederholte ich das Ganze und setzte diese Art Wippe, glaube ich, eine Stunde oder länger fort, aber bei der siebten oder achten Drehung trennte sich mit einem lauten Knacken die eine Seite von der anderen, wobei die Bruchstelle nicht weit vom Kiel entfernt war, wie ich tastend herausfand. Für ein oder zwei Sekunden verfiel ich in Verzweiflung, erkannte aber bald, dass meine Fluchtchancen durch das Spalten des Bootes vielleicht besser waren. Ich kniete auf der weniger zerbrochenen Hälfte, spreizte meine Beine so weit ich konnte und versuchte, die andere Hälfte nach oben und nach vorne zu ziehen. Es war harte Arbeit, denn der Schlamm hielt es fest, und meine Hälfte sank mindestens einen halben Fuß ein, während ich an der anderen zog, aber schließlich hatte ich die Masse vor mir und kroch darauf. Meine Arme fühlten sich an, als wären sie halb aus ihren Gelenken gerissen worden, aber ich hatte keine Zeit zum Ausruhen. Ich musste versuchen, das Wrackstück, auf dem ich gekniet hatte, aus dem Schlamm und vor das andere zu ziehen. Das erwies sich als noch härtere Arbeit.

Bevor die Sache zu Ende war, steckte ich bis zur Mitte meiner Oberschenkel in der Grube und war fast erschöpft, aber schließlich war es geschafft, und als ich es vorwärts schob, stieß es auf ein festes Hindernis. Es war trockener Boden oder ein Baum, nicht mehr als drei Meter oder so vor mir. Diese Gewissheit gab mir die Kraft des Wahnsinns. Ich zog mich ein wenig aus dem Schlamm und warf mich mit solcher Kraft auf das Wrackstück, dass es unter meinem Gewicht so tief einsank, dass ich bis zu den Schultern im Schlamm verschluckt wurde. Aber das andere Ende meines Floßes blieb fest, und indem ich mich festklammerte, wand und zog, kam ich Zoll für Zoll aus dem Sumpf, und während ich das tat, nahm ich zu meiner unsagbaren Freude einen schwachen Schimmer der Morgendämmerung wahr. Dieser zeigte mir einen herabhängenden Birkenzweig über meinem Kopf, den ich schließlich erreichte und mich zitternd daran festklammerte, aus Angst, er könnte brechen. Er hielt, und mit seiner Hilfe gewann ich festen Boden. Ich schlang meine Arme um den Baumstamm, als wäre er ein menschlicher Freund, und lachte und schluchzte in einem Atemzug. Dann schwor ich, dass Sebastian Vliet sich mir für seinen abscheulichen Streich verantworten sollte, bevor er viele Stunden älter war. Danach fiel mir ein, Gott für meine Rettung zu danken, und ich schlief über meinem Dank ein. Ich muss eine Stunde oder länger geschlafen haben, denn die Sonne stand schon über dem Horizont, als ich kalt und zitternd aufwachte.

Es wäre ermüdend, zu erzählen, wie ich nach Hause kam, denn unterwegs passierte nichts. Ich erinnere mich jedoch noch genau an die Anstrengung, die ich für den Weg von drei bis vier Kilometern auf mich nehmen musste, denn meine Kleidung war bis auf das Hemd mit Schmutz verkrustet und meine Glieder zitterten vor Kälte und Erschöpfung.

Doch zur gewohnten Frühstückszeit hatte ich gegessen und getrunken, mich gewaschen und umgezogen und war wieder mein eigener Herr. Ich brauchte all meine Kraft, denn mein Vater kam mit unterdrückter Wut in Gesicht und Stimme ins Zimmer.

„Endlich haben Sie sich herabgelassen, mir die Ehre zu erweisen", begann er. „Sind Sie gekommen, um zu sagen, dass Sie Temple vor dem Hammer retten werden, oder dass Sie Bettelei für sich und Schande für Ihren Vater wählen? Schnell: lassen Sie mich wissen, was Sie denken."

„Wenn Sie meinen, ob ich ein Mädchen heiraten soll, das ich nicht liebe –"

Ich antwortete gerade, als es aus meinem Vater herausplatzte:

„Bah! Mach mich nicht krank mit dem Blödsinn von Theaterschauspielern. Wirst du dich wie ein Mann mit Verstand und Ehre benehmen, oder wie ein Idiot?"

„Ich werde Herrin Ryther keine Heirat anbieten", antwortete ich.

„Dann geh aus dem Haus", donnerte er, „und lass mich dein Narrengesicht nie wieder sehen, und wenn an dem Fluch eines Vaters etwas dran ist, möge es an dir hängen bleiben, solange du lebst."

In diesem Moment betrat Mr. Butharwick mit schwachem Schritt das Zimmer. Er streckte flehend seine Hände nach meinem Vater aus und sagte mit einer Stimme, die nicht seine eigene war:

„Mein verehrter Gönner, mein Freund und Wohltäter" und etwas anderes, das nicht zu unterscheiden war, denn sein Mund begann seltsam zu arbeiten. Dann taumelte er und wäre am liebsten gefallen, wenn mein Vater ihn nicht in seinen Armen aufgefangen und auf die Couch gelegt hätte.

Ich rief um Hilfe, und Bedienstete stürmten ins Zimmer, denen mein Vater den Befehl gab, einen Chirurgen zu holen, und dies, das und das andere und fügte hinzu:

„Bitten Sie Savage, den Anwalt, unverzüglich zu mir zu kommen." Dann wandte er sich an mich und sagte: „Willst du gehen, oder muss ich dich von den Dienern hinauswerfen lassen?"

Das Gesicht meines lieben alten Lehrers schaute in meine Richtung, und ich glaubte, ein Flehen in seinen Augen zu sehen, aber ich konnte nichts tun. Ich ging hinaus, verfolgt von dem gezeichneten Gesicht und den wehmütigen

Augen und dem Gesicht meines Vaters, das hart war, als wäre es in Marmor gemeißelt. Es war mein letzter Anblick von beiden.

Luke traf mich im Flur und ich bat ihn, mir in mein Zimmer zu folgen. Er hatte einen Brief für mich, den ersten, den ich von meiner Liebsten erhalten hatte, voller Mut und Freude, den ich gerade jetzt dringend brauchte. Luke erzählte mir, der Doktor sei außer sich vor Wut gewesen, als er hörte, wie seine Tochter ihre feste Entschlossenheit beteuerte, ihr Versprechen mir gegenüber zu halten, so dass sogar Martha von seinem rasenden Zorn erschrocken war. Und meine treuherzige Liebste konnte mir schreiben, um meine nörgelnde Stimmung zu stützen, wenn sie selbst in solchen Schwierigkeiten steckte! Alle hatten Vliet nicht verstanden, der versucht hatte, den Doktor zu beruhigen, indem er vorgab, dass Mistress Goel bald nachgiebiger sein würde. Ich verstand ihn gut genug. Der Schurke war überzeugt, dass er mich aus dem Weg geräumt hatte: Er sollte es bald besser wissen. Es beruhigte mein Herz ein wenig, ihm ein paar Zeilen zu schreiben, in denen ich ihn zu einem offenen Kampf mit mir herausforderte und erklärte, ich würde ihn wie ein Ungeziefer jagen, wenn er zu feige wäre, mir fair zu begegnen. Dies gab ich Luke, damit es unverzüglich in Vliets Hände gelangte.

Nachdem ich Luke von meinem Abenteuer der letzten Nacht erzählt hatte, dem er mit großen Augen und einigen gemurmelten Flüchen zuhörte, rief er:

„Von nun an, Herr Frank, werde ich Ihnen wie Ihr Schatten treu zur Seite stehen."

„Genau das wirst du nicht tun, mein guter Freund, denn ich bin ein Ausgestoßener aus dem Hause meines Vaters, und wohin ich gehen oder was ich tun soll, liegt ganz in meinem Dunkeln, außer dass ich Vliet töte, wenn er mich nicht tötet, heute oder morgen."

„Wohin du gehst, gehe ich auch", antwortete mein Mann.

"Das ist völlig unmöglich, Luke", sagte ich. "Wir müssen uns trennen, aus dem guten Grund, dass ich nicht einmal fünf Pfund auf der Welt besitze und das wird mich nicht viele Tage lang ernähren, ganz zu schweigen von einem Diener. Außerdem", fügte ich hinzu, "können Sie mir viel nützlicher sein, wenn Sie in Temple bleiben. Ich brauche vielleicht einen Freund im Haus und vor allem brauche ich einen treuen Freund, der über die Sicherheit von Mistress Goel wacht, wenn ich weit weg bin. Sie können zwischen hier und Sandtoft hin- und herfahren, und ich werde dafür sorgen, dass alles getan wird, was zwei treue Seelen für sie tun können."

Wir stritten und stritten eine ganze Weile, und Luke drängte alles, was ihm einfiel, um mich dazu zu bewegen, ihn mitzunehmen, aber ich gab nicht nach. Er nahm meine Anweisungen betrübt, um nicht zu sagen mürrisch, auf, was mit meinen Habseligkeiten geschehen sollte, von denen ich wünschte, dass er den größten Teil davon zum Pfarrhaus in Crowle mit einer Nachricht an meine Tante bringe. In diesem Moment konnte ich der lieben Dame nicht gegenübertreten oder ihre Ausrufe und Einwände ertragen, und ich hatte auch keine Lust, meinen Freund Portington zu sehen. Ich hatte beschlossen, die Zeit bis zu meinem Duell mit Vliet in Belshaw in Begleitung meines neuen Freundes zu verbringen, weil es kein herzzerreißendes Gespräch mit ihm geben konnte und weil ich auch hoffte, von ihm zu lernen, wie man sich Kapitän John Smith anschließt , was mir die wahrscheinlichste Möglichkeit erschien, meinen Lebensunterhalt zu verdienen, mit einer gewissen Chance, mir den Weg zum Glück zu ebnen. Für die paar Tage, die ich in der Gegend zu verbringen erwartete, hatte ich vor, Trueboy zu reiten und ihn anschließend zu verkaufen, um meinen Geldbeutel aufzufüllen. Nachdem diese Dinge geklärt waren, vereinbarte ich einen Ort, an dem Luke mich am nächsten Abend treffen sollte, und ging zu den Ställen. Ich hoffte, ruhig davonzukommen, aber es sollte nicht klappen. Fast alle Bediensteten im und um das Haus, bis hin zur Küchenmagd und dem jüngsten Stallknecht, hatten sich versammelt, um sich von mir zu verabschieden. Die Frauen weinten und die Männer murmelten heiser, was sie als Ermutigung meinten. Ohne Trueboy hätten sie mich entmannt. Da er sich in letzter Zeit viel zu wenig bewegt hatte, war er munter wie ein ungebrochenes Fohlen, bäumte sich auf und schlug vor lauter Freude mit den Fersen, sodass die kleine Menge sich nach rechts und links zerstreute, und ich stieg auf und ritt in vollem Galopp durch den Park , der kürzeste Schnitt nach Belshaw.

KAPITEL XIV

„Ich nehme an, Vliet wird aus der Existenz getilgt, wenn er dumm genug ist, sich mit Ihnen zu treffen, was ich bezweifle. Aber, mein Freund, Sie sind von bezaubernder Einfachheit. Wir sind kein extrem gesetzestreues Volk auf der Insel, aber es gibt einen Wapentake-Konstabler und Friedensrichter. Wäre es sehr lästig gewesen, den Holländer nach Lincoln Castle zu schicken, damit er dort auf seinen Prozess wegen versuchten Mordes wartet? Jedenfalls wäre er für eine Weile aus dem Weg gewesen, und es besteht die Möglichkeit, dass er gehängt worden wäre. Sie ziehen es vor, ihm die Gelegenheit zu geben, Sie zu erschießen oder sich eine andere Möglichkeit auszudenken, Sie zu töten, die ihm bequemer ist. Oder, wenn Sie ihn töten sollten, könnte das Gesetz gegen Sie in Gang gesetzt werden, wahrscheinlich von dem Herrn, der Sie als Schwiegersohn ablehnt. Wenn ich Sie beraten werde, werden Sie Ihren Trotz zurückziehen und Schritte unternehmen, um Mynherr Vliet ins Gefängnis zu bringen.“

So sprach mein Freund Drury, als ich ihm erzählte, wie es mir ginge. Eine Hälfte meines Geistes hielt ihn für weise, aber das löschte nicht im Geringsten meinen Wunsch, meinen Streit mit Vliet von Mann zu Mann beizulegen. Ich habe oft Dinge getan, obwohl ich die ganze Zeit wusste, dass ich ein Narr war, weil ich sie getan habe; Meine Schwierigkeit liegt nicht vielmehr darin, dass es mir an Weisheit mangelt (denn meine Freunde waren immer bereit, mich mit dem Besten zu versorgen), sondern vielmehr darin, dass ich sie nicht mag.

Während ich in Belshaw auf die Antwort auf meine Herausforderung wartete, erzählte mir mein Freund viele Einzelheiten über die Geschichte von Kapitän John Smith, den er für einen der größten Männer der Welt hielt, obwohl der Kapitän sein Cousin war.

„Er ist jetzt in London“, sagte John, „und in der Hoffnung, eine weitere Expedition zu leiten. Er wird Sie auf ein Wort ansprechen. Ein großer Kerl, der mehr Leben hat als eine Katze und dem Kämpfen mehr Spaß macht als seinen Proviant, wird passen.“ ihn zur Bewunderung.“

„Da verwechseln Sie mich tatsächlich“, protestierte ich. „Ich bin kein Freund von Schlägereien und würde alles tun, um eine solche zu vermeiden.“

„Aber nicht bis zum Haus eines Friedensrichters – was?“ antwortete John mit seinem leisen, angenehmen Lachen. „Ich habe mich gefragt, warum Sie Lord Sheffield so herzlich hassen.“

„Oh! Das ist eine sehr alte Geschichte. Sein jüngerer Bruder – neun oder zehn Jahre jünger – und ich waren Spielkameraden. Er war ein zarter kleiner Kerl und ich war ein großer, massiger Junge; aber ich war sein Knappe, fast bereit, sein Hund zu sein, teils, weil er so zart war wie ein Mädchen und teils, weil er so ein feines Gemüt hatte. Obwohl er ein Kind war, konnte er mich mit der Musik, die er seiner Geige entlockte, zum Lachen oder Weinen bringen. Was für mich die trockenste Arbeit war, war für ihn ein Spiel, und während ich langsam eine Geschichte aus Griechenland oder Rom buchstabierte, war er irgendwie hingerissen und sah alles vor seinen Augen ablaufen. Und er erzählte Geschichten, die er selbst erfunden hatte, wie ich sie nie gehört oder gelesen habe. Aber ich kann ihn nicht beschreiben. Sein älterer Bruder pflegte ihn mit der List des Teufels zu quälen. Edmund war körperlich schwach und schüchtern, aber er verachtete es, ein Feigling zu sein. Sein größter Stolz war, dass sein Vater das Hosenband für seine mutigen Heldentaten gegen die spanische Armada erhalten hatte, und er würde nicht seine eigene Angst, selbst als er kurz davor war, daran zu sterben. Sheffield übte endlos an dem Stolz und der Angst des Kindes. Ein alter Mastiff, angekettet im Hof, war so wild (ich bezweifle nicht, dass das arme Tier Schmerzen hatte), dass der Zwingermann sich fürchtete, sich mit ihm zu befassen. Eines Tages forderte Sheffield seinen kleinen Bruder auf, zu dem Hund zu gehen, und beschimpfte ihn als Feigling, wenn er es nicht täte. Edmund ging in Reichweite des Mastiffs und fiel ohnmächtig zu Boden. Der Hund war edler als der Bruder und berührte das Kind nicht. Ein anderes Mal band Sheffield ein Seil um Edmunds Körper und ließ ihn tief in den tiefsten Brunnen hinab, wobei er drohte, das Seil loszulassen, und es so schnell losließ, dass der Junge in Angst und Schrecken geriet und dachte, er hätte es getan.“

„Aber warum, um Himmels willen, wandte sich der Kleine nicht an seinen Vater?“

„Er wäre früher gestorben. Er wurde eher tot als lebendig aus dem Brunnen geholt und war danach tagelang krank, aber er verlor nie ein Wort über die Folter, der er ausgesetzt war, außer mir gegenüber.“

„Aber warum haben Sie Seine Lordschaft nicht darüber informiert, was passiert ist? Sie konnten keine Angst vor dem großen Bruder haben.“

„Ich hatte Angst vor der Verachtung meines Helden. Er hätte mich für einen Niederträchtigen, einen Verräter oder was auch immer gehalten, wenn ich Geschichten über die Grausamkeiten erzählt hätte, über die er sich selbst nicht zu beklagen vermochte. Aber die Sache hatte ein Ende, und ich schaffte es. Als ich eines Tages nach Edmund suchte, ging ich in ein Nebengebäude, wo Sheffield den kleinen Kerl auf seinem Knie festhielt, wie in einem Schraubstock, und der Dämon zwickte seinen zarten Körper mit langsamen, schraubenden Zwicken. Edmund wand sich und stöhnte. Ich dachte nicht nach, sondern schlug dem Peiniger so fest ich konnte mit der Faust auf die Wange, und im nächsten Moment gingen wir mit aller Kraft aufeinander los.

Ich war nur ein Junge von vierzehn Jahren und er ein Mann von vierundzwanzig Jahren, aber ich war groß und stark für mein Alter. Er schlug mich ziemlich oft nieder, aber ich war wie eine Katze auf den Beinen und stürzte mich wieder auf ihn, bis er, entweder aus Angst, er könnte mich töten, oder aus Angst um sich selbst, die Tür öffnete und davonrannte. Kurz darauf, als Edmund führte mich über den Hof – denn meine Augen waren so geschwollen, dass ich nichts sehen konnte –, dass der Graf uns zufällig begegnete und mir erzählen wollte, was ich getan hatte. Ohne Widerwillen beantwortete ich seine Fragen, und er hörte genug, um sich zu vergewissern, dass Edmund nicht noch mehr unter der Hand seines Bruders leiden musste. Der liebe kleine Kerl starb ein Jahr später. Ich könnte Ihnen mehr erzählen, aber wundert es Sie, dass ich Lord Sheffield hasse?"

„Nein", antwortete John. „Das wundert mich nicht. Ich neige dazu, mich zu fragen, ob er noch lebt."

„Seit Edmunds Tod hatte ich sehr wenig mit ihm zu tun. Der Earl, der früher freundlich zu mir war, schien von diesem Zeitpunkt an meinen Anblick zu meiden."

Am Nachmittag erschien Luke und grinste, als er den Raum betrat.

„Was kitzelt dich so sehr?" Ich fragte.

„Dieser Holländer", antwortete Luke und lachte laut. „War so schrullig, als hätte ich einen Bogle gesehen, als ich den Brief öffnete und Sommat in seiner eigenen Sprache sagte und fluchte. Fragte mich, als du es mir sagtest. Also sagte ich: „Heute Morgen, als ich zum Frühstück kam. Dann starrte er mich mit seinem Mund an, der so breit war wie eine Kirchentür, und ich starrte ihn so einfach an wie ein Schaf.

Wir lachten und ich öffnete Vliets Brief. Er hatte aus irgendeinem unvorstellbaren Grund auf Niederländisch geschrieben, vielleicht weil er verwirrt und verwirrt war.

Drury streckte seine Hand aus. „Ich bin mit der Zunge einigermaßen vertraut", sagte er.

Vliet nahm meine Herausforderung an und würde mich am nächsten Abend um sechs Uhr an einem Ort etwa eine Dreiviertelmeile von meiner jetzigen Unterkunft entfernt treffen, wo wir ungestört sein könnten. Er würde alleine kommen. Er wählte das Schwert als seine Waffe und schickte mir seine Länge.

Zwischen dem Eintreffen von Vliets Brief und der festgesetzten Stunde äußerte Drury von Zeit zu Zeit seine Besorgnis über einen Verrat seitens des Holländers und bat mich, nicht allein zu gehen und neben meinem Schwert eine andere Waffe zu haben, aber ich lächelte seine an Ängste. Wie ich immer wieder sagte, konnte Vliet keine Komplizen mitbringen, ohne dass ich sie im Moor sah, und ich hatte vor, gut Ausschau zu halten. Ich wollte Luke nicht mitnehmen, denn ich hatte einen anderen Anlass für seine Dienste, nämlich mit einem Brief an Anna zu gehen, in dem ich sie bat, mich am nächsten Tag zu treffen. John schüttelte den Kopf über das, was er als rücksichtslose Torheit ansah, und ich lachte umso mehr, obwohl es mir leid tat, dass er so ängstlich geworden war, weil er so lange auf der Couch gefesselt war.

Ungefähr um fünf Uhr am Sonntagabend stieg ich die Anhöhe hinter der Taverne hinauf und wartete auf Vliets Ankunft, die nicht lange auf sich warten ließ. Er kam allein in einem Kahn und soweit ich sehen konnte, ohne andere Waffen als sein Schwert. Ich hatte Pistolen in meinem Gürtel. Ich traf ihn am kleinen Kai, und nach der Begrüßung gingen wir schweigend zum Boden, ohne dass er sich zu meinen Schusswaffen äußerte.

Das Land kam mir noch nie schöner vor als an diesem stillen Augustabend. Aus dem Grün und Goldbraun des Moores ragten Hügelkämme und Inselchen hervor, purpurrot vom Leng; Gelbe und weiße Seerosen befleckten die Wasseroberfläche, und Flecken der blauen Trompeten des Enzians erhellten die Ränder des Sumpfes. Junge Enten- und Teichhühnerbrüte spielten und planschten in der Nähe des Schutzes der Schilfbeete, die sich sanft im Abendwind wiegten, und der Klang der Kirchenglocken von Belton ertönte, mal laut, mal leise, mit dem Heben und Senken der Glocken leichter Wind. „Es war weder der richtige Zeitpunkt noch der richtige Ort, um einen Mann zu töten", dachte ich, als ich die Landschaft betrachtete, aber ein Blick auf Vliet änderte mein Gefühl. Dass ich selbst getötet wurde, kam mir nie in den Sinn. Die Straße schlängelte sich nach rechts und wieder nach rechts, außer Sichtweite von Belshaw, zu einer Art natürlicher Terrasse, die zu unserem Geschäft passen würde. Über uns fiel der Boden auf der einen Seite allmählich zu einer dreißig Meter entfernten Eichenplantage ab; Unterhalb der Terrasse verlief ein scharfer Abhang, der am Rande des Moores endete.

„Das wird passieren – das wird passieren!", rief Vliet aus vollem Halse; und als ich anfing, wegen des Lärms, den er machte, zu protestieren, ritten drei Reiter rasch aus der Deckung der Plantage hervor, einer geradewegs auf uns zu und die beiden anderen in einem stärker kurvigen Kurs, als wollten sie mir den Rückzug abschneiden.

„Geben Sie nach, oder wir schießen", sagte einer von ihnen.

Ich antwortete, indem ich die Pistole aus dem Gürtel zog und auf den Bösewicht schoss, der mir diesen Hinterhalt gelegt hatte, aber ich verfehlte ihn. Dann flog ich das Ufer hinauf zu einem alten Baum, der der Plantage am nächsten lag. Wenn es mir gelang, mich dagegen zu wehren, bestand kaum eine Chance, sie alle für kurze Zeit in Schach zu halten, und das

Geräusch der Schüsse könnte mir Hilfe von Belshaw bringen. Ich erreichte den Baum, meine Verfolger waren dicht auf meinen Fersen, aber sie schossen nicht. Als ich mich zu ihnen umdrehte, rutschte mein Fuß auf einer der Wurzeln aus und ich fiel mit einiger Wucht nach hinten gegen den Baum. Mit einem lauten Knirschen gab die Rinde nach, und ich ging zurück in die Mulde, fest eingeklemmt vom Hinterteil bis zu den Knien. Bevor ich mich befreien konnte, waren die Männer über mir her. Sie entwaffneten, fesselten und knebelten mich im Handumdrehen und brachen dann in lautes Gelächter aus, weil die Gefangennahme so einfach war. Alle drei trugen kurze Mäntel mit hohem Kragen und hatten ihre Hüte bis über die Stirn gezogen, aber ich sah, dass es sich bei einem um Sheffields großen Neger handelte. Vliet legte sich hin und brüllte vor Freude und rollte sich schließlich zu mir hinüber und spuckte mir ins Gesicht. Einer der anderen gab ihm einen Tritt in die Rippen und nannte ihn mit einer Stimme, die ich nicht kannte, „Mistschwanz". Vliet sprang auf und zog sein Schwert, aber ein Knüppel traf wie ein Blitz sein Handgelenk und machte ihn für den Moment handlungsunfähig.

"Keine Zeitverschwendung mehr", sagte derjenige, der den Schlag ausgeführt hatte. "Sie, Mynherr, werden nach Norden bis nach Belton gehen und über Ihren neuen Damm nach Hause. Wenn Sie befragt werden, werden Sie sagen, dass Sie Herrn Vavasour hier getroffen haben, um mit ihm zu kämpfen, aber bevor Sie das Schwert ziehen konnten, stürmte er den Hügel hinauf und verschwand in der Plantage."

„Zuerst der Hintern", warf einer der anderen lachend ein.

Der erste Sprecher fuhr fort: „Er ist verschwunden und man konnte keine Spur von ihm finden. Es ist eine kurze Geschichte und man kann sie sich merken, selbst wenn man mit starkem Alkohol betrunken ist. Wenn Sie sich nicht daran halten, sind Sie bald tot. Und jetzt rühren Sie sich."

Als Vliet außer Hörweite war, trugen mich zwei der Männer durch die Plantage, auf deren anderer Seite die Hauptstraße verlief. Hier wartete ein vierter Mann, der einen Pferdewagen kontrollierte. Sie packten mich in den Wagen und warfen Säcke über mich. Ich hörte den Mann, der die ganze Rede geführt hatte, sagen: „Zwei in Reichweite vorn und einer hinter mir. Denken Sie daran, Sie haben nichts mit mir zu tun, wenn ich nicht zweimal pfeife." Also war der Direktor mein Wagenlenker. Nach einer Weile schüttelte das Stochern des Wagens ein Stück Sackleinen aus meinem Gesicht, und ich konnte den Fahrer sehen, der seiner Kleidung nach ein einfacher Arbeiter war, mit einem Saum aus struppigem Bart um das ganze Gesicht. Er saß schlaff nach vorn gebeugt da und starrte ausdruckslos vor sich hin, so dumm wie jeder Flegel auf der Insel. Als wir durch Epworth rumpelten, sprach ihn jemand an.

„Sonntagseinkauf! Was musst du dorthin?"

„Nein, aber ein halb toter Mann von Keadby für Doktor Hoggatt", war die Antwort. „Ich würde Abstand halten, wenn ich dich befürchte, denn Gerüche könnten dich plagen."

Der Hinweis reichte aus, um den Fragesteller schnell abzuschrecken.

Als wir Epworth passiert hatten, ratterten wir schneller voran und erreichten nach einer halben Stunde die Tore zum Gelände des Melwood Priory, einem Haus, das seit der Vertreibung der Kartäuser viele Mieter gehabt hatte, und alle hatten Pech. Es stand nun seit zehn oder zwölf Jahren unbewohnt, verfiel und man glaubte, der Geist von Matthew Meekness, dem letzten Lord Prior, spuke darin. Nur wenige Menschen wagten es, das Gelände allein zu betreten, selbst tagsüber, und noch weniger wagten es, es nachts zu betreten. Meine Führer hatten für das Verbrechen, das sie im Auge hatten, einen sehr sicheren Ort als Versteck gewählt. Wir betraten die Allee, oder besser gesagt das, was eine gewesen war, denn alle Bäume waren vor langer Zeit gefällt worden, und der Karren holperte und ruckelte die ungepflegte Straße entlang, bis er am Haupteingang zum Stehen kam. Meine Entführer zogen mich aus dem Karren, trugen mich hinein und einige Stufen hinunter in eine große, gewölbte Kammer, die, wie ich im Licht eines Holzfeuers im Kamin sah, Anzeichen von Belegung aufwies, wie einen Tisch, einen Stuhl, mehrere Hocker, ein grobes Sofa, Töpfe und Pfannen auf einem Regal und anderen Krimskrams. Hier legten sie mich auf den Boden und ließen mich zurück. Ich hörte ein Kommen und Gehen, Türenschlagen, Gelächter und nahm an, dass meine Entführer ihre Geschichte ihren Kameraden erzählten, aber ich konnte nicht denken. Mein Kopf pochte furchtbar und meine Glieder waren verkrampft und zerschnitten von den Seilen, mit denen ich gefesselt war. Nach einer Weile kam der Kutscher des Karrens herein, begleitet vom Mohren, der eine Lampe trug, die er auf den Tisch stellte. Der Kutscher kniete neben mir nieder. Sein Bartkranz war verschwunden und ich erkannte ihn. Es war Boswell. Er nahm mir den Knebel aus dem Mund und sagte:

„Vielleicht muss ich Ihnen nicht sagen, wo Sie sind, Mr. Vavasour – im untersten Stockwerk des Melwood Priory. Es gibt nur eine Tür, durch die Sie hinauskommen könnten, und sie ist verriegelt und gut bewacht. Sechs Männer stehen auf meinen Ruf, jeder gut bewaffnet. Widerstand ist aussichtslos und kann nur damit enden, dass Sie kahlgeschoren werden. Ich werde Ihre Seile durchschneiden und hoffe um Ihretwillen, dass Sie nicht versuchen werden, irgendwelche Streiche zu spielen."

Ich gab keine Antwort, aber er ließ mich los und reichte mir den einen Stuhl. Meine Glieder waren so taub, dass ich etwas tun musste, um aufzustehen und mich hinzusetzen.

„Jetzt", sagte Boswell, „gib mir das Bündel, Musty." Der Neger holte es aus einer Ecke hervor. „Ich will deine Kleider, die du bis auf das Hemd ausziehen musst, und diese hier anziehen. Lass deine Taschen, wie sie sind."

Ich gehorchte, denn ich sah, dass die Chancen zu groß waren, um mit dem Kerl zu streiten, aber ich schaffte es, meinen Liebesbeweis, den ich um den Hals trug, zu verstecken und aufzubewahren. Die Kleidung, die ich anstelle meiner eigenen bekam, war sauber und anständig, aber aus dem einfachsten, selbstgesponnenen Material.

„Gibst du mir dein Wort, keinen Fluchtversuch zu unternehmen?" fragte Boswell. „Wenn ja, werde ich dir diese Dinge ersparen" – Handschellen und Fesseln unter der Couch hervorholen.

„Ich werde keinerlei Versprechen geben", antwortete ich.

„Wie ich erwartet hatte", erwiderte er; und begann damit, die Fesseln an meinen Handgelenken und Knöcheln zu befestigen.

Sowohl Handschellen als auch Fesseln waren durch eine kurze, starke Kette verbunden. So gefesselt, war ich dem schwächsten Mann, der seine Gliedmaßen gebrauchen konnte, hilflos ausgeliefert, und Boswell lächelte grimmig, als er bemerkte, wie ungeschickt ich mich bewegte.

Eine Woche meiner Gefangenschaft verging ohne Ereignisse. Einmal am Tag, normalerweise am frühen Morgen, erschien Boswell oder der Mohr und brachte mir Essen, Wasser und Brennmaterial in Reichweite. Wenn sie gegangen waren, konnte ich mich im Korridor und in den Räumen oder Zellen, die darauf führten, frei bewegen und schlurfte mit einem Scheit des Feuers in der Hand umher – die Lampe war weggetragen worden – und versuchte ziemlich verzweifelt, einen Ausgang zu finden oder etwas, das man zu einem machen könnte; aber es gab nicht einmal einen Spalt, durch den Tageslicht hätte dringen können, und der Boden war überall aus massivem Stein. Die Tür am Ende des Korridors war dick und schwer und mit Eisenbändern verstärkt. Ich hämmerte stundenlang dagegen und schrie und brüllte so laut ich konnte, in der Hoffnung, dass jemand in Hörweite kommen könnte. Ich suchte in jedem Winkel nach einer Feile oder etwas, das als Feile dienen könnte, aber vergebens. Ich versuchte, meine Fesseln durch Zerren und Zerren zu lösen, aber das einzige Ergebnis war, dass ich mich verletzte. Als ich für solche Bemühungen zu viel zu tun hatte und des Herumschleichens und Schnüffelns müde war, versuchte ich zu erraten, was die Absichten meiner Gefängniswärter waren und was meine Freunde für mich tun könnten, aber ich fand dadurch wenig Erleuchtung oder Trost. Ich dachte, mein Vater würde wahrscheinlich wenig darauf achten, was Luke ihm sagen würde; er könnte sogar glauben, ich würde mich irgendwo verstecken. Wenn mein Mann zu Dick Portington ginge, würde man vielleicht nach mir suchen, aber natürlich würde man Vliet nachgehen, und wenn er bei der Geschichte blieb, die Boswell ihm in den Mund gelegt hatte, würde mir nichts von Vorteil sein. Ich wurde rasend, wenn ich mir Annas Verwirrung und Not vorstellte; aber nach einer kurzen Woche verfiel ich in eine Art Lethargie, die ab und zu von Wutanfällen unterbrochen wurde – hilfloser, törichter Wut. Obwohl ich an Freiheit, Licht, Luft, Bewegung und gutes Essen gewöhnt war, wirkte sich die Gefangenschaft im Dunkeln stark auf meine Gesundheit und meine Stimmung aus. Wenn mein Gefängniswärter mir kein Feuer gegeben hätte, hätte ich wohl den Verstand verloren. Es war tatsächlich ein Freund für mich.

Am achten Tag stattete mir Boswell am Abend einen Besuch ab und brachte mir viel bessere Kost als in der Woche. Er wurde von mehreren Männern begleitet, die meinen Kerker nicht betraten, sondern sich in der Kammer neben meinem vergnügten. Er deckte den Tisch mit anständigem Essen und holte eine Flasche Wein hervor, wobei der schwarze Mann die ganze Zeit über den einen oder anderen Auftrag erledigte und beide bewaffnet waren. Als das Abendessen serviert wurde, nahm Boswell meine Handschellen und Fesseln ab und lud mich zum Essen und Trinken ein. und ich näherte mich dem Tisch und dachte, während ich das Messer in meine nun freie Hand nahm, dass der beste Nutzen, den ich daraus ziehen könnte, darin bestehen würde, dem Kerl die Kehle durchzuschneiden; aber da mir Fleisch und Wein besser schmeckten, beschloss ich, bis nach dem Abendessen zu warten. Er lächelte, als hätte er meine Gedanken gelesen, und rief: „Hal, Pete, Robin, habt ihr eure Werkzeuge zur Hand?" Aber er verstand meine Meinung nicht ganz, nämlich dass es eine gute Sache wäre, ihm ein Ende zu bereiten, was auch immer mir danach passieren würde. Als ich mit dem Essen fertig war, sagte Boswell:

„Ich habe Ihnen ein Angebot zu machen, das ich Ihnen nicht noch einmal machen werde, wenn Sie es ablehnen. Wenn Sie sich in meine Hände begeben, werde ich dafür sorgen, dass Sie aus diesem Land gebracht werden und mit genügend Geld in Ihrer Börse freigelassen werden, um sich wie ein Gentleman auszustatten."

„Gehört es zu Ihren Bedingungen, dass ich niemanden sehe, mit niemandem spreche und ohne das Wissen meiner Freunde verschwinde?", fragte ich.

"Ganz gewiss."

„Dann lehne ich Ihr Angebot ab."

„Überlegen Sie es sich gut", antwortete er. „Sie werden verschwinden, ob Sie nun annehmen oder ablehnen. Sie sind bereits verschwunden. Wenn Sie meinem Vorschlag zustimmen, werden Sie frei sein und eine gut gefüllte Börse haben. Sie werden einige tausend Meilen von England entfernt sein, aber Ihrer Rückkehr wird nichts im Wege stehen, wenn Sie zurückkehren möchten."

„Und was passiert mit mir, wenn ich ablehne?"

„Sie werden sich weit weg von zu Hause und Ihren Freunden wiederfinden, mittellos, hilflos, ein hoffnungsloser Sklave."

„Warum machen Sie sich so viel Mühe, mich loszuwerden? Warum töten Sie mich nicht hier?"

„Gute Frage", sagte Boswell. „Wenn man meinen Rat befolgt hätte, wäre man unter diesen Steinen begraben."

„Ich bin Ihnen für Ihre Freundlichkeit zu Dank verpflichtet", bemerkte ich.

„Das können Sie vielleicht glauben", antwortete Boswell. „Mein Gönner will eine umfassendere Rache, als Ihr Tod es wäre."

„Rache!", rief ich.

„Er hat viel zu erzählen (zugegebenermaßen in seinem Rausch) darüber, wie Sie die Zuneigung eines Bruders gestohlen, Streit zwischen ihm und seinem Vater angefacht und ihm Freunde entfremdet haben. Wenn die Hälfte davon wahr ist, ist es kein Wunder, dass er Sie hasst."

Ich saß eine Weile sprachlos und erstaunt da, denn ich war zu jung, um zu wissen, zu welchen Lügen die Menschen fähig sind und dass sie sogar sich selbst so etwas wie den Glauben an die Wahrheit ihrer Lügen vorgaukeln.

„Ich sage", fuhr Boswell wie zu sich selbst fort, „dass Rache teuer ist und der Tod den vollen Preis zahlt."

„Aber wie würde mein Umzug in ein fernes Land Sheffield zufriedenstellen, wenn er nach Rache brennt?", fragte ich.

„Das habe ich nicht gesagt. Das Angebot stammt von mir", antwortete er.

„Oh, du würdest deinem Gönner gegenüber falsch spielen und so tun, als hättest du mich in die hoffnungslose Sklaverei entführt, von der du sprichst, mich aber freigelassen hast, als wir weit genug entfernt waren? Ist das dein Plan? Und wozu stehst du? Gewinn dadurch?"

„Ihre Kaution für fünfhundert Pfund."

„Was, wie Sie zweifellos wissen, absolut nichts wert wäre."

"Wenn ich bereit bin, das Risiko einzugehen, ist das meine Sache. Hören Sie, Mr. Vavasour, ich werde offen mit Ihnen sein. Ich hege keinen Groll gegen Sie und auch keine große Vorliebe für dieses Geschäft, da ich nur des Geldes wegen dabei bin, das damit zu verdienen ist — und Geld muss ich haben.

Wenn Sie meinen Bedingungen zustimmen, ist Lord Sheffield Sie für sechs oder neun Monate oder vielleicht auch ein Jahr los. Ich vertraue ihm, dass er sein Geld wert ist. Aber Sie kehren gesund und munter zurück, und das ist auch Ihr Geld wert. Nein, hören Sie mich an. Wenn Sie mein Angebot ablehnen, wird Frank Vavasour tot und begraben sein und eine Weile von seinen Freunden betrauert werden; und selbst wenn Sie es schaffen sollten, nach England zurückzukehren, wird niemand – nicht einmal Ihr nächster Verwandter – glauben, dass Sie er sind."

„Pah! Würden Sie mir einreden, dass Sie der Satan selbst sind und solche Wunder vollbringen? Und wenn das so ist, dann schließe ich keinen Pakt mit dem Teufel.“

Ich sprach kühner, als mein inneres Gefühl rechtfertigte, denn ich begann, den Mann zu fürchten. Er nahm es, wie es schien, nicht übel, sondern antwortete:

„Schlaf drüber. Die Nacht ist ein guter Ratgeber.“

Einen Moment später fragte er, ob ich mehr Wein wünschte, und nahm die Flasche.

„Wie ich sehe, hast du das noch nicht geleert.“

Er stellte eine Flasche und einen Becher neben mich, verriegelte die Tür zum Korridor und gesellte sich zu seinen Kameraden in die nächste Kammer, die seine Anwesenheit offenbar in Schach hielt, denn ihre Gespräche und ihr Lachen wurden gedämpft. Ich trank den Rest meines Weins und begann, im Raum auf und ab zu gehen, um Boswells Absichten zu ergründen. konnte aber nichts aus seinen seltsamen Drohungen machen und neigte dazu, seine geheimnisvolle Sprache für bloße Zigeuner-Rodomontade zu halten. Nach kurzer Zeit wurde ich extrem schläfrig und warf mich auf die Couch. Da ich keine Fesseln hatte, konnte ich mich entspannt ausstrecken und schlief bald ein.

Kapitel XV

Im Schlaf träumte ich davon, was passierte, als ich ergriffen und weggetragen wurde. Wieder rannte ich den Hang hinauf, wieder stieß ich mit dem Rücken gegen den Baum, wieder fiel ich durch die nachgebende Rinde, wieder fesselten mich meine Häscher und warfen mich in den Karren.

Als ich aufwachte, war ich noch fester gefesselt als zuvor. Meine Arme wurden von einem Sack an meinen Seiten gehalten und meine Beine waren an einer Stange festgebunden. Mein Kopf war festgeklammert, ich wusste nicht wie. Ich konnte meine Lippen und meine Augen bewegen; ansonsten war ich wie ein Mann aus Holz. Auf einem Mauervorsprung stand eine Lampe, so dass ihr Licht voll auf mein Gesicht schien, und Boswell beugte sich mit einem Messer in der Hand über mich. Meine Wange war nass, und ein Brennen dort sagte mir, dass die Feuchtigkeit Blut war. Wozu könnte der Mann mir das Gesicht aufschneiden, fragte ich mich, benommen und noch nicht aus meinem Traum erwacht. Bevor ich ganz zu mir gekommen war, hatte er zwei Schlitze in meine Nase gemacht und sie zur Seite gedrückt. Daraufhin schrie ich, nicht so sehr vor Schmerz, sondern vor Angst, und damit kam ich ziemlich gut wieder zu Sinnen.

„Was hat dein Teufelsspiel denn jetzt vor?", fragte ich mühsam, denn das Blut lief mir in den Mund.

Boswell gab mir keine Antwort, sondern setzte seine Operation fort. Er legte sein Messer nieder, ließ meinen Kopf los, zog aus seiner Tasche einen schmalen Stoffstreifen und band ihn fest um meine Nase, wobei er sie grausam quetschte. Ich konnte jetzt nicht sprechen, da ich fast erstickte, weil meine Nase durch den Verband und mein Mund durch Blut verstopft war. Nachdem er sich seine Operation gründlich angesehen hatte, stopfte und zündete Boswell seine Pfeife an und setzte sich hin, um seinen Tabak in vollen Zügen zu genießen. Während er dasaß und Rauch durch seine Nasenlöcher paffte, kam ich etwas zu mir und merkte, dass ich von einer Droge überwältigt worden war, die mit dem Wein vermischt war, den ich getrunken hatte, aber was die Absicht des Schurken war, als er mir das Gesicht aufschlitzte, konnte ich nicht erraten. Mein erster Gedanke war, dass es vielleicht die Absicht war, mich in Annas Augen hässlich aussehen zu lassen.

Während ich schwindlig grübelnd dalag, rauchte Boswell seine Pfeife zu Ende und legte sie hin, um seine Arbeit fortzusetzen. Er führte eine Kordel mehrere Male um meinen Körper, knapp über und unter meinen Ellbogen, und verknotete sie fest. Dann schlitzte er den Sack auf, riss mein Hemd auf, legte meine Brust frei, nahm eine Nadel und einen kleinen Topf vom Tisch und begann, mir in die Brust zu stechen, wobei er die Nadelspitze oft in den

Topf tauchte. Das Stechen war schlimmer zu ertragen als das Schneiden mit dem Messer, aber ich schrie nicht auf, da ich wusste, dass es nutzlos war. So lag ich still und zitternd unter dem Tupfen der Nadel, was mir furchtbar lange vorkam, während er eine Art Muster auf meine Brust malte. Schließlich war es zu Ende, und als Boswell sein Werk begutachtet und hier und da eine Note hinzugefügt hatte, legte er seine Werkzeuge nieder, füllte seine Pfeife nach, erfrischte sich an einer Flasche und setzte sich mit der Miene eines Menschen hin, der mit seiner Leistung sehr zufrieden ist.

Ich hielt es für klar, dass dieses Geschäft mit Messer und Nadel dazu gedacht war, mir eine täuschende Ähnlichkeit mit einem anderen Mann zu verschaffen, aller Wahrscheinlichkeit nach einem Bootsmann oder Seemann, denn solche Kerle hatten die Angewohnheit, auf Brust oder Arm eingeprägte Figuren und Buchstaben zu tragen. Der Mann, in dessen Ebenbild ich verwandelt werden sollte, hatte vermutlich eine gebrochene Nase und eine Narbe auf der Wange. Aber ich konnte mir nicht vorstellen, dass diese Markierung und Verstümmelung viel nützen würde, solange ich meine Zunge benutzen konnte. Dennoch muss Boswell darüber nachgedacht haben. Er muss darüber nachgedacht haben, wie einfach es für mich wäre, zu erklären, wer ich bin und meine Identität nachzuweisen. Muss er nicht auf ein so bestimmtes Ereignis vorbereitet sein? Mir kamen Geschichten in den Sinn, die ich vom Verschwinden von Personen gehört hatte, die zwischen anderen und einem großen Erbe standen, und von der Entführung von Personen, die unbequeme Zeugen gegen Männer von Rang und Macht sein könnten. Einige dieser Geschichten führten dazu, dass in späteren Jahren solche Personen entdeckt wurden, die durch die Kunst und das Handwerk der Zigeuner blind oder stumm gemacht oder zum Idioten reduziert wurden. Ich hatte bei diesen Kamingeschichten über die Bauernschaft gelächelt, aber als ich an diesem neunten Tag meiner Gefangenschaft nur wenige Meilen von zu Hause entfernt hilflos gefesselt lag und unter den von Zigeunerwerkzeugen verursachten Wunden schmerzte und schmerzte, wurde ich immer leichtgläubiger. Boswell könnte mir durch einen Messerstich oder sogar durch einen Nadelstich das Sehvermögen, die Sprache oder die Kraft nehmen. Wie ich über die Warnungen von Bess gelacht hatte! Aber das Ereignis hatte sie mehr als gerechtfertigt. Nun, was auch immer kommen mag, für mich gab es nur einen Weg: den Mann zu spielen und auf Gott zu vertrauen, wie ich es mir bis zum Ende geschworen hatte.

Es ist nicht nötig, die Einzelheiten der nächsten Tage näher zu beschreiben. Boswell kümmerte sich eine Woche lang intensiv um mich, behandelte meine Wunden mit Salbe und zwang mich, eine Menge eines abscheulichen Suds zu trinken. Von Zeit zu Zeit lockerte er meine Fesseln, achtete aber genau darauf, dass ich meine Waffen nicht benutzen konnte, während ich auf jede Gelegenheit lauerte.

Am sechzehnten Tag meiner Gefangenschaft erschien Sheffields Neger am Tatort und brachte meinem Gefängniswärter offenbar beunruhigende Neuigkeiten. Er trug einen Korb in das angrenzende Zimmer, und dort unterhielten sich die beiden in einer Sprache, die ich nicht verstand, aber aus dem Ton ihrer Stimmen konnte ich schließen, dass sie es eilig hatten und verwirrt waren. Mal ging das eine und mal das andere aus, und einmal hörte ich über mir ein lautes Krachen. Schließlich brachte der Neger eine Eisenkugel von fünfzig oder sechzig Pfund Gewicht herein, die mit einer Stange und einer Kette an einem Ring befestigt war, den Boswell an meinem rechten Knöchel befestigte und mich andernfalls völlig freiließ. Als das geschehen war, hielten die beiden ihre Augen auf mich gerichtet und ihre Waffen griffbereit, aber ich war nicht so tollkühn, sie anzugreifen. In Wahrheit hatte ich eine große Hoffnung geweckt, dass sie mich eine Zeit lang in Ruhe lassen wollten, und ich wartete ab, ob sie mir die Mittel zur Befreiung entziehen würden. Nachdem zwischen ihnen viel Geschwafel ausgetauscht worden war und der Maure auf Boswells Befehl verschiedene Besorgungen erledigt hatte, gingen beide zusammen hinaus und verriegelten die Tür im Korridor und dann die Außentür hinter sich.

Ich nahm den Ball, den ich in der Armbeuge tragen konnte, zündete eine Lampe an, die auf dem Tisch gelassen worden war, und machte einen Rundgang zur Besichtigung, froh darüber, mich bewegen zu können, da meine Glieder steif und schwach waren lange Einschränkung. Wie ich es mir vorgestellt hatte, hatte der Neger einen Vorrat an Lebensmitteln mitgebracht. Ich fand Brot, Pökelfleisch, Zunge, ein paar Pasteten, mehrere Flaschen Burgunder, ein Glas Aqua Vitae, aber kein Wasser. Aber ich hatte keine großen Bedenken hinsichtlich Fleisch und Getränken. Es entsprach eher meinem Zweck, dass es acht mittelgroße Reisigbündel, einen Haufen Rasen und ein Dutzend größere Baumstämme gab. Diese würden ausreichen. Ich schrie vor Freude, als ich ein kleines Beil fand, wurde aber bei der Suche nach Öl enttäuscht: Das Glas war leer. Nach meinem Überblick machte ich das Feuer an und legte meine Eisenkugel hinten hinein, damit die Glieder der Kette, die die Kugel und die Stange verbindet, den vollen Nutzen aus der Hitze ziehen konnten, und sobald eines rot wurde, begann ich öffnete es mit der Spitze des Beils. Das Feuer hatte mich von einem Gewicht befreit und mich mit einer Rakete ausgestattet, die, wenn sie richtig geworfen wurde, einen Feind außer Gefecht setzen würde. Ich hatte keine Möglichkeit, mich von der Bar zu befreien, auch wenn sie mir bei meinem nächsten Versuch, den Schornstein zu erkunden, im Weg stehen würde. Ich entfernte das Feuer aus dem Herd und ließ es in der Mitte des Fußbodens gut lodern, bevor ich mich an den Schornstein versuchte, denn auf das Feuer war ich nun in erster Linie angewiesen, um befreit zu werden.

Beim Klettern wirbelte so viel Ruß herunter, dass ich fast erstickte und erstickte, und ein Stück weiter oben stellte ich fest, dass der Rauchabzug so eng war, dass ein Mann meiner Statur und Größe keine Hoffnung auf Flucht in diese Richtung hatte. Also entzündete ich das Feuer im Herd wieder und begann mein zweites Unterfangen. Ich häufte Torf und Stöcke vor die Tür des Korridors auf der Seite, an der sie angeschlagen war, und zündete den Haufen an. Die Flammen leckten bald an der Tür, aber sie schwärzten sie nur, denn sie war hart und massiv und außerdem, wie gesagt, durch Eisenbänder geschützt. Es würde wahrscheinlich langsamer gehen, als ich erwartet hatte, und da die Zeit kostbar war, suchte ich nach Mitteln, um den Vorgang zu beschleunigen. Auf dem Herd in meinem Verlies lag ein kleiner Schürhaken, den ich glühend heiß machte und versuchte, damit Löcher in den oberen Teil der Tür zu bohren, aber der Schürhaken war dünn und die Tür war dick und stämmig. Die Stange, die an meinem Knöchel schleifte, wäre brauchbarer gewesen, aber ich konnte keine der Verbindungen lösen, die sie mit der Fessel verbanden. Während ich meinen kleinen Schürhaken wieder aufwärmte, hackte ich mit der Axt auf die Tür ein, und als meine Hände sehr wund wurden, variierte ich meine Beschäftigung, indem ich die Kugel gegen die Stelle schleuderte, wo ich gehackt und gebohrt hatte.

Wie lange ich mit der Arbeit verbrachte, kann ich nicht sagen, aber ich hatte mehr als die Hälfte meines Brennstoffvorrats verbraucht, als das Feuer richtig ausbrach. Als ich sah, dass die Tür zu brennen begann, wandte ich mich ab, damit ich in meiner Ungeduld nicht in Versuchung geriet, mich einzumischen und so die Arbeit zu behindern. Ich zwang mich, ein paar Bissen zu essen und ein wenig Wein zu trinken, bevor ich zurückkehrte. Wie groß war meine Freude, als ich sah, dass sich das untere Scharniereisen ein wenig vom Holzwerk gelöst hatte! Ich warf mich mit aller Kraft gegen die Tür. Sie gab ein wenig nach, und beim vierten oder fünften Ansturm gab sie vollständig nach, und ich hatte die erste Barriere überwunden.

Ich beeilte mich, das restliche Brennmaterial vor die Außentür zu häufen und schüttete den Inhalt des Glases mit Aquavit über den Haufen. Das lodernde Feuer fraß das Holz fast sofort, ganz und gar, entgegen meiner Erwartung; aber ich nehme an, es war verwittert und vielleicht wurmstichig. Jedenfalls war es in weniger als der Hälfte der Zeit entzündet, die für das andere Feuer benötigt wurde. Für einige Augenblicke waren meine Augen von dem plötzlichen Licht geblendet, aber sie erholten sich schnell, und ich stand vor meinem Gefängnis, sog die reine, süße Luft ein und betrachtete die grüne Erde und den blauen Himmel mit einer solchen Freude, die nur diejenigen verstehen können, die sie so lange nicht sehen konnten wie ich – und sie an einem wolkenlosen Septembermorgen wiedererlangten. Ich hatte nie gewusst, wie schön all die Dinge sind, die Gott geschaffen hat. Sogar die Wildnis aus gebogenen und verdrehten Brombeersträuchern, die um den Ort wuchsen, war entzückend für meine Augen, und ich bewunderte mit einer seltsamen Zärtlichkeit die Meisen, die auf der Suche nach den reifsten Früchten um die Büsche schwärmten und flatterten. Von diesem Tag an habe ich nie wieder einen eingesperrten Vogel angesehen, ohne den Wunsch zu verspüren, ihn freizulassen. Eine Weile stand ich da und schaute mich in einer Art Ekstase um, aber bald fiel mir ein, dass ich mich bewegen musste, wenn ich meine neu gewonnene Freiheit behalten wollte. Ich hielt es im Großen und Ganzen für das Sicherste, auf der Hauptstraße zu bleiben, die durch Epworth führte, wo ich mich von meinen Fesseln befreien und Informationen sammeln konnte. Ich traf nur wenige Leute, eine kleine Gruppe von Arbeitern, einen Jungen auf einem Pferd, einen Hausierer, der seinen Rucksack trug, aber niemand grüßte mich, und alle blieben stehen, um zu schauen, als sie ein Stück an mir vorbeigegangen waren. Als ich zum Bull kam, ging ich in die Schmiede – Johnson, der das Gasthaus betrieb, war Schmied – und bat ihn, die Stange und die Kette zu entfernen. Er und sein Mann behielten ihre Hämmer und starrten einfach nur.

„Kommen Sie, starren Sie nicht so, mein Mann, aber weg mit dem Ding, schnell“, sagte ich ungeduldig.

„Und wer sind Sie?“, fragte er. „Mylord Dirt, von Dunghill Hall?“

„Das ist ein armer Irrer, der aus dem Irrenhaus entkommen ist“, knurrte der andere.

Jetzt erinnerte ich mich an meine schiefe Nase und mein vernarbtes Gesicht, die ich für den Moment vergessen hatte; und ich erinnerte mich auch daran, dass ein Kopf und ein Gesicht, die seit mehr als einer Nacht nicht mit Wasser in Berührung gekommen waren und kürzlich in einen Kamin gesteckt und über brennenden Reisigbündeln gegrillt worden waren, sicherlich kein einnehmendes Aussehen haben würden; ebenso wenig würde meine grobe Kleidung, zerrissen und besudelt und mit Blut und anderen Flüssigkeiten befleckt, mir das Aussehen eines Gentleman verleihen, dessen Befehle sofortige Befolgung verdienten. Zweifellos ließ mich die Erinnerung an diese Dinge einen Moment zögern, aber ich antwortete:

„Ich bin Frank Vavasour.“

„Das ist ein krasser Lügner!“, keuchte Johnson.

„Das ist ein armer Irrer“, sagte sein Diener. „Sonst würde er nicht den Namen eines Toten annehmen.“

„Tot! Was meinst du, Kumpel?“, fragte ich.

„Ich meine, was ich sage", antwortete er. „Jeder weiß, dass Meister Frank Vavasour tot und begraben ist."

Mir schwirrte der Kopf, und ich lehnte mich an die Wand, um mich zu stabilisieren. Der Schmied und sein Diener flüsterten miteinander.

„Kennen Sie Einzelheiten über diesen vorgetäuschten Tod?" fragte ich schließlich.

„Einzelheiten? Das glaube ich", antwortete Johnson und nickte seinem Mann zu, der hinausging. „Die Leiche des jungen Herrn wurde letzten Sonntag vor einer Woche im Teich im Belgrave Park gefunden, erschreckend entstellt, denn die Aale waren in seinem Gesicht gewesen, aber er wurde bei der gerichtlichen Untersuchung von seinem Diener und seinem eigenen Vater vereidigt. Seine Freunde hatten es getan." Ich habe mehr als eine Woche lang überall nach ihm gesucht, als sie den Pool geschleppt haben.

Der Wirt hielt daraufhin inne.

„Mach weiter", sagte ich heiser. Also hatte Boswells Handwerk einem anderen Mann meine Kleidung angezogen und sein Gesicht verstümmelt.

„Bei der gerichtlichen Untersuchung erzählte Luke Barnby, der Leibdiener des jungen Gutsherrn, wie einer der Holländer versucht hatte, seinem Herrn das Leben zu nehmen, und wie Meister Frank am Sonntag, dem Sonntag vor demjenigen, der ihn getötet hatte, loszog, um gegen den Holländer zu kämpfen wurde gefunden und seitdem nie wieder gesehen oder gehört. Daher wurde der Befehl erteilt, den Niederländer zu verhaften, und sie nahmen ihn fest.

Wieder hielt der Erzähler inne.

„Nun, was kommt als nächstes?" Ich fragte.

„Sie haben ihn mitgenommen", wiederholte Johnson, „aber sie haben ihn nicht lange behalten. Einige der Leute aus Belton und Beltoft gingen nachts, um den Mörder in Stücke zu reißen, und sogar einige der Zigeuner waren schon so lange dort , schloss sich ihnen an. Sie brachen in das Nebengebäude von Squire Stovin ein, wo er eingesperrt war, aber irgendwie entkam er.

Welchen einfacheren Trick hätte es geben können? Die Zigeuner hatten den Rest in der Dunkelheit getäuscht und Vliet aus der Gefahrenzone geschmuggelt.

Die heftige Wut gegen meine Verfolger brachte mir den Verstand zurück, den ich in meiner ersten Bestürzung verloren hatte.

„Das alles, was Sie mir erzählt haben, ist eine Ansammlung von Lügen. Ich meine nicht, dass Sie gelogen haben", fügte ich hinzu und bemerkte die Hitze im Gesicht des Mannes, „aber es ist eine teuflische Verschwörung. Ein anderer Mann wurde unter meinen Füßen begraben." Name – ein Mann, der in meine Kleidung gekleidet war und dessen Gesichtszüge auf listige Weise ausgelöscht wurden, und der in den Gewölben des Melwood Priory gefangen gehalten wurde, während diese Teufelei es tat Sagen Sie Ihren Leuten, sie sollen mir Stift, Tinte und Papier besorgen. Halten Sie einen Jungen bereit, der nach Temple Belwood fährt, und einen anderen, der nach Tudworth Hall geht.

„Und wer soll bezahlen, mein Junge? Die Herrin verlangt einen hohen Preis dafür, jemandem wie Ihnen ein Zimmer zu vermieten. Ich schicke weder Pferd noch Mann durchs Land, bis ich die Farbe Ihres Geldes gesehen habe. Heute zahlen und morgen darauf vertrauen ist mein Motto."

„Das wird keine Schwierigkeiten bereiten. Meine Freunde werden –"

"Nein, das geht nicht, mein Freund", sagte mein Wirt. "Schauen Sie, im Hof ist eine Pumpe. Dort können Sie sich waschen, willkommen sein und dann auf Schusters Rappen Ihre eigenen Besorgungen machen."

Da ich sah, dass ich nur Zeit verschwenden würde, wenn ich zögerte, ließ ich mich von dem Kerl von der Fußfessel befreien, ging zur Pumpe und reinigte, so gut ich konnte, mein Gesicht und meine Hände und zog meine Kleidung etwas anständiger an. Als ich mein eigenes Bild im Wasser sah, wunderte ich mich nicht mehr, dass meine Geschichte unglaublich erschien, denn ich konnte meinen eigenen Augen kaum trauen. Die abgeflachte und verdrehte Nase und die Narbe quer über meiner Wange verliehen mir ein schlichtweg schurkisches Aussehen.

Je schneller ich mich unter denen befinde, die mich kannten, desto besser, dachte ich, und eilte mit einem kurzen „Guten Tag" zu meinem Gastgeber, der an der Tür der Schmiede stand, starrte und sich am Kopf kratzte, als sei er etwas ratlos.

Ich ging direkt zum Temple Belwood, wo ich Luke finden könnte. Ich hatte auch nicht die geringste Hoffnung, dass mein Vater zu einer Versöhnung mit seinem Sohn bereit wäre, der von den Toten auferstanden war. Als ich an der Kirche von Belton vorbeikam, fiel mein Blick auf eine Frau, die mit dem Rücken zu mir auf einem flachen Grabstein saß. Ihre Gestalt und Haltung erinnerten mich an Bess Boswell, und ich betrat den Hof, um sie mir genauer anzusehen. Als sie meine Schritte hörte, drehte sie sich um, und ich sah, dass es das Zigeunermädchen war. Ihr Gesicht war tränenüberströmt und kummervoll.

„Ulceby!", rief sie. „Du hier! Weißt du, dass hier Soldaten sind?"

„Das ist nicht mein Name", antwortete ich. „Kennen Sie mich nicht, Bess?"

Sie erhob sich vom Grabstein, trat dicht an mich heran und blickte mir verwundert ins Gesicht, während eine Hand um ihre Brust strich. Dann sank sie wieder auf den Grabstein zurück, hielt ihre Augen immer noch auf mich gerichtet und sagte:

„Oh ja; ich kenne deine Stimme; ich kenne deine Augen. Aber wo warst du? Und wer liegt dort?" – er zeigte auf ein neu angelegtes Grab. „Dein Diener hat geschworen, dass du es warst. Dein Vater hat es geschworen. Sprich noch einmal. Lass mich dich berühren."

Sie stand auf, am ganzen Körper zitternd, und streckte ihre Hand aus. Ich ergriff es, zog sie auf den Stein und setzte mich neben sie.

„Wer hat diese höllische Arbeit an deinem Gesicht gemacht? Nein, erzähl es mir nicht, noch nicht."

Sie verbarg schaudernd ihr Gesicht in ihren Händen.

„Das wurde getan, um mir den Anschein des Mannes zu geben, den Sie gerade genannt haben. Und das auch", sagte ich, entblößte meine Brust und zeigte eine Krone und einen Anker sowie die Buchstaben JU

„Wer ist Ulceby?" Ich fragte.

"Ein Soldat, der aus Lincoln floh, nachdem er einen der Offiziere geschlagen hatte und dazu verurteilt wurde, auf die Plantagen geschickt zu werden. Er kam zu uns, um sich zu verstecken. Er hatte schweres Fieber und wurde in sicherere und bessere Quartiere gebracht, so wurde mir gesagt. Das war kurz bevor ich zum Horncastle-Jahrmarkt und weiter nach Corby, Spalding und Stamford geschickt wurde, weil mein Vater bleiben musste, um sich um Ulceby zu kümmern. Und er schien sich so viele Sorgen um den Deserteur zu machen, dass ich dachte, es könne in diesem Moment nichts Böses gegen Sie im Schilde führen, und so war ich weit weg, als Unheil geschah. Aber ich verstehe nicht. Wo waren Sie?"

Ich erzählte, wie ich gefangen genommen, eingesperrt und verstümmelt wurde und wie ich entkommen bin.

„Dieser Ulceby muss durch die Hände Ihres Vaters gestorben sein", fuhr ich fort, „und er fasste den Plan, mich mitzunehmen, dem Toten meine Kleider anzuziehen, sein Gesicht zu zerfressen und die Leiche im Belgrave-Teich zu versenken."

Als ich dem Mädchen sagte, dass Ulceby durch die Hände ihres Vaters gestorben sein musste, sah ich am Gesicht des Mädchens, dass sie an eine dunklere Wahrscheinlichkeit dachte. Als ich meine Erzählung beendet hatte, schwieg sie eine Weile. Als sie sprach, wollte sie damit sagen, dass das Geheimnis meiner Entstellung ihr verborgen blieb; Warum Boswell mein

Leben verschonen sollte, obwohl es so einfach war, es zu nehmen, konnte sie nicht verstehen.

„Er muss zuversichtlich gewesen sein, dass er dich selbst den Soldaten übergeben würde. Vielleicht wollte er seiner Arbeit den letzten Schliff geben. Ich habe ihn schreckliche Dinge sagen hören und damit geprahlt, was ein Nadelstich bewirken kann."

„Gott sei Dank, ich bin vor ihm sicher. Ich werde in Kürze im Tempel sein."

„Ah! Aber natürlich wissen Sie nicht, dass Temple eingesperrt ist. Ihr Vater ist fast unmittelbar nach der Beerdigung abgereist. Einige seiner Nachbarn hatten ihn aufgefordert, sein Versprechen einzuhalten, bei der Vertreibung der Ausländer zu helfen, da das Gesetz machtlos sei, und er geriet mit ihnen in Streit. Er ging fort und schwor, nie wieder zurückzukehren, so heißt es."

Damit ist meine Hoffnung auf eine Versöhnung mit ihm vorerst dahin.

„Mein alter Lehrer?"

„Vor vierzehn Tagen gestorben."

„Und Luke Barnby?"

„Ich habe nichts von ihm gehört. Ich weiß wenig darüber, was auf der Insel vor sich geht, denn ich bin erst gestern Morgen zurückgekommen. Von Ihrem Tod habe ich bis dahin nichts gehört."

Sie hielt inne, und ihr Hals schnürte es ihr ein, aber gleich darauf fuhr sie fort:

„Sie dürfen keine Zeit verlieren und sich bei Ihren Freunden zu erkennen geben. Wenn die Soldaten Sie vorher finden, werden sie Sie nach Hull verschleppen."

„Wo sind diese Soldaten?", fragte ich.

„Einige in Epworth und einige in Crowle", antwortete sie.

Jetzt verstand ich die Szene im Bull. Der Schmied war losgegangen, um den Offizier zu holen, und der Schmied hatte nicht gewagt, mich festzuhalten, bis die Soldaten kamen. Vielleicht war ihm der Gedanke, einen armen Kerl lebenslangem Elend zu überlassen, nicht ganz wohl gewesen. Ich erzählte Bess von dem Gespräch.
„Oh, du musst gehen", rief sie. „Vielleicht sind sie dir schon auf der Spur."
„Ich werde weiter zu meiner Tante gehen – zum Pfarrhaus von Crowle", antwortete ich.
„Und ich werde nach Epworth gehen und die Soldaten auf eine wilde Jagd schicken, wenn ich sie treffe", sagte Bess.
„Aber diese Kriegsmänner können doch nicht alle nach Ulceby suchen?"

„Nein, nein; der Suchtrupp ist nach Lincoln zurückgekehrt, aber diese Männer sind hier einquartiert, um die Islonier wegen der Angriffe auf Sandtoft in Schach zu halten; aber es wird eine Belohnung für die Einnahme von Ulceby ausgesetzt. und der arme Daft Jack könnte entführt werden, wenn er gefunden wird. Ich wollte versuchen, ihn zu finden und zu warnen, aber jetzt muss ich in die andere Richtung gehen.

„Bleiben Sie noch eine halbe Minute", sagte ich. „Wissen Sie, wo Boswell ist und was er vorhat?"

„Morgen Abend in Daft Jacks Cottage werde ich dir alles sagen, was ich weiß. Du darfst nicht noch mehr Zeit verlieren. Und nimm meine Handtasche, denn du musst mittellos sein."

„In einer Stunde werde ich im Pfarrhaus sein", sagte ich und lehnte ab.

„Dann kannst du es mir morgen Abend zurückgeben."

Sie drückte es mir in die Hand und wir gingen verschiedene Wege.

Kapitel XVI

Ich blieb auf der Straße und schaute oft nach hinten, um nach Anzeichen einer Verfolger zu suchen, erreichte Crowle jedoch ohne Abenteuer und machte mich direkt auf den Weg zum Pfarrhaus. Die Haustür stand offen, und ich schritt hinein, froh, in Sicherheit zu sein, und rief: „Tante, wo bist du?" Ich vergaß für einen Moment den Schock, den ich ihr bereiten wollte. Eine Magd, die ich nicht kannte, kam aus der Küche, blieb aber stehen, als sie mich sah, und schrie. Das brachte mich zur Erinnerung.

„Sei nicht beunruhigt, mein Mädchen", sagte ich, „aber geh schnell zu Herrin Graves und sag ihr, dass hier jemand ist, der Neuigkeiten für sie hat."

Aber das Dienstmädchen schrie weiter: „Meister! Diebe! Mord!" Und ihre Schreie lockten einen seltsamen Geistlichen in die Halle, dem mein Aussehen offenbar nicht gefiel.

„Was ist das? Wer sind Sie? Was ist Ihr Geschäft?" fragte er in einem Atemzug.

„Ich würde Mistress Graves sehen", antwortete ich.

„Mistress Graves ist mit ihrem Mann in Lincoln, wie jeder in der Gemeinde weiß", sagte der Pfarrer und musterte mich misstrauischer.

„In Lincoln!" wiederholte ich erstaunt. Dann fiel mir ein, dass der Pfarrer eine Stelle im Münster innehatte – ein Prälektorat oder Unterprälektorat, wie ich glaube, das hieß –, die ihn zu bestimmten Zeiten in die Stadt führte.

„In Lincoln", wiederholte der Pfarrer. „Deshalb können Sie hier nichts weiter zu tun haben."

„Und haben sie ihre Diener mitgenommen?", fragte ich. „Den Gärtner brauchen sie nicht: Ist er nicht hier?"

„Es sind Männer auf dem Gelände", antwortete er, „aber ich vermute, Sie werden den Gärtner des Pfarrers in seinem Häuschen finden."

Und er deutete mit der Hand auf die Tür.

„Oh, ich lasse mich nicht so einfach abweisen", platzte es aus mir heraus. „Ich bin Mistress Graves' Neffe, Vavasour."

„Was für eine Unverschämtheit!" rief der Pfarrer. „Der junge Herr ist tot und begraben."

„Aber ich bin er, das sage ich dir. Ich wurde in Melwood Priory eingemauert und bin erst heute Morgen entkommen."

„Wenn das so ist“, antwortete der Pfarrer, der offenbar kein Wort davon glaubte, „so sollten Sie sich an die Behörden wenden.“

„Das ist meine Absicht. Aber alle meine Sachen sind hier. Ich habe sie vor siebzehn Tagen in die Obhut meiner Tante gegeben. Ich bitte Sie, mir die Mittel zur Reinigung und Wechselkleidung zur Verfügung zu stellen.“

„Sie müssen ebenso dumm wie ein Schurke sein, wenn Sie glauben, ich würde das Eigentum meines Freundes dem ersten Bettler geben, der danach fragt.“

„Aber ich werde mein Gepäck und seinen Inhalt beschreiben“, flehte ich.

„Zweifellos, zweifellos. Vielleicht haben Sie ein Inventar in der Tasche“, antwortete er mit Verachtung für die Tricks der Bettler in der Stimme.

Seine eigenen Worte schienen ihn zum Nachdenken zu bringen, denn er zog ein Blatt Papier aus der Tasche und las es, wobei er beim Lesen zwei- oder dreimal zu mir aufblickte.

"Hier habe ich Ihre Beschreibung Punkt für Punkt", sagte er, als er mit der Durchsicht fertig war, "und Ihr Name ist Jim Ulceby, für dessen Ergreifung eine Belohnung ausgesetzt ist. Die Beschreibung stimmt, soweit ich sehen kann, genau überein. Sie erwähnt bestimmte Flecken auf der Brust, die auf Ihrer sein können, aber nicht müssen."

„Ich trage die Spuren“, sagte ich.

„Oh! Du gestehst es?“

Ich erzählte kurz, was mir angetan worden war, und schloss mit der Forderung, er solle mir helfen, wie es seinem heiligen Amt gebühre. Dabei machte ich einen großen Fehler, denn der Pfarrer wurde wütend, erklärte meine Geschichte für völlig unglaubwürdig und bat mich zu gehen. Ich war mir ziemlich sicher, dass er mich zurückgehalten hätte, wenn er Gewalt zur Verfügung gehabt hätte. Also machte ich mich auf den Weg zu Daft Jacks Hütte, indem ich jede mir bekannte Biegung und jeden mir bekannten Querweg nahm, in der Hoffnung, nicht entdeckt zu werden. Sie stand am Ende eines kleinen, dicht bepflanzten Obstgartens, und ein schmaler Pfad führte vom Tor zum Obstgarten zur Tür der Hütte. Ich klopfte mit den Fingerknöcheln an die Tür und hörte Jacks hohe Stimme zittern, als er „Herein“ rief. Der Raum, der nur durch ein kleines Fenster erhellt wurde, das von einem Baum überschattet wurde, war für die vom Sonnenlicht frischen Augen düster, aber ich sah Jack auf einem Stuhl sitzen, die Schultern gebeugt, die Hände auf den Knien, das Gesicht zur Tür gerichtet.

„Wer bist du? Sprich“, rief er in ängstlichem Ton.

„Ein alter Bekannter, Jack; nicht tot, wie Sie vielleicht geglaubt haben, aber er braucht dringend freundliche Hilfe.“

Jack sprang aus seiner Schreckhaltung auf und ergriff meine Hände.

„Ich wusste, dass es dein Schritt war", kreischte er fast. „Oh ja; und es ist deine Stimme. Du bist warm und böse. Oh, Mester Frank, wo bist du gewesen? Und was ist mit deinem Gesicht passiert?" Der arme Kerl zitterte und begann zu weinen, drückte meine Hände und sah zu mir auf.

„Ich werde dir gleich alles über mich erzählen, Jack, aber ich bin so hungrig wie ein Moudiwarp; wie schmutzig ich bin, kann man nicht sagen. Kannst du mir Seife und Wasser und eine Scheuerbürste besorgen? Und ich brauche andere Kleidung als diese schmutzigen Lumpen. Ob mein Geld allerdings so weit reicht, ist fraglich."

Als ich die Geldbörse herauszog, die Bess mir gegeben hatte, musste ich an die Warnung denken, die sie mir erteilt hatte.

„Aber du musst lügen, Jack, also kannst du nicht für mich Marketing betreiben. Bess Boswell hat dir ausrichten lassen, dass Soldaten herumschleichen."

Jack kicherte, nahm aus einer Kiste ein Kleid und einen Hut, wie sie unsere Feldarbeiterinnen tragen, und teilte mir mit, dass er damit zu Judy Hoggat geworden sei, die seinen Nachbarn wohlbekannt war. Und da sein haarloses Gesicht, wenn es von der Kapuze eingerahmt und teilweise verborgen war, recht weiblich aussah, nahm ich an, dass er meine Besorgungen bedenkenlos erledigen könnte.

Eine Stunde später setzten wir uns zum Essen, ich war sauber und einigermaßen bequem in meinem Hirtengewand. Als wir satt gegessen und getrunken hatten und ich Jacks Neugier befriedigt hatte, bat ich um Klampen und einen Stock, da ich ohne Verzögerung nach Sandtoft übersetzen wollte. Doch während Jack sich für meine Reise fertigmachte, schlief ich in meinem Stuhl ein und schlief bis vier Uhr – zu spät, um noch einmal zu gehen und Bess zu treffen, die mir vielleicht etwas Wichtiges zu erzählen hatte. Ich schämte mich zutiefst für meine Schläfrigkeit und war geneigt, wütend auf Jack zu sein, weil er mich nicht geweckt hatte. Doch er antwortete auf meine Frage:

„Ich hätte dich nicht für einen Hut voll Gold geweckt. Du sahst ja so müde aus wie ein Hund im Karren eines Hausierers."

Mit Einbruch der Dunkelheit kam Bess, die kurz nach unserer Trennung in Belton auf eine Truppe Karabinerschützen gestoßen war und sie, nachdem sie vom Offizier befragt worden war, nach Osten zur Butterwick-Fähre geschickt hatte. Über den Aufenthaltsort und die gegenwärtigen Geschäfte ihres Vaters wusste sie wenig, außer der Tatsache, dass er in Eile weggegangen war, als er eine Nachricht aus Sheffield erhalten hatte. Sie war geneigt zu glauben, dass die Nachricht sich auf Vliet bezog, denn Boswell hatte einen Fluch auf „alle Holländer" gebrüllt. Bess hatte sich vergewissert, dass mein Freund Portington zu Hause war, und sie drängte mich, im Schutz der Dunkelheit nach Tudworth zu gehen. Meine erste Pflicht, meinte sie, sei es, die Hilfe und Unterstützung von Freunden zu erhalten; und trotz meiner Sehnsucht, Anna zu sehen, erkannte ich den gesunden Menschenverstand des Ratschlags an und stimmte zu, bald aufzubrechen. Ich hatte das kaum gesagt, als wir das Getrappel trabender Pferde hörten.

„Soldaten!", rief Bess.

„Judy Hoggat, mach dich bereit, hinauszuschleichen", sagte ich.

Jack nickte und zog seine einfache Verkleidung an. Die Reiter näherten sich mit einem klirrenden Geräusch, das sie als Soldaten auswies. Schwere Schritte näherten sich der Tür, und jemand klopfte wie mit dem Griff einer Pistole und rief:

„Öffnen, im Namen des Königs!"

Jack warf es weit. „Und was will Seine Majestät von der armen Judy Hoggat?" fragte er mit zitternder, verängstigter Stimme. Es gab keine Chance für ihn zu entkommen, denn der kleine Obstgarten war voller Karabiner.

Ein ergrauter alter Sergeant betrat den Raum, gefolgt von drei seiner Männer, und antwortete:

„Ein besseres Licht zum einen. Schüren Sie Ihr Feuer, meine gute Frau, und bringen Sie mir eine Kerze."

Als das erledigt war, stocherte der Sergeant mir die Kerze ins Gesicht.

„Machen Sie Ihre Brust frei", befahl er. Der alte Kerl untersuchte aufmerksam die Markierungen. „Wie beschrieben", murmelte er; aber ich hatte den Eindruck, dass er aussah, als sei er über etwas verwirrt.

„Jim Ulceby, du bist mein Gefangener", sagte er.

„Ich bin nicht Jim Ulceby, aber ich gebe nach – aus Protest."

Der Sergeant schüttelte den Kopf, als wollte er andeuten, dass mein Protest ihn nichts anginge, und gab den Befehl, mich zu entfernen. Ich hatte nur Zeit, Bess zu bitten, Portington und Drury über meinen Zustand zu informieren, was sie versprach, unverzüglich zu tun. Ich bat sie auch, Mistress Goel Neuigkeiten über mich zu übermitteln, aber die Soldaten hatten mich aus der Hütte geholt, bevor ich ihre Antwort hörte. Es ist nicht nötig, auf die Einzelheiten der nächsten Tage einzugehen. Die erste Nacht wurde ich auf einem Stallboden im Bull in Epworth untergebracht, wo wir bis zum Abend blieben, als der Sergeant und vier Karabinerschützen mich nach Keadby brachten, von wo wir am nächsten Tag mit einer Schaluppe nach Hull abreisten.

KAPITEL XVII

Die Überfahrt war langwierig, da der Wind schwach war und wir die Ebbe nicht nutzen konnten. So war es nach sechs Uhr, als wir ankamen. Meine Wachen brachten mich zu einem großen Haus in Mytongate, das an eine Metzgerei angrenzte. Der Metzger, Acton mit Namen, war der Pächter des Gefängnisses. Nachdem ich einige Zeit in einer kleinen Höhle verbracht hatte, die übel roch, erschien mein Gefängniswärter – ein lüsterner Kerl, der stark betrunken war.

„Und Sie sind wieder einmal gekommen, um uns einen Besuch abzustatten", sagte er mit Flüchen, die ich nicht wiederholen muss. „Wir haben im Moment nicht viel Platz übrig, aber ich nehme an, wir müssen Ihnen irgendwo eine Dachkammer zu den alten Bedingungen besorgen."

Dieses Gerede von Unterbringung war für mich wie ein Märchen. „Ich verstehe das nicht", sagte ich, „da ich nicht die Ehre habe, Sie zu kennen."

Acton lachte, bis sein rotes Gesicht lila wurde. „Oh, das ist gut – gut für die Nation! Gentleman Jim – Jim, der Tyrann, hat nicht die Ehre, mein Bekannter zu sein!"

Als ich ihn anstarrte, brach er erneut in Gelächter aus und gab mir einen lauten Schlag auf die Schulter.

„Du machst das so gut, Jim! Du könntest mit einer Krone auf dem Kopf geboren worden sein! ‚Nicht die Ehre deines Bekannten zu haben!'", brüllte er erneut. „Du gehst doch als Gouverneur der Kolonie aus, nicht wahr? Oh, du wirst mich umbringen mit deinen Scherzen!"

Der Kerl plapperte weiter über die Taten von Ulceby, über Betrug beim Spielen und andere Betrügereien, über Straßenschlägereien und Totschlag, bis er sich ausredete und nach Brandy rief, den ihm ein liederliches Mädchen brachte und auf den Tisch stellte, das einzige Möbelstück im Zimmer, abgesehen von einem wackeligen Stuhl, auf dem ich saß. Acton hörte auf zu plappern, um zu trinken, und ich versuchte, ein Wort einzuwerfen; aber sobald er seinen Schluck hinuntergestürzt hatte, machte er weiter, ohne auf mich zu hören.

"Der alte Mann hat mehr Kohle als je zuvor, mit dem Fischen und dem Stockfischen verdient er ein hübsches Sümmchen; aber jetzt ist er zum Walfang in die Grönlandsee gegangen und hat teuflisches Pech. Man sagt, er soll nächstes Jahr Sheriff werden, aber ob er Sie aus dieser Patsche ziehen kann, weiß nur der Himmel."

„Von wem sprichst du?", fragte ich.

Acton, der am Tisch saß, war gerade dabei, noch mehr Brandy zu trinken, aber meine Frage ließ ihn aufspringen, lachend, stammelnd und fast bis zum Ersticken hustend. Als er wieder zu Atem kam, schwor er, ich sei der drolligste Mensch auf Erden. Dann änderte er seinen Tonfall in einen betrunkenen Ernst, fragte, wie viel Geld ich hätte, und fuhr fort:

„Schau mal, Jim, ein Scherz ist ja schön und gut, aber ich muss das Geld deines Vaters sehen oder sein Wort dafür haben, sonst gehst du in den Keller.“

Es war schwer, dem Mann eine klare Aussage zu entlocken, denn sein beschwipster Kopf war erfüllt von der Vorstellung, ich sei der „Gentleman Jim“, mit dem er so vertraut war. Doch nach und nach begriff ich, dass Ulceby der Ältere nicht weit entfernt wohnte, ein Mann von großem Ansehen und Vermögen, der die Schulden seines Sohnes zwei- oder dreimal beglichen hatte und von dem Acton eine Menge Geld für Gefängnisgebühren sowie Essen und Unterkunft erhalten hatte. Das gab mir Hoffnung auf Freiheit, also verlangte ich Papier, Feder und Tinte und schrieb ein paar Zeilen, in denen ich Mr. Ulceby bat, ihn in seiner Barmherzigkeit zu besuchen und jemanden zu besuchen, der zu Unrecht unter dem Namen seines Sohnes inhaftiert war.

Acton verpflichtete sich, diesen Brief abzusenden und entband mich seiner Anwesenheit. Ungefähr zwei Stunden verbrachte ich allein in dem sich verdunkelnden Zimmer, während der Wind draußen mit einem äußerst melancholischen Geräusch heulte und ich gelegentlich ein Geräusch von Reden und Lachen aus einem nahegelegenen Zimmer hörte, wann immer eine Tür geöffnet wurde. Gegen acht Uhr kam Herr Ulceby herein, und Acton kümmerte sich mit großer Unterwürfigkeit um ihn. Als der Gefängniswärter Kerzen auf den Tisch und einen Stuhl für den Besucher gestellt hatte, äußerte Mr. Ulceby seinen Wunsch, mit mir allein gelassen zu werden. Auf den ersten Blick stieg meine Stimmung. Er war ein großer, etwas beleibter Mann mit silbernem Haar und einer natürlichen Würde. Er hörte sich mit ernster Aufmerksamkeit an, was ich über meine Gefangennahme und Inhaftierung in Melwood, meine Flucht und Wiedereroberung zu sagen hatte, stellte zwei- oder dreimal eine relevante Frage und sagte am Ende mit einem halb traurigen Lächeln:

„Eines lässt sich leicht beweisen. Meine Aussage, dass Sie nicht mein Sohn sind, sollte nach Einhaltung der gesetzlichen Bestimmungen ausreichen, um Ihre Freilassung zu erwirken. Das wird morgen früh meine erste Aufgabe sein. Möglicherweise kann es ein paar Tage dauern befreie dich."

Ich dankte ihm herzlich für seine Freundlichkeit, mir so schnell zu Hilfe zu kommen; aber er unterbrach meinen Dank, indem er die Angelegenheit auf die leichte Schulter nahm.

„Ich wünschte, ich könnte dich aus dieser Höhle des Elends befreien", fuhr er fort; „Aber da das nicht möglich ist, müssen Sie mir erlauben, die Gastfreundschaft anzubieten, die hier möglich ist." Er klopfte mit seinem Stock auf den Tisch und Acton trat ein. „Können Sie uns ein gemütlicheres Zimmer und ein bisschen fröhliches Feuer geben?" er hat gefragt.

Acton deutete an, dass alles getan werden könne, wofür man gut bezahlen würde; und Mr. Ulceby schickte zum Saracen's Head, um das beste Abendessen zu besorgen, das man finden konnte.

„Mr. Vavasour erweist mir die Ehre, mit mir zu Abend zu essen", sagte er zu Acton, der mir mit einem wissenden Augenzwinkern schenkte und sich an die Arbeit machte.

Bald befanden wir uns in einem geräumigeren und luftigeren Raum, und nach dem Abendessen erzählte mir Herr Ulceby einen kurzen Bericht über seinen Sohn, der nicht Teil meiner Geschichte ist, außer dass er so zärtlich und traurig vorgetragen wurde, dass ich davon überzeugt war Das war wirklich ein guter Mann. Er endete mit den Worten:

„Es scheint wenig Zweifel an seinem Tod zu geben, aber ich muss davon überzeugt sein und, wenn er Opfer eines Verbrechens geworden ist, seine Mörder vor Gericht bringen. Meine Pflicht ihm gegenüber kann ich am besten erfüllen, indem ich mit Ihnen zusammenarbeite. Wollen Sie mir Vertrauen schenken? Sie haben mir von Ihrer Gefangenschaft und den grausamen Praktiken Ihrer Feinde erzählt, aber nichts über den Grund. Da die Gier nach Geld oder die Liebe zu Frauen die Ursache der meisten Übel ist, könnte es sein, dass eine Dame im Spiel ist. Glauben Sie mir, obwohl ich grauhaarig bin, bin ich nicht zu alt, um mit einem wahren Liebhaber Gefühle zu empfinden."

Ich war davon überzeugt und schüttete ihm meine ganze Geschichte aus, die er ohne Anzeichen von Müdigkeit anhörte, ab und zu nickte und lächelte und einmal von seinem Stuhl aufstand, um im Zimmer auf und ab zu gehen und etwas vor sich hin zu murmeln. Am Ende streckte er seine Hand aus und sagte:

„Lass uns einen Handel schließen. Wir beide sind Partner: bis wir die Wahrheit über das Schicksal meines armen, fehlgeleiteten Jungen erfahren und du dich an deinen Feinden gerächt hast. Das bedeutet", sagte er, als ich meine Hand in seine legte, „dass es für die Dauer unserer Partnerschaft keinen Unterschied zwischen *meum* und *tuum gibt* . Nein, hör mir zu", bemerkte er die Röte in meinem Gesicht, als ich an meine mittellose Lage dachte. „Vielleicht muss ich Sie um mehr bitten, als Geld kaufen kann, bevor wir mit unseren gemeinsamen Geschäften fertig sind. Das Erste, was ich Ihnen anbiete, ist ein Rat. Schreiben Sie einen Brief an Frau Goel, in dem Sie ihr Ihre Sicherheit und Ihr baldiges Kommen versichern, aber nichts weiter sagen, nicht einmal, wo Sie sind, damit der Brief nicht in andere Hände fällt. Ich werde ihn durch einen zuverlässigen Boten schicken, so schnell, wie ein gutes Pferdefleisch geritten werden sollte. Morgen werde ich Ihnen einen geschickten Chirurgen bringen, der in der Lage sein sollte, die Verletzung in Ihrem Gesicht einigermaßen zu reparieren. Dadurch wird keine Zeit verloren, denn Ihre Befreiung kann kaum morgen erfolgen; und wenn Sie mit Pflaster und Bandagen gehen müssen, könnte die Verkleidung von Vorteil sein. Wir könnten Sie auch wie einen Schiffskapitän anziehen. Wir müssen uns auf den Feind stürzen, wenn wir können, denn er wird vor nichts zurückschrecken, jetzt, da Sie seine Freiheit, vielleicht sein Leben, in Ihrer Hand halten."

Ich hatte nichts gegen diese Ratschläge einzuwenden, da ich in Wahrheit sehr dankbar war, einen Freund zu haben, der mir Ratschläge geben konnte und der in meiner Sache so weit fortgeschritten war. Mr. Ulceby legte seine Handtasche auf den Tisch.

„Solche Männer, mit denen Sie hier zu tun haben, werden umso respektvoller sein, wenn sie wissen, dass Sie über Geld verfügen, und dass Sie möglicherweise eine unvorhergesehene Gelegenheit dazu haben."

Als ich ein paar Worte an meine Liebste geschrieben hatte, verließ mich Mr. Ulceby und versicherte mir erneut, dass er sich am frühen Morgen um meine Angelegenheiten kümmern würde. Es dauerte lange, bis ich nach Schlaf suchte, was in der Tat bis nach Mitternacht schwierig gewesen wäre, da meine Mitbewohner im Zimmer neben mir und im Zimmer darüber einen solchen Lärm aus Geschrei, Gesang und Gelächter aufrechterhielten Es erstaunte mich, als ich sah, dass es sich um Gefangene handelte. Als Mr. Ulceby ging, schaute ein Dienstmädchen herein und fragte, ob ich etwas bräuchte; und da ich keine Befehle zu erteilen hatte, schloss und verriegelte ich die Tür von außen und ließ mich mit meinen Meditationen allein.

Bisher hatte ich nicht viel nachgedacht und in den letzten Tagen hatte ich mich mit der gegenwärtigen Gefahr und dem, was in der unmittelbaren Zukunft drohen könnte, beschäftigt, aber jetzt, da die Anspannung nachließ, überkamen mich die Gedanken wie eine Flut. Vor ein paar Stunden war mir das Schicksal eines Plantagensklaven angedroht worden. Wenn mir irgendjemand bei meiner Volljährigkeit vorhergesagt hätte, dass mir eine solche Gefahr drohen würde, wie unglaublich wäre das erschienen! Und ich war vor diesem Schicksal nicht durch die Dinge bewahrt worden, auf die ich stolz war, nicht durch meinen Namen oder meinen Platz, nicht durch meine Stärke oder meinen Mut oder durch die Standhaftigkeit meiner Freunde, sondern durch die Freundlichkeit eines Fremden. Wie viel Grund hatte ich, ihm dankbar zu sein, und wie viel mehr der Vorsehung, die ihn zu meiner

Rettung geschickt hatte! Eine große Ehrfurcht beschlich mich vor dem Auge, das auf mich geblickt hatte, als ich dachte, ich sei begraben, und vor der Hand, die mir zu Hilfe kam, als ich am hilflosesten war; und ich spürte, wie absolut unverdient die Güte Gottes war, und war zugleich fest davon überzeugt. Über diese Dinge, die ich innehabe, soll nicht viel geredet werden, aber ich bin verpflichtet, einige Aufzeichnungen darüber zu machen, was das Gesicht der Welt für mich veränderte und mein Herz mit einer neuen, seltsamen und feierlichen Freude erfüllte.

Kapitel XVIII

Meine Freilassung erfolgte nicht so schnell, wie Mr. Ulceby gehofft hatte, denn die Richter, der Sheriff und der Burgkommandant und ich weiß nicht, wie viele andere Behörden auch, hatten alle etwas zu der Sache zu sagen. Nachdem die Aussage meines Freundes, dass ich nicht sein Sohn sei, akzeptiert worden war, nahm ich an, dass ich sofort freigelassen werden würde, aber nichts dergleichen! „Wenn ich nicht Jim Ulceby war, wer war ich dann?" „Wo war Jim Ulceby?" „Wie kam es, dass ich ihm ähnelte?" So fragten die Behörden und schienen zu glauben, dass diese Fragen beantwortet werden müssten, bevor sie mir meine Freiheit gaben. Ein Richter, dessen Ernsthaftigkeit und Dummheit gleichermaßen groß waren, kam auf die Idee, dass eine Verschwörung im Gange sei. Wenn es nach ihm gegangen wäre, glaube ich, hätte er mich körperlich gefoltert; er folterte mich oft geistig, indem er kam, um „den Gefangenen zu verhören", indem er die absurdesten Fragen stellte und dabei so ernst wie eine Eule aussah. Ich habe nie verstanden, was er meinte, und ich glaube, er auch nicht. Mr. Ulceby warnte mich vor dem ersten Besuch dieses Mannes und flehte mich an, ihn mit aller Geduld zu ertragen, die ich aufbringen konnte. So gelang es mir, meine Fassung zu bewahren, und am Ende war der Esel so gut, das Urteil auszusprechen, „dass ich ein blindes Werkzeug der Verschwörer sei". Er war sich sicher, dass es eine Verschwörung gab.

Acton bereitete uns zunächst einige Schwierigkeiten, da er meinte, dass ich tatsächlich sein ehemaliger Kumpel war und dass Mr. Ulceby den Weg eingeschlagen hatte, mich abzulehnen, da dies die einzige Möglichkeit war, mich vor dem Transport nach Amerika zu bewahren. Er erklärte, dass kein Mensch die Mühen und Kosten auf sich nehmen würde, die Mr. Ulceby für mich als Fremden auf sich nahm, und forderte „Schweigegeld". Als er das nicht erpressen konnte, tat er heimlich sein Schlimmstes gegen mich. Selbst als der Chirurg mein früheres Aussehen wiederhergestellt hatte, ließ sich Acton nicht überzeugen. Der Chirurg leistete mir gute Dienste, indem er mir Auskunft darüber gab, dass die Verzerrung meines Gesichts erst kürzlich stattgefunden hatte, und der Sergeant, der mich nach Hull brachte, bestätigte dies. Er sagte aus, dass er von der Frische der Tätowierung und der Narben überrascht gewesen sei, als er mich verhaftete. Aber es vergingen acht Tage, bis mein guter Freund, der sich unaufhörlich für meine Sache eingesetzt hatte, mit dem Befehl zu meiner Freilassung kam. Ich genoss in diesen anstrengenden Tagen jeden Trost, den man mit Geld finden konnte, und Mr. Ulceby schenkte mir so viel Zeit, wie nur für die Aufgabe, meine Befreiung zu beschleunigen, erübrigt werden konnte. Nach dem zweiten Tag blieb ich in meinem eigenen Zimmer. An diesem Tag hatte ich die Neugier, einen Blick auf das Gefängnis zu werfen. Es bestand aus zwei Häusern, die in eins geworfen waren, und aus Gebäuden, die zwei Seiten eines dahinter liegenden Vierecks einnahmen. Ein Mann, der seine Pferde schätzte, hätte diese Gebäude nicht als Stall genutzt. Hier wurden die Unglücklichen eingesperrt, die für die Unterbringung im Haus nicht aufkommen konnten oder wollten; Einige von ihnen wurden sicher gehalten, indem sie mit Eisenstangen über den Beinen auf den Boden gelegt wurden. Andere hatten die Freiheit, aufrecht zu stehen, waren aber an Klammern in der Wand gekettet. Einige konnten, unterschiedlich gebügelt und gefesselt, frei im Hof umherstreifen. Die meisten waren halb verhungert und in Lumpen, die elendesten Kreaturen, die ich je gesehen hatte.

Die Insassen des Hauses waren solche, die die Mittel hatten, die exorbitanten Gebühren zu bezahlen, die der Gefängniswärter für Essen und Unterkunft und Gebühren für dies, das und jenes verlangte. Viele von ihnen hatten Geld, das sie für Glücksspiel und Trunkenheit verprassen konnten, aber nur wenige hatten Mitleid mit ihren verarmten Mitgefangenen. In dieser Höhle befanden sich Gefangene, die auf ihren Prozess warteten, verurteilte Gefangene und Gefangene, die freigesprochen worden waren und nun eingesperrt wurden, um die Gebühren des Gefängniswärters zu bezahlen; Gefangene beiderlei Geschlechts und jeden Alters, von der Kindheit bis zur Altersschwäche. Während ich meinen Rundgang durch den Hof machte, kam ein fettiger Kerl an eines der Fenster, rief der Menge zu und warf die Reste und Brocken seines Frühstücks hinaus, um die sich die hungrigen Elenden rissen. Bei dem Kampf fielen zwei Frauen heraus und begannen zu kämpfen, wobei sie mit der Wut von Tigerinnen rissen, kratzten und bissen, während Männer um sie herumstanden, lachten und wetteten, wer die Siegerin sein würde. Als ich mich davon abwandte, stieß ich auf ein zerlumptes, elendes Wesen, das stöhnend und winselnd in einer Ecke lag. Es hatte versucht, mit Hilfe eines Seils, das ihm ein Freund gebracht hatte, die Mauer zu erklimmen, war dabei aber hängen geblieben; der Gefängniswärter und seine Männer hatten ihm die Fußsohlen so furchtbar zugerichtet. Einige der Gefangenen lagen stockbesoffen herum, beneidet von anderen, die nicht das Glück hatten, Freunde zu haben, die ihnen Alkohol geben konnten und wollten. Vieles, was ich sah und hörte, ist nicht zu beschreiben. Ich suchte Zuflucht vor der kleinen Hölle in der Einsamkeit meines eigenen Zimmers und war sehr dankbar, dass ich nicht gezwungen war, mich der gemeinen und elenden Bande anzuschließen. In gewisser Weise hatte ich Glück, dass Acton an seiner Überzeugung festhielt, ich sei Jim Ulceby, denn er machte es lautstark bekannt und bewahrte mich so vor den Raufbolden im Haus, die sich nicht mit jemandem anlegen wollten, der den Ruf hatte, es jedem, der ihm angetan wurde, immer heimzuzahlen, wenn ihm etwas Böses angetan wurde.

Erst am vierten Tag meiner Gefangenschaft erhielt ich einen Brief von Anna, denn Mr. Ulcebys Bote war durch ein Missgeschick nach dem anderen aufgehalten worden, doch sie müssen hier nicht aufgeführt werden. Den ganzen Tag las ich diesen kostbaren Brief immer wieder und fragte mich, wie eine Feder, die in meiner Hand ein unhandliches Werkzeug ist, in ihrer zu einem solchen Zauberstab werden konnte, dass ich in gewisser Weise ihre klare Stimme hören und ihr munteres Lächeln und das plötzliche Aufkommen ihrer Tränen fast sehen konnte. Ich werde Teile des Briefes hier abschreiben, denn sie erzählen die Geschichte viel besser, als sie in meinen Worten erzählt werden könnte.

„Als Lukas mir deinen Brief brachte, in dem du versprachst, am nächsten Tag zu kommen, erzählte er mir von der Bosheit von Sebastian Vliet, und ich ließ ihn die Sache vor den Ohren meines Vaters wiederholen. Aber als Lukas weiter sagte, dass du es getan hättest Ich habe deinem Möchtegern-Mörder eine Herausforderung geschickt, ich war fast außer mir vor Wut darüber, dass du so leichtfertig dein Leben im Kampf mit einem so berüchtigten Schurken riskierst. Für einen kurzen Moment dachte ich, du hättest meine Liebe durch deine Torheit getötet, aber ich Ich wusste bald, dass es immer noch am Leben war, als ich aus Angst vor dem, was ein so schlauer Feigling gegen dich ersinnen könnte, noch immer am Leben war. Als ich erfuhr, dass Vliet dir allein und nur mit einem Schwert bewaffnet entgegengegangen war, kannst du sicher sein, dass es ihm gehörte Das Geschehen wurde so genau beobachtet, wie es zwei Frauen konnten. Es erfüllte mich mit Staunen, aber meine Befürchtungen wurden durch Vermuijdens Bericht über das, was passiert war, verdoppelt, nämlich dass Sie in plötzlicher Angst aus Vliet geflohen waren und nicht wussten, wohin Eine so grobe und greifbare Lüge machte mich sicher, dass eine schlechte Tat begangen worden war, aber was ich nicht ahnen konnte, und tagelang war ich wie jemand, der keinen Verstand mehr hatte.

„Endlich kam die Nachricht, dass in einem Teich eine Leiche gefunden worden war, die angeblich Ihre war. Aber ich konnte nicht glauben, dass Sie tot waren. Mein Vater, Martha und Luke dachten, ich sei außer mir vor Kummer, aber mein Herz sagte mir, dass Sie noch am Leben waren. Und als mein Verstand zurückkehrte, befragte ich Luke insbesondere über den Toten. Dass er so groß und gebaut war wie Sie und Ihre Kleidung trug, reichte mir nicht als Beweis. Ich bezweifelte, dass allein Fische das Gesicht unfassbar entstellt hatten, und der Zustand der Brust des Mannes schien unerklärlich. Ich fragte, ob es Spuren einer tödlichen Wunde gäbe, und bekam die Antwort: ‚Keine‘. Wie kam dann die Leiche in den Teich? Wenn man selbst im Dunkeln ins Wasser gestolpert war, war man stark genug, um wieder herauszukommen. Niemand hätte einen hineinwerfen können, es sei denn, er hätte einen vorher mit einem Schlag von hinten betäubt, und von einem solchen Schlag war nichts zu sehen. Luke erzählte mir, was in den Taschen gefunden wurde: deine Geldbörse und die darin enthaltenen

Münzen, ein Schlüsselbund, dein Taschenmesser und dein Siegel. Aber kein Wort von der Hälfte eines Neunpenny-Stücks. Ich war überzeugt, dass mein Frank sein Liebespfand nicht weggeworfen oder verloren hatte. So bestätigte mein Verstand in gewissem Maße den Glauben meines Herzens, obwohl jeder meine Hoffnung für den reinsten Wahnsinn hielt.

„Und jetzt möchte ich Ihnen etwas Seltsames sagen. Am Tag, nachdem diese Leiche ins Grab gelegt wurde, saß ich hier, erschöpft vom Nachdenken und Staunen, und ich sah Sie ausgestreckt auf einer Couch in etwas liegen, das wie eine Kirchengruft aussah. Das waren Sie An Händen und Füßen gefesselt, und im Licht einer Lampe, die hinter dir an der Wand hing, konnte ich Blut auf deinem Gesicht sehen. Ein Mann kam aus dem schattigen Teil des Zimmers und stellte sich so hin, dass er dein Gesicht vor mir verbarg. und dann verschwand alles aus meinem Blickfeld, der neben mir saß und las: „Frank lebt!" Ich beschrieb meinem Vater den Ort und Ihren Zustand und war mir der Wahrheit dessen, was ich gesehen hatte, vollkommen sicher. Er versuchte mich davon zu überzeugen, dass ich es geträumt hatte, aber ich wusste, dass ich meine Augen nicht geschlossen hatte Ich weiß nicht, was es mit der Realität auf sich hat, die mich nicht zweifeln ließ, und fragte Luke, der sich gerade im Haus aufhielt, ob er von einem solchen Raum wisse, wie ich ihn gesehen hatte, aber er konnte es Mir half das nicht. Meine Gedanken wanderten in die Kerker von Castle Mulgrave, und ich gab meinem Vater keine Ruhe, bis er sich mit mir auf den Weg machte und seinen Wunsch, ein Buch in der Bibliothek des Grafen zu konsultieren, als Grund für unseren Aufenthalt angab um die Gewölbe des Schlosses zu besichtigen, und der alte Adlige gab seinem Seneschall den Befehl, mich durch sie zu führen, was er bereitwillig tat, da er und ich gute Freunde waren (er war es, der mir bei meinem ersten Besuch meinen Reitunterricht gab). (Sie sehen also, dass Ihre einstige Eifersucht fehl am Platz war.) Von ihm hörte ich, dass Lord Sheffield derzeit seinen Wohnsitz in Normanby hatte, wo er ein weniger zurückhaltendes Leben führte, als es unter dem Dach seines Vaters möglich war, was mich zum Nachdenken brachte dass es dort unterirdische Räume geben könnte; aber mein Führer versicherte mir, dass es nicht einmal einen Weinkeller gab. „Es war", sagte er, „ein armer Ort, der aber von der Residenz meines Herrn geehrt wurde, als man nach starkem Trinken, ausgelassenem Spielen und anderen Vergnügungen verlangte." In den letzten zehn Tagen war das Feiern ununterbrochen gewesen.' Hatte Ihr Verschwinden etwas mit diesem Vergnügen zu tun? Ich habe mich selbst gefragt. Ich beschloss, Luke damit zu beauftragen, das Kommen und Gehen seiner Lordschaft auszuspionieren, obwohl er von Natur aus für diese Rolle nicht geeignet war. Aber als wir sicher zurückkehrten, traf ich Martha in Sorge wegen des armen Kerls, der sich beim Holzhacken mit der Axt den Fuß geschlagen hatte und noch immer auf einer Krücke humpelt. Werden wir armen Frauen immer auf die Hilfe von Männern angewiesen sein, selbst wenn wir in wahnsinniger

Angst sind? Wenn ich frei gewesen wäre, hätte ich das Gewand der Männlichkeit angezogen und die ganze Insel durchquert, um dich zu finden, denn ich hatte das Gefühl, dass dein Gefängnis nicht sehr weit entfernt war.

„Aber schließlich, drei Tage zuvor, überbrachte mir Ihr Bote diesen Brief – den ich mit Freudentränen benetzt und tausendmal geküsst und in meiner Hand gehalten und angeschaut habe, während ich Gott meinen Dank ausschüttete – endlich kam das schöne Zigeunermädchen, das dich gesehen, mit dir gesprochen und dich berührt hat. Ich habe dir viel über die dunkle Schönheit zu sagen und dir einige Fragen zu stellen. Unser Treffen war seltsam (davon ein anderes Mal). aber schon bald lagen wir uns schluchzend in den Armen und hatten vereinbart, Ihnen noch am selben Tag zu folgen und Sie zu finden.

Von Vliet hatte Anna nicht mehr zu erzählen, als ich bereits wusste: dass er verhaftet worden war, dass er geflohen und verschwunden war. Sie schrieb von ihrem Vater, er sei ganz in die Forschungen und Experimente zum Thema Fieber vertieft und voller Hoffnung, ein Mittel gegen diese Krankheit zu finden. Vermuijden hatte eine Reihe der ärmeren Isländer angeheuert, um mit den Holländern zu arbeiten, aber ihre Nachbarn waren so verbittert über sie, weil sie zum Feind übergelaufen waren, dass es notwendig war, ihnen innerhalb der Siedlung Unterkunft zu bieten. Trotzdem war Anna zuversichtlich, dass dieser Schritt zu gegebener Zeit zu Freundschaft und gutem Verständnis führen würde.

Am dritten Tag nach Erhalt dieses Briefes kam Mr. Ulceby mit dem ordnungsgemäß unterschriebenen und gegengezeichneten Befehl zu meiner Freilassung zu mir, und sobald wir uns mit Acton abgefunden hatten, war ich wieder ein freier Mann. Mein guter Freund hatte mit meiner Ungeduld gerechnet, auf dem Weg nach Sandtoft zu sein, und hatte für Frühstück im nächsten Gasthof gesorgt, da sein Haus am anderen Ende der Stadt lag.

Als wir gegessen hatten, wurden drei Pferde vor die Tür gebracht, eines für mich, eines für meinen Freund und eines für seinen Diener. Mr. Ulceby glaubte, er sei während seiner Besuche in meinem Gefängnis mehrmals ausspioniert und verfolgt worden, und er fürchtete, meine Feinde seien auf der Hut; daher sein Vorsatz, mich auf die Insel zu begleiten.

„Drei gut berittene und gut bewaffnete Männer könnten viel sicherer reisen als ein einzelner Reiter“, sagte er.

Ich kann hier sagen, dass, wie wir später erfuhren, keine Notwendigkeit für all diese Sorge um meinen Schutz bestand, da Boswell nie damit gerechnet hatte, dass ich aus dem Gefängnis entlassen würde.

Wir ritten ohne schlimmeres Missgeschick als das Scheuen meines Pferdes durch das Flattern eines Tuches, das eine Hausfrau im Vorbeigehen an ihrer Tür schüttelte.

Wir überquerten Trent bei Burringham Ferry und fuhren an Crowle Causey vorbei, wobei ich die Absicht hatte, meinen Freund in seinem Quartier im White Hart zu sehen und ihn dort zurückzulassen, um nach Süden nach Belton und von dort über den Damm nach Sandtoft zu fahren, aber das war nicht der Fall sein Verstand. Er hätte kein Nein, aber wir sollten zusammen essen, frische Pferde besorgen und er und sein Mann mit mir in die Siedlung gehen. Obwohl ich ungeduldig war, meine Liebe zu sehen, war ich zu sehr an Mr. Ulceby gebunden, um mich zu weigern, das zu tun, was er von mir wollte, da er sein ganzes Herz auf diese Sache gesetzt hatte. Nachdem wir gegessen und getrunken hatten, machten wir uns auf den Weg, und Herr Ulceby erzählte mir mit großem Feingefühl, was ich tun sollte, um meinen Lebensunterhalt zu verdienen. Er war mit meinem Plan, mich einer Abenteurerkompanie anzuschließen oder mich für den Militärdienst eines ausländischen Fürsten zu bewerben, nicht einverstanden. Er hatte einen anderen Plan für mich, der darin bestand, dass ich in sein Geschäft einsteigen sollte, entweder als sein Agent und Angestellter oder, wenn mir kaufmännische Angelegenheiten zuwider waren, als Supercargo auf einem seiner Schiffe mit der Aussicht, das Kommando zu übernehmen eines Schiffes, als ich ein ausreichendes Maß an Seemannschaft erlangt hatte. Er sprach so, als ob er meinte, er müsse sich dafür entschuldigen, dass er jemandem meiner Herkunft und Erziehung eine so bescheidene Beschäftigung anbot, wies aber darauf hin, dass eine Kompetenz auf diese Weise viel sicherer und schneller erworben werden könne, als durch die Erkundung amerikanischer Wälder oder die Beschäftigung als … Soldat des Glücks. Und er ging auf das Bedürfnis ein, das er in Kürze nach einem Partner verspüren würde, dessen jugendliche Energie den Mangel an schwindender Kraft ausgleichen könnte. Er endete mit den Worten:

„Ich bin nur ein einfacher, stumpfer Bursche, Mr. Vavasour, der nicht mehr gelernt hat, als ich auf der Schule einer Dame bekommen habe, und nicht an die Sitten vornehmer Leute gewöhnt bin, also vertraue ich darauf, dass Sie es mir verzeihen werden, wenn ich es schlecht formuliere; aber wenn Sie … Es ist ein Herzenswunsch, für Ihren Singvogel einen Käfig vorzubereiten. Ich denke, er wird am schnellsten befriedigt, wenn Sie sich zum Tausch herablassen.

Wäre mir ein solches Angebot erst einen Monat zuvor gemacht worden, hätte ich es sicherlich mit Verachtung abgelehnt, aber man kann in einem Monat viel lernen, besonders wenn man einen Teil davon im Gefängnis verbringt. Selbst jetzt hatte ich keine Lust, mit einem Stift hinter dem Ohr auf einem Bürohocker zu sitzen oder als Chapman hin und her zu gehen.

Das Kommando über ein Schiff wäre wirklich mehr nach meinem Geschmack, auch wenn die Ladung Häute, Stockfisch oder Walspeck sein könnte. Aber ich durfte auf keinen Fall über „Gefällt mir" und „Missliebe" nachdenken. Ich besaß keinen eigenen Penny und hatte auch nicht die geringste Chance, einen zu bekommen, außer auf die Art und Weise, wie Mr. Ulceby es angedeutet hatte. Die Kleidung, die ich trug, das Essen, das ich in diesen zehn Tagen gegessen hatte, hatte er mit seinem Geld gekauft; und es war seiner Güte und der Barmherzigkeit Gottes zu verdanken, dass ich jetzt nicht im Laderaum eines Sklavenschiffes seufzte. Daher gab ich ihm eine Antwort, die seiner Großzügigkeit entsprach und meine Bereitschaft zum Ausdruck brachte, die Pflichten zu übernehmen, für die ich mich als geeignet erweisen könnte, auch wenn ich aufgrund meiner Unwissenheit und mangelnden Fähigkeiten die größten Zweifel an dieser Angelegenheit hatte. Das gefiel ihm außerordentlich, und er erzählte mir weiter, dass er sich vorgenommen hatte, mit mir nach Sandtoft zu kommen, auch weil er glaubte, die Angelegenheit besser vor Doktor Goel bringen zu können, wenn ich das Angebot annehmen würde.

„Ich bin älter und habe früher mit alten Leuten diskutiert", sagte er und verfiel dann in Schweigen und lächelte, als hätte er angenehme Gedanken, die er für sich behielt.

Auch ich neigte zum Schweigen. So willkommen die Chance war, mein Brot und vielleicht mit der Zeit noch etwas mehr zu verdienen, konnte ich mich doch nicht von dem Gefühl befreien, dass es ein trauriges Schicksal für den letzten der Vavasours von Temple Belwood war, Fischhändler zu werden, obwohl ich so gut wusste, dass ein Fischhändler ein ebenso würdiger und großzügiger Mann sein konnte wie jeder Gutsherr in Axholme oder in England. Ich hätte kaum gedacht, dass ich in ein paar Stunden den ärmsten Federführer des Königreichs um seine Sicherheit und Freiheit beneiden würde. Ach, ich! Hätte ich es vorher gewusst, hätte es mir nur das Stück puren Glücks verdorben, das mir bald zuteil werden sollte.

KAPITEL XIX

Als wir von der Fähre in Sandtoft ankamen, warteten Martha und Luke auf uns, und nach der Begrüßung fragte ich das Dienstmädchen, welche Unterkunft für Herrn Ulceby und seinen Mann gefunden werden könne.

„Dafür ist gesorgt", antwortete Martha. „Wir haben dich vor einer halben Stunde ausspioniert, und die Herrin hat befohlen, Zimmer für deine Mitreisenden herzurichten. Luke wird sie zu ihren Quartieren führen und sie gleich zum Abendessen bringen. Du wirst mit mir kommen."

„Ja, ja", sagte Herr Ulceby. „Ich bin wirklich froh, vor dem Abendessen eine Weile auszuruhen. Es ist lange her, dass meine alten Knochen von so einer langen Fahrt gerüttelt wurden. Also keine Eile mit dem Abendessen, mein hübsches Mädchen."

Er warf Martha einen Blick zu, die mit einem verständnisvollen Lächeln antwortete, während Luke sich auf seine Krücke schwang, um meine Gefährten zu ihrer Unterkunft zu führen.

Auf dem Weg zum Arzt bemerkte ich die Anwesenheit einer Reihe von Isloniern unter den Ausländern, die von ihrer täglichen Feldarbeit in die Siedlung strömten, und einige von ihnen sahen mich neugierig an. Zwischen mir und der Magd kam kaum ein Wort, denn sie hatte Mühe, mit meinem langen Schritt Schritt zu halten. Aber als sie die Tür von Annas Wohnzimmer öffnete, fand sie Atem, um sittsam zu sagen: „Mr. Vavasour." Ich war ein wenig zurückgeschreckt, weil ich so begierig darauf war, meine Liebste zu sehen, damit mein vernarbtes Gesicht, das noch teilweise von Gipsstreifen übersät war, ihr Angst einjagen könnte; Aber in ihren schönen Augen war davon nichts zu sehen, als sie so nah wie möglich auf mich wartete, mit genügend Platz zum Öffnen der Tür und mit einem leisen, leisen Mitleidsschrei, wie ihn Mütter gebrauchen kam in meine Arme. Nach der langen Begrüßungsumarmung hielt sie mich zurück, schaute mir einige Sekunden lang ins Gesicht, und dann lächelte sie unter Tränen, nannte mich ihren tapferen Soldaten, ihren Helden, und ich weiß nicht was, stellte hundert Fragen und lachte und weinte in einem Atemzug, bis das Einzige, was ich wusste, war, dass sie die schönste Frau der Welt war und ich der glücklichste aller Männer, ihre Liebe zu haben. Endlich fiel mir ein, dass ich sie stehen ließ und sie zu einem Stuhl zog, neben ihr kniete, und sie berührte sanft mein hässliches Gesicht mit ihren Lippen und brach dann in einen sanften Tränenregen aus. Bevor wir Zeit hatten, miteinander zu reden, klopfte Martha an die Tür und kündigte das Abendessen an.

Wir saßen lange am Tisch, denn der Arzt vergaß für eine Weile sein Studium und stellte viele Fragen, während ich meine Geschichte erzählte, und das dauerte lange genug. Als ich erzählte, wie Mr. Ulceby sich mit mir angefreundet hatte, konnte Anna ihre Dankbarkeit nicht aussprechen, aber sie leuchtete so hell in ihrem Gesicht, dass der gute Mann ihr antwortete:

„Das Glück ist auf meiner Seite, Herrin Goel. Ich werde hundertfach für solche Dienste belohnt, die, wie ich vertraue, jeder Mann geleistet hätte, der zufällig dazu in der Lage war."

Sie unterdrückte die Schwellung in ihrem Hals und fügte hinzu:

„Ich glaube, der barmherzige Samariter hätte das Gleiche gesagt."

Als das Abendessen zu Ende war und ich den Hauptteil meiner Geschichte erzählt hatte, führte Mr. Ulceby Müdigkeit als Grund dafür an, in sein Quartier zu gehen, wohin wir ihn begleiteten, da Anna sich vergewissern wollte, dass zu seinem Wohl nichts ausgelassen wurde. Als wir ihn verlassen hatten, gingen wir unter dem Sternenhimmel auf und ab und sprachen über die Zukunft. Anna war nicht damit einverstanden, dass ich in Mr. Ulcebys Dienste trat.

„Glauben Sie mir, Frank, es ist nicht die Tatsache, dass Sie ein Gentleman mit langer Abstammung sind, die mich belastet", sagte sie, „und ich hoffe, ich mangele diesem guten Mann, der so sehr Ihr Freund war, nicht an Dankbarkeit. Ich könnte ihm alles andere geben, aber nicht, dass mein Frank ein Sklave wäre. Denn das wäre es. In Mr. Ulcebys Kontor gäbe es nicht einige Dinge zu ertragen, die Sklaven aus Virginia ertragen müssen, aber das Leben wäre kaum besser als ihres – für Sie. Sie hätten es nicht nur mit Mr. Ulceby zu tun, sondern auch mit seinen Angestellten und Dienern; und jeder von ihnen würde Sie verachten, weil Sie sein geringes Wissen nicht kennen, oder Sie hassen, weil Sie ein Gentleman sind, oder beides. Und wie könnten Sie Ihren Geist oder Körper dazu bringen, die Gefangenschaft und die ermüdende Eintönigkeit mechanischer Plackerei zu ertragen?"

Was ich im Übrigen gesagt habe, brauche ich nicht aufzuzeichnen, da mir nicht der Weg bestimmt war, den ich eingeschlagen hätte. Ich habe Annas weise Worte um der Liebe willen niedergelegt, obwohl ich dennoch glaube, dass der Stolz, den sie verleugnete, mehr Einfluss auf sie hatte, als sie vielleicht wusste. Und um die Wahrheit zu sagen, ich liebte sie trotzdem aus diesem Grund.

Meine umsichtige Dame möchte, dass ich mich davor hüte, in meiner Eile, ehrlich zu sein und meine Dankbarkeit zu beweisen, unsere Zukunft aufs Spiel zu setzen; Es könnte einige Zeit dauern, eine angenehmere und passendere Beschäftigung zu finden, aber sie bezweifelte nicht, dass sie gefunden werden würde. Sie würde gerne mit Vermuijden sprechen, der zu diesem Zeitpunkt das Kommando über die Siedlung innehatte. Dies veranlasste sie zu der Aussage, dass die islonischen Arbeiter, die er angeheuert hatte, von ihren Nachbarn so sehr verfolgt worden seien, dass es notwendig gewesen sei, sie im Paläste unterzubringen, wo sie sich mit den Holländern gut verständigt hätten zu einer besonderen Freundlichkeit gegenüber ihrem Vater und sich selbst. Bess Boswell hatte ihren Vater und ihren Stamm verlassen und hatte vorerst Zuflucht in Sandtoft. Über diese und andere Dinge, die nicht geschrieben werden müssen, haben wir bis spät in die Nacht gesprochen.

Als ich in mein Zimmer ging, fand ich mein Schwert und meine Pistolen bereit neben meinem Bett – und lächelte über die überflüssige Fürsorge von Luke, der sie, wie ich vermutete, dort abgelegt hatte. Durch den offenen Flügel meines Fensters drang das Rascheln der Blätter und das Flüstern des Windes im Schilf und ein- oder zweimal das schwache Zwitschern eines Vogels, der auf seinem Sitzplatz träumte. Die Stille war süß für die Ohren, die nachts vom Lärm betrunkener Spieler, Pferdelachen, Flüchen und Geschrei geplagt worden waren. Die heilige Stille und meine glücklichen Gedanken ließen mich bald einschlafen, aus dem ich durch einen großen Feuerschein durch das Fenster geweckt wurde. Bevor ich mich wieder fassen konnte, hörte ich das Schlurfen vieler Füße, und als ich aus dem Bett sprang und mich auf meine Kleidung kuschelte, ertönte ein Schuss, dann wurden weitere Schüsse abgefeuert, und es entstand ein allgemeiner Tumult. Als ich meine Tür öffnete, kam Doktor Goel mit einer Kerze in der Hand aus dem Zimmer gegenüber von mir, und gleich darauf erschienen Anna und ihre Zofe. Wir stiegen zusammen in den Salon hinab, der Aufruhr nahm nicht mit jedem Moment zu, Rufe auf Niederländisch und Englisch, das Klirren von Stahl, das Krachen von Steinen gegen Holzarbeiten, das Abfeuern von Schusswaffen, das Brüllen und Knistern von Bränden und das Trampeln einer Menschenmenge hierhin und dorthin . Umso verwirrender war es für mich, dass ich beim Betreten der Siedlung beobachtet hatte, wie Waffen zur Kontrolle der Tore aufgestellt worden waren, und dass der Arzt andere Verteidigungsmaßnahmen erwähnt hatte, die seit dem letzten Angriff eingesetzt worden waren. Ich sagte etwas davon und Anna antwortete:

„Hören Sie nicht den Ruf ‚Verrat‘? Die Islonier haben die Tore geöffnet, nachdem sie die Wache überwältigt hatten.“

Ich blies die Kerze aus, zog dann einen der Fensterläden ein wenig zurück und blickte hinaus. Durch das Leuchten eines Gebäudes, das ich nicht sehen konnte, von dem aber jemand sagte, es müsse sich um das Wachhaus handeln, war alles fast wie bei Tageslicht erleuchtet. Der dichte Tumult befand sich jetzt in einiger Entfernung westlich von uns, aber ganz in unserer Nähe kämpften hier und da Männer zu zweit oder zu dritt. Ich hatte gerade gesagt, ich solle losrennen, um Mr. Ulceby und seinen Mann zu unserer Firma zu bringen, als ein Haufen Männer und Frauen auftauchte und schrie: „Die Hexe!“ und in der vordersten Reihe tobten die Verrückte und eine andere alte Hexe und schrien wie Dämonen. Sie wurden von jemandem geführt, der das Haus des Arztes kannte, denn kaum hatte ich den Fensterladen geschlossen und verriegelt, als sie begannen, die Fensterscheiben einzuschlagen, was ihr Geschrei verdoppelte. Das Drängen auf die Gefahr wird manchmal meine langsame Auffassungsgabe beschleunigen, aber jetzt war ich in einem Nonplusultra. Ich dachte, das Beste, was ich tun konnte, war, mich abzuwehren und auf eine unvorhergesehene Befreiung zu hoffen. Und tatsächlich schien das plötzlich nahe zu sein. Der Pöbel schrie und schrie, als ob er vertrieben würde. Mehrere Schüsse knallten dicht an unseren Ohren. An der Tür ertönte ein donnerndes Klopfen, und Sheffields Stimme rief:

„Doktor Goel, öffnen Sie, ich bin es, Ihr Freund Sheffield."

„Ja, öffnen Sie, Doktor", sagte ich, „aber sagen Sie nichts von mir. Gott schickt manchmal Teufel mit seinen guten Absichten."

Während der Doktor sich zur Tür vortastete, trat ich in den Gang und ans andere Ende, um möglichst wenig sehen zu können, ohne gesehen zu werden. Als sich die Tür öffnete und Sheffield einließ, erhaschte ich einen Blick auf einige seiner gut bewaffneten Männer und dahinter auf die verblüffte Menge.

„Alles im Dunkeln, Doktor?", sagte Sheffield und rief nach einer Laterne, die ihm einer seiner Männer reichte.

Ich versteckte mich hinter einer Tür. Als er und der Doktor das Wohnzimmer betraten, kam ich ihnen so nahe, dass ich lauschen konnte, und hörte die spöttische Rede meines Herrn.

„Ja, Herrin Goel, ich bin es, die verschmähte, verachtete, abgelehnte Sheffield, die Ihnen zu Hilfe kommt. Ich habe eine Warnung erhalten, dass ein weiterer Angriff mit Gewalt auf die Siedlung bevorsteht, leider zu spät, um genügend militärische Stärke zu erlangen, um die Randalierer zu zerstreuen. Aber als ich ein Gerücht hörte, dass einige der Schurken unter dem Schutz des allgemeinen Angriffs besonders viel Böses gegen Sie planten, ritt ich mit meinen eigenen Schurken, die in Reichweite waren, um Sie zu retten. Meine Hingabe ist sogar gegen Ihre Verachtung gewappnet, schöne Anna. Kommen Sie, ich habe ein Pferd für Sie gesattelt, und ich und meine kräftigen Gefährten werden Sie in eine sichere Anstalt führen."

„Haben Sie ein Pferd für meinen Vater, mein Herr? Und für meine Freundin Martha?"

„Wahrhaftig, nein, mein Charmeur. Ich könnte nicht im Handumdrehen für einen ganzen Haushalt sorgen, aber ich werde zwei oder drei Musketiere zu ihrer Verteidigung zurücklassen."

„Danke, mein Herr, ich werde ihren Schutz und die Gefahr, in der mein Vater steckt, teilen."

„Nicht so, Madame. Ich lasse niemanden aus meiner Truppe zurück, es sei denn, Sie reiten mit mir. Überlegen Sie, was Sie tun. Die heulenden Teufel draußen werden Sie in Stücke reißen oder Sie über einem langsamen Feuer verbrennen. Sie haben geschworen, dass Sie ihnen dieses Mal nicht entkommen werden."

„Aber sie werden es nicht wagen, mir wehzutun, und selbst wenn sie es wagen, werden sie es nicht können, solange mein Lord Sheffield und seine Männer mich verteidigen."

„Da irrst Du Dich gewaltig. Hier könnten wir ihnen nicht standhalten. Ein halbes Dutzend von uns würde vielleicht als Eskorte genügen, wenn wir erst einmal die Fähre passiert haben. Der Rest meiner Männer wird zurückkehren, um Deinen Vater und Deine Zofe zu beschützen."

„Ich werde sie nicht verlassen, mein Herr."

„Aber, beim Himmel, das sollst du, und wenn ich dich mit Gewalt wegzerren muss."

Und dann hörte ich das Klirren von Sporenabsätzen und die Bewegung anderer Füße, die Stimme des Arztes, die rief: „Bleiben Sie stehen! Treten Sie zurück, Sir", und im selben Augenblick rief mein Liebster: „Frank!"

„Dann ruf doch gleich einen der Verdammten!", rief Sheffield mit einem grässlichen Lachen.

Jetzt, obwohl ich in glühender Wut war, erinnerte ich mich daran, dass die Männer draußen trotz des Aufruhrs um sie herum möglicherweise jedes laute Geräusch im Raum hören würden, und wenn sie auf mich losgehen würden, wäre die Wahrscheinlichkeit gering meine Liebe zu retten . Ich wollte auch keinen Mord begehen, wenn ich sie ohne sie retten könnte, also zog ich keine Waffe, als ich in den Raum stürmte. Als ich eintrat, stieß Sheffield den Arzt heftig beiseite und packte Anna mit dem Rücken zu mir um die Taille. Ob er meine Schritte hörte oder ob etwas in Annas Gesicht ihn dazu veranlasste, sich umzudrehen, weiß ich nicht, aber er drehte sich um und stand einen Moment lang wie vor Schrecken da; aber er erholte sich mit erstaunlicher Kühle und zog eine Pistole aus seinem Gürtel. Obwohl er schnell war, war ich schneller. Ich packte seine rechte Hand mit meiner linken und versetzte ihm mit der rechten einen Schlag, den er, als er sich umdrehte, um auszuweichen, an der Seite seines Kopfes abfing und so steif wie ein Kegel zu Boden fiel. Ich hob meine Hand, um zum Schweigen aufzufordern, während ich mich über ihn beugte, und sah, dass er fassungslos gewesen war.

Ich war ziemlich ratlos, was als nächstes zu tun war, als jemand meine Schulter berührte und als ich mich umdrehte, sah ich Bess Boswell. Sie flüsterte schnell:

„Folgen Sie mir so leise wie möglich, Frauen zuerst, Männer hinten, und machen Sie es genauso wie ich."

Sie nahm die Laterne und ging voran zur Rückseite des Hauses, wobei sie das Licht unter einem Teil ihres Kleides versteckte, als wir zur Küchentür kamen, wo sie im Zickzack von einem Schattenfleck zum nächsten schritt, der nun ein Haufen war aus Holz, bald aus einem Busch, bald aus einem Baum, denn zu diesem Zeitpunkt lag ein großer Glanz roten Lichts über der gesamten Siedlung.

Wir erreichten den Palisadenzaun, ohne verfolgt zu werden – zumindest hofften wir das – und schlüpften dann einer nach dem anderen durch die Lücke, versteckt von den Weiden, die Luke so praktisch gefunden hatte. Auf der anderen Seite des Zauns befanden wir uns in schützender Dunkelheit und einigermaßen sicher. Dann ließ Bess uns wissen, was sie vorhatte.

„Gestern war hier ein Boot. Wenn du auf dem Wasserweg nach Belshaw kommst, hast du einen guten Start, denn im Moment gibt es keine Möglichkeit, das Moor zu überqueren, und der Mob muss einen langen Kreisverkehr nehmen, um dich zu fangen, selbst wenn er es sieht Du."

„Wie sind Sie uns gerade noch rechtzeitig zu Hilfe gekommen?" Ich fragte.

„Ich hörte, was der Pöbel schrie, als er zum Haus des Doktors ging, und rannte los, um vor ihnen dort zu sein, als ich Lord Sheffield und seine Männer heranreiten und die Menge zurückdrängen sah. Ich war mir sicher, dass das Böse im Schilde führte. Als er seine Männer aufgestellt hatte und allein hineingegangen war, ging ich kühn hin und sagte den Kerlen, ich müsse eine Dame begleiten. Sie grinsten und ließen mich passieren. Ich verriegelte und verriegelte die Tür hinter mir und machte dabei so wenig Lärm wie möglich. Als ich das getan hatte, bemerkte ich Sie, denn ich kann wie eine Katze sehen. Also wartete ich, um zu erfahren, was Sie vorhatten, und war bereit, es entsprechend Ihrem Hinweis zu spielen. Jetzt müssen wir schnell das Boot finden."

Bess war es, die es fand, zusammen mit einem Paar Ruder und einer Stange. Wir kamen so schnell und leise wie möglich in der Dunkelheit hinein – alle außer Bess, die sich bückte, um uns herunterzustoßen.

„Komm mit uns", sagte Anna.

„Nein, die Last ist schwer genug für ein Paar Ruder", antwortete sie, „und ich könnte am besten von Nutzen sein, wenn ich hier bleibe."

„Nicht so. Komm mit uns, Bess, ich flehe“, sagte ich und sprach aus Angst davor, was ihr widerfahren könnte, wenn sie bliebe, da die Mulgrave-Männer und der Mob wussten, wie sie es zu tun pflegten, dass dies durch ihre Mittel geschah wir waren entkommen.

Sie trat ans Heck, drückte die Stange gegen das Ufer, und ich bediente die Ruder mit aller Kraft und Geschicklichkeit. Kaum waren wir aus der Dunkelheit in das grelle Licht geschossen, rief eine laute Stimme, von der ich wusste, dass sie Boswells Stimme war:

„Da sind sie – die Hexe und der Mörder von Lord Sheffield! Ein Vermögen für den Mann, der ihn tot oder lebendig nimmt!“ und zur gleichen Zeit wurde der Zaun voller Gestalten, die einen Moment lang schwarz vor dem Licht standen und dann in die Dunkelheit fielen, wo wir eine Minute zuvor gewesen waren, und schnell wieder auftauchten, einige am einen Ufer, andere am anderen.

Unsere Islonier waren zu gut an das Waten und Schwimmen gewöhnt, als dass sie lange durch Wasser behindert werden konnten, und sie kletterten in großem Tempo die Ufer hinauf und rannten hinter uns her, wobei sie feuerten und Steine warfen, während sie rannten, bis der Befehl gerufen wurde:

„Lauft voraus, ihr Narren, und dann steht ihr auf und feuert.“

„Kauer dich tief“, sagte ich zu meiner Gesellschaft im Boot und zog mit aller Kraft, während mir der Schweiß über das Gesicht lief.

Alle gehorchten, außer Bess, die mit der Stange in den Händen im Heck stand.

Wir waren einige Furlongs unter einem ständigen Hagel von Steinen und Kugeln gerast, und ich wusste nicht, ob jemand ernsthaft verletzt war, ja nicht einmal, ob ich selbst getroffen worden war oder nicht, als wir von unseren Verfolgern zu meiner Rechten befreit wurden, indem sie in ein Moor stürzten. Noch eine Furlong, und wir konnten den anderen entkommen, indem wir in den Belshaw-Bach einbogen.

Während ich mir das sagte – denn mein Keuchen erlaubte es mir nicht, es laut auszusprechen – stöhnte der Arzt. Eine Minute später zwang mich ein Stechen in meinem linken Arm fast dazu, das Ruder loszulassen. Kurz darauf stieß Martha einen stöhnenden Schrei aus.

„Duck dich, Bess – duck dich“, versuchte ich zu sagen, wusste aber nicht, ob sie es hörte. Wenn doch, achtete sie nicht darauf, und als wir uns schließlich der Mündung des kleineren Baches näherten, stieß sie gegen etwas im Wasser; was konnte ich nicht sehen, denn wir waren jetzt von Dunkelheit umgeben. Wieder schlug sie gegen etwas. Dann drehte sie sich um und sagte: „Beruhige dich ein wenig."

Ein lautes Geschrei erschallte in der Nacht vom Ufer des Idle, als unsere Feinde entdeckten, dass wir sie im Stich gelassen hatten. Selbst wenn sie den Idle überquerten, konnten sie nicht hoffen, uns über die Sümpfe, die unseren kleinen Fluss säumten, weiter zu verfolgen.

Ich zog eine Weile langsam, um sicherzustellen, dass ich außerhalb ihrer Reichweite war, bevor ich anhielt, um zu erfahren, welchen Schmerz wir erlitten hatten. Wir konnten nichts sehen, denn unsere Laterne war ausgebrannt oder in den Falten erstickt, in die Bess sie gewickelt hatte. Anna, die mir am nächsten saß, bestätigte, dass sie nichts Schlimmeres als ein paar blaue Flecken erlitten hatte; Der Arzt hatte eine Wunde in der linken Schulter, die stark blutete, sagte er; Martha war mit einem Stein am Kopf getroffen worden, aber jetzt ging es ihr besser; Bess versicherte mir, dass sie keine ernsthaften Verletzungen hatte, was ich kaum glauben konnte, so entblößt wie sie gewesen war. Nun ja, für den Rest von uns hatte sie sich so mutig aufs Spiel gesetzt. Zweimal waren einige unserer Verfolger trotz der bereitstehenden Stange aus dem Ufer geschwommen, um unser Boot zu ergreifen, und mit gebrochenen Kronen untergegangen. Mit uns wäre alles vorbei gewesen, wenn sie die Bordkanone festgehalten hätten.

Etwas davon sagte ich gerade, als Bess rief: „Hör für einen Moment mit dem Rudern auf."

Während sie sprach, drang ein heiserer Jubelschrei an unser Ohr, und als dieser verklang, hörten wir das schwache Geräusch eintauchender Ruder, das immer deutlicher wurde, während wir zuhörten.

„Einige von ihnen folgen uns in einem Boot", sagte Bess. „Gebt mir eure Pistolen und rudert weiter."

„Achte auf die Zündung", sagte ich, als ich die Waffen vorbeigab und mich wieder zu den Rudern beugte. Schnell konnte ich nicht vorwärtskommen, denn der Fluss machte an dieser Stelle scharfe Biegungen, und die Dunkelheit wurde durch Erlen und Weiden, die sich über das Wasser neigten, noch verdichtet, sodass ich mich langsam vortasten musste, um nicht mit dem Boot auf Grund zu laufen. Glücklicherweise kannte ich jede Biegung und jede Untiefe, da ich schon Dutzende Male auf dem Fluss gewesen war, um Enten zu schießen, allerdings noch nie in so düsterer Umgebung wie jetzt. Ich hoffte, dass unsere Verfolger mit den Windungen weniger vertraut waren, und in diesem Fall könnten sie auf einer Untiefe oder einem Busch lange genug hängen bleiben, um mir Zeit zu geben, eine „Weite" zu überqueren, die ein Stück weiter vorn lag.

Draußen auf offenem Wasser würde uns ein von drei oder vier Männern gerudertes Boot mit Sicherheit überholen, es sei denn, wir hatten einen langen Vorsprung; Aber wenn es mir gelingen würde, die „Breite" zu überwinden, bevor sie mit uns zusammenkamen, hatte ich eine gewisse Hoffnung, das Rennen zu gewinnen; denn der Rest des Baches wand sich auf eine Weise, die für diejenigen, die seinen Lauf nicht genau kannten, voller Schwierigkeiten war. Gerade als sich der Kanal erweiterte und ich darüber nachdachte, wie ich unseren Verfolgern ausweichen könnte, brachen sie in laute Flüche aus, und ich ahnte, was mit ihnen passiert war. Hinter uns gabelte sich der Bach ein wenig, und ein Zweig verlief bald flach über ein Kieselbett. Wenn man darüber drückte, gelangte man zu einem Unkrautbeet, das ziemlich unpassierbar war. Ich stellte mir vor, dass unsere Verfolger das seichte Wasser erreicht hatten, und ich hoffte, dass sie weitermachen würden. Wir konnten hören, wie sie stritten und stritten. So war ich mir des langen Starts sicher, den ich wollte, und zog fröhlich über das Seeufer, wobei ich die Wasservögel zu Tausenden aufscheuchte, zum Erstaunen von Anna, die noch nie einen so donnernden Flügelschlag und einen solchen Tumult aus Schreien, Quaken usw. gehört hatte gackern.

Wir erreichten die Einfahrt zum weiteren Fluss sicher und ich war zuversichtlich, dass wir Belshaw erreichen würden, bevor das andere Boot uns einholen könnte. Nicht, dass wir dort außer Gefahr wären, da es mehr als wahrscheinlich war, dass ein Teil des Pöbels den Damm und die Straße umging, wenn sie eine Ahnung von unserem Ziel hätten, aber sie würden unmöglich vor etwa einer Stunde ankommen, was uns Zeit geben würde, entweder woanders hinzugehen oder Schutz zu suchen und eine Nachricht nach Belton zu schicken, wo es viele kräftige Kerle gab, die zu Hilfe kommen würden, wenn man sie glauben machen könnte, dass „der junge Gutsherr" noch lebte und in Gefahr war. Das sagte ich, um meinen Freunden Mut zu machen, und während ich sprach, begann sich der Himmel im Osten ein wenig zu röten. Nach einer halben Stunde waren wir in Sichtweite von Drurys Haus und ein paar weitere Minuten brachten uns zur Anlegestelle. Wir konnten nichts von dem anderen Boot sehen oder hören und alles war ziemlich friedlich, außer Drurys Schweinen, die nach ihrem Frühstück schreiend.

KAPITEL XX

Als wir auf unsere Verletzungen blickten, waren wir erstaunt über deren Geringfügigkeit. Meine Schulter war beim Abprall von einer Kugel getroffen worden, die nur ein kleines Stück eingedrungen war und leicht entfernt werden konnte; Anna war mit ein paar blauen Flecken davongekommen; Marthas Schnittwunde am Kopf war schlimm, aber nicht schwerwiegend. Wir lachten über die Wunde des Arztes, die nicht entdeckt werden konnte, und auch auf seiner Kleidung war nirgendwo ein Blutfleck zu sehen. Er musste mit Wasser bespritzt worden sein, von dem er angenommen hatte, dass es sein eigenes Blut sei. Bess hatte die schlimmsten Verletzungen erlitten, ihre Hände, Arme und ihr Gesicht waren voller Blutergüsse und Schnittwunden, aber der Arzt schüttelte den Kopf, hauptsächlich wegen einer Prellung an ihrer Brust. Wie sie nach diesem widerlichen Schlag die Stange und die Pistole fest im Griff behalten hatte – nein, wie sie überhaupt durchgehalten hatte, erklärte er, er verstehe es nicht. Sie lächelte und sagte, er sei es nicht gewohnt, Zigeuner zu behandeln. Während sich Doktor Goel um uns kümmerte, schickte ich einen Jungen, der diejenigen meiner alten Diener und Nachbarn mitbringen sollte, die bereit waren, mir gegen den Pöbel zu helfen, von dem ich sicher war, dass er bald auftauchen würde. Ich wusste, dass Boswell sie mit all seinem Können anspornen würde. Glücklicherweise sei bereits bekannt geworden, dass nicht ich auf dem Kirchhof von Belton begraben worden sei, und meine Freunde hätten immer von mir gesprochen, versicherte mir Dame Drury. Ihr Mann flehte mich an, wegzugehen, und als er feststellte, dass ich mich nicht rühren würde, knurrte er angesichts der Gefahr, Eigentum zu verlieren und vielleicht sein Haus in Flammen zu sehen, in einem Streit, der nichts mit ihm zu tun hatte. Dame Drury sah die Sache heiterer und war sich sicher, dass „der junge Knappe" am Ende nicht zusehen würde, dass ihnen etwas zustoßen würde. Sie machte sich geschäftig auf den Weg, um das Frühstück für uns zu holen, und während wir es aßen, erzählte sie mir, dass „Cousin John in seinem großen Wunsch, mich zu sehen, völlig zögerte", und flehte die junge Dame an, ihn zu ehren, indem sie mit mir dorthin ginge seine Kammer. Er lag, wie es seine Gewohnheit war, vollständig bekleidet auf seinem Sofa und zitterte vor Eifer, und zu meinem Erstaunen erhob er sich halb von seinem Bett, um Anna zu begrüßen, mit der er mit einer höflichen Anmut sprach, die ihm allen anderen Männern eigen war jemals gewusst habe.

Als Antwort auf seine Fragen ging ich auf die wichtigsten Ereignisse des letzten Monats ein und ließ ihn wissen, wie die Dinge derzeit bei uns standen. Draußen erhob sich ein lautes Hurra, und als ich ans Fenster trat, sah ich etwa fünfzig Männer, alle oder fast alle mit Gewehren und Stangen bewaffnet. Als sie mich sahen, jubelten sie immer wieder wie verrückt. Es waren Beltonier, mir gegenüber sehr freundlich und mehr als bereit, sich zu prügeln.

„Sagen Sie uns, was Sie von uns wollen, Herr Frank", rief jemand.

„Bestimmen Sie drei Männer", antwortete ich, „einen, der auf der oberen Straße Wache hält, einen auf der unteren Straße und einen an der Anlegestelle, der den Fluss im Auge behält. Wenn jemand den Mob kommen sieht, soll er als Signal schießen. Dem Rest erzähle ich meine Geschichte und welche Hilfe ich von Ihnen erbitte."

Drei Männer marschierten sofort los, um meinem Befehl Folge zu leisten.

„Freunde und Nachbarn", begann ich, „wir haben keine Zeit zu verlieren, deshalb werde ich mich kurz fassen. Wie Sie wissen, wurde bekannt gegeben, dass ich tot sei, und ein Mann wurde unter meinem Namen auf unserem Kirchhof begraben; aber ich war entführt und zur Melwood Priory verschleppt worden. Dort hatte mein Feind mein Gesicht zerschnitten und geschnitzt, damit ich wie das Bild des Mannes aussah, der als Frank Vavasour begraben worden war. – und ich warf meine Weste auf. „Diese teuflische List wurde angewandt, um mich als einen Mann darzustellen, der als Sklave nach Virginia transportiert werden sollte. Aber warum? Weil ich eine junge Dame liebte, auf die Lord Sheffield eine Vorliebe hatte." Hier musste ich innehalten, während meine Zuhörer stöhnten und ihre Gefühle mit einer starken Sprache milderten. „Mein Herr dachte, es würde mich für meine Anmaßung bestrafen und auch die Dame seiner Gnade ausliefern, wenn ich so entsorgt würde. Aber ich habe mein Gefängnis gebrochen." Die Männer jubelten, bis ich meine Hand hob. „Schließlich wurde ich gefasst und nach Hull gebracht, wo ich im Gefängnis lag, bis das Schiff zur Abfahrt bereit war. Dorthin schickte Gott mir einen Freund, der mich befreite, und erst gestern Abend kam ich nach Sandtoft, um meine Dame zu sehen Wie Sie wissen, wurde in der Nacht ein Angriff auf die Siedlung verübt. Ich bin mir sicher, dass seine Agenten absichtlich einige dumme Leute dazu angestachelt haben, meine Dame zu belästigen Er könnte mit einigen seiner Gefolgsleuten unter dem Vorwand der Rettung nach Normanby House kommen. Er wusste nicht, dass ich vor Ort war, um sie aus seinen Fängen zu retten Mein Wort: Obwohl ich das Schwert an meiner Seite und die Pistole im Gürtel hatte, habe ich ihn niedergeschlagen, und er war betäubt.

„Das ist, als hätte ihn ein Pferd getreten, darauf wette ich", sagte eine Stimme.

„Jetzt geben sie vor, ich hätte ihn getötet."

„Das ist ja echt eine Erleichterung, dass wir ihn los sind!", rief eine andere Stimme.

„Nun, ich wollte ihn nicht töten und ich glaube auch nicht, dass ich es getan habe. Aber wenn ich es getan habe, bin ich bereit, mich zu stellen –“

„Nein, das wirst Du nicht!“, ertönte es aus mehreren Teilen der Gruppe.

„Ich bin bereit, mich dem Leichenbeschauer oder jedem anderen zu stellen, der das Recht hat, mich vor Gericht zu stellen, aber nicht in die Hände meiner Feinde, die die Werkzeuge meines Lord Sheffield waren, denn sie haben ein zu großes Interesse an meinem Leben.“

„Darf nicht in die Folterkammer gebracht werden!“, rief eine Stimme.

Folterkammer war der Name des Verlieses in Castle Mulgrave, in dem der Lord President des Council of the North die Gefangenen zu verhören pflegte. Aus dieser Kammer kamen Männer mit verstümmelten Gliedern und erschüttertem Verstand, Männer, deren einziges Verbrechen darin bestand, dass sie nicht bereit waren, die von seiner Lordschaft geforderte Aussage zu machen.

„Ich glaube nicht, dass ich da große Angst haben muss, da mir so viele tapfere Kerle zur Seite stehen. Aber wenn ich gefangen genommen oder getötet werden sollte, bitte ich Sie, diese Dame und ihren Vater zu verteidigen, bis sie unter dem Dach des Pfarrers von Crowle sind.“

Mit diesen Worten zog ich Anna zum Fenster. Meine Worte hatten ihr die Farbe aus dem Gesicht geraubt und sie zum Zittern gebracht, aber sie sprach mit klarer Stimme:

„Oh, ich bin sicher, Sie werden nicht zulassen, dass er getötet oder gefangen genommen wird!“

Der Anblick ihres blassen Gesichts und der Klang ihrer süßen Töne, die von zitternden Lippen kamen, weckten die Männer auf höchstem Niveau, und sie antworteten mit einer Stimme:

"Niemals!"

Also machte ich mich an die Arbeit für unsere Verteidigung und stellte zwanzig Männer rund um das Haus auf, unter einem Schutz, den wir finden oder mit Schilfbündeln aus Drurys Stapel oder allem, was gerade nützlich war, herstellen konnten. Zwanzig weitere stellte ich in einem Halbkreis etwa fünfzig Meter entfernt auf, mit Blick auf die Straße, über die der Feind kommen musste. Fünf unserer besten Schützen habe ich dazu bestimmt, die Annäherung am Fluss zu bewachen, wobei ich ihnen strikt befahl, ihren Posten nicht zu verlassen; und den Rest unserer Männer, zwölf an der Zahl, schickte ich auf die Anhöhe oberhalb der Straße, um bereit zu sein, unsere Feinde in die Flanke zu nehmen.

Nachdem unsere Disposition getroffen war, wurden wir durch sechzehn Männer verstärkt, die ich zu den zwölf auf die Anhöhe schickte; Er befahl ihnen, sich zu verstecken, bis sie drei Hupenstöße hörten, dann sollten sie schießen und den Hügel hinunterstürmen. Ich hatte vorgehabt, das Kommando über diesen Teil meiner Truppe selbst zu übernehmen; Aber als der junge Mell in der letzten Kompanie kam, und er sowohl besonnen als auch mutig war, vertraute ich ihm die Aufgabe an. Wir hatten genügend Zeit für unsere Vorbereitungen, denn wir sahen keinen Feind vor sieben Uhr, als eine große, ungeordnete Menge in Sicht kam – etwa hundert Männer an der Zahl, soweit ich schätzen konnte – bewaffnet mit Stangen und Armbrüsten , Schleudern, Messer und ein paar Waffen. Zwei oder drei Frauen begleiteten die Band.

Etwas weiter oben am Hang, oberhalb meines Halbkreises aus Männern, stand eine alte Kopfweide, auf die ich als Beobachtungsposten kletterte, wobei ich meinen Körper im Schutz ihres Stammes hielt und mein Gesicht zwischen den jungen Trieben gut geschützt war. Ich konnte in der Menge keine Livree von Mulgrave sehen, also schloss ich, dass Boswell die Männer des Grafen in Reserve hielt. Der Mob kam in verstreuter Form daher und schien weder nach irgendeiner Art von Verteidigung außerhalb des Hauses zu suchen, noch unsere Vorbereitungen zu bemerken, so gut waren meine Männer gedeckt. Als sie bis auf fünfzig oder sechzig Schritte herangekommen waren, rief ich: „Halt, oder wir schießen.“

Die vordersten von ihnen standen da und starrten; aber die dahinter drängten sie vorwärts. Einige von ihnen erspähten mich und schickten mir einen Schauer aus Bolzen und Steinen über den Kopf. Im selben Moment feuerten meine Männer und ein Dutzend der Feinde fielen. Dies oder ein Befehl aus der Mitte der Menge brachte sie dazu, lange genug zum Stehen zu kommen, damit meine Männer nachladen und feuern konnten. Die anderen heulten oder brüllten nicht, was mir die Anwesenheit von Männern unter ihnen versicherte, die sich mit Disziplin auskannten. Ich hörte ein leises Summen unter ihnen, und dann trat Boswell an die Front.

„Gebt mir Gehör, ihr Männer von Belton. Wir haben keinen Streit mit euch. Wir wollen den Mörder meines Lord Sheffield“, rief er.

„Und die Hexe!“ heulte und schrie Dutzende Stimmen.

„Und die Hexe“, fügte Boswell hinzu.

„Seien Sie ruhig, Männer. Lassen Sie nicht zu, dass er Ihr Feuer auf sich zieht“, sagte ich. „Es kommt ein Ansturm. Schießen Sie und ziehen Sie sich zurück.“

Ich hatte die Worte kaum ausgesprochen, als der Mob eine Salve von Schüssen, Steinen und Bolzen abfeuerte, ganz wahllos, und im Laufschritt vorrückte. Wieder fielen mehr als ein Dutzend von ihnen unter dem Feuer meiner Männer; aber der Rest setzte den Angriff fort und brach in Triumphgeschrei aus, als sie sahen, wie meine Beltonier in Deckung rannten. Ihre Rufe verwandelten sich in Schreie und Flüche, als sie ein gezieltes Feuer aus dem zweiten Ring erhielten, und ich hoffte, sie würden umkehren und weglaufen. Aber sie kamen näher, mehr wütend als eingeschüchtert über ihre Verluste, und wir waren schnell in einen Nahkampf verwickelt, an dem ich seltsamerweise kaum aktiv beteiligt war, denn vier meiner Männer gaben mir zu verstehen, dass sie meine Leibwächter waren, und sie blieben so dicht bei mir, dass ich mit meiner dicken Eschenstange nichts ausrichten konnte. Also machte ich das Beste aus meinen Augen und Ohren, und es war gut, dass ich dazu gezwungen war, denn während wir in einem wilden Durcheinander hin und her getrieben wurden und aufeinander schlugen und stachen, kamen etwa fünfundzwanzig oder dreißig Reiter – Mulgrave-Männer – mit langen Musketen die untere Straße entlanggaloppiert.

Ich blies dreimal in meine Hupe, und das Geräusch beendete fast den Kampf um das Haus. Der treue Mell und seine Männer erhoben sich, und die Hälfte von ihnen feuerte. Bevor die Mulgrave-Leute mit ihren Figuren fertig werden konnten, waren vier oder fünf Sättel leer und zwei oder drei Pferde am Boden. Die zweite Hälfte von Mells Männern feuerte mit gleicher Wirkung, während ihre Kameraden nachluden. Die Gefolgsleute des Grafen waren nicht tapfer genug, um auf eine dritte Salve zu warten, sondern flohen wild auf dem Weg, den sie gekommen waren, alle bis auf diejenigen, die weder reiten noch rennen konnten. Mell folgte ihnen aus meinem Blickfeld, und unser Kampf, der in den letzten Minuten nachgelassen hatte, ging wieder heftig weiter.

Die Boswell-Gruppe kämpfte nach einer gewissen Methode: Sie versuchten mit aller Kraft, uns an die Rückseite des Hauses zu treiben oder zu ziehen. Als ich und mein Leibwächter das sahen, arbeiteten wir uns nach vorne vor, und dabei hörten wir einen Schuss und einen Schrei: „Hier entlang, Männer aus Belton!“ Ich hätte schwören können, dass die Stimme John Drury gehörte. Wir rannten herum und standen einen Augenblick wie vom Donner gerührt da, denn tatsächlich stand John Drury am Landeplatz, barhäuptig, mit totenbleichem Gesicht, und hob die Waffe an die Schulter.

Etwa fünfzig Meter flussabwärts lagen drei Boote voller Männer. Einige von ihnen schossen auf uns, als wir auf John zuliefen, konnten aber niemanden verletzen, während sein Schuss den Mann zu Boden brachte. Zwei unserer Männer, die sich aus dem Getümmel befreit hatten, luden nun ihre Gewehre und feuerten auf die Boote. Zu meiner unsagbaren Erleichterung eilten Mell und seine Männer uns zu Hilfe und feuerten so heftig auf sie, dass sie schnell außer Reichweite gedrängt wurden.

Während wir vier Männer bei John zurückließen, um sie vor ihrer Rückkehr zu schützen, stellten wir uns in einiger Entfernung von der raufenden Masse in einer Reihe auf, und ich rief:

„Hier entlang, Freunde, und überlasst uns die Schurken."

Die meisten unserer Männer gehorchten sofort und luden ihre Waffen nach, sobald sie aus der Menge herausgekommen waren. Wir waren jetzt die stärkere Partei, ungefähr sechzig, mit Schusswaffen. Die anderen hatten mehr behinderte Männer als wir, so dass wir zahlenmäßig nahezu gleich waren; aber sie waren in Waffenangelegenheiten im Nachteil und nicht wenig entmutigt durch die grobe Behandlung und das Unbehagen der Reiter, wie ich den Flüchen entnehmen konnte, die ich über „die Mischlingshunde" hörte.

Als ich sie also aufforderte, ihre Waffen niederzulegen, warfen sie Stangen, Messer, Armbrüste und Gewehre auf den Boden. Sie zeigten sich ziemlich überrascht, als ich sie einen nach dem anderen herauspickte und jeden aufforderte, seiner Arbeit nachzugehen, aber seinen Teil dazu beizutragen, ihre Verwundeten wegzutragen. Auf diese Weise ließ ich alle frei, außer Boswell und dreizehn Zigeunerburschen, die ich festgebunden und weit voneinander entfernt hingelegt hatte. Boswell brachte ich sicher in einem Nebengebäude unter der Aufsicht von zwei Wachen unter. Mein Ziel dabei war, die Wahrheit über Jim Ulcebys Tod herauszufinden. Sobald die Gefangenen erledigt waren, schickte ich einige meiner Männer nach Crowle, um festzustellen, ob Mr. und Mrs. Graves im Pfarrhaus waren; einige nach Sandtoft, um zu erfahren, wie die Dinge dort standen, und insbesondere, um nach Mr. Ulceby zu fragen; und einige nach Butterwick, um zu erfahren, was sie über die Maßnahmen des Grafen in Bezug auf den Tod seines Sohnes erfahren konnten. Doktor Goel hatte sich, unterstützt von Anna und ihrer Zofe, um das halbe Dutzend unserer Männer gekümmert, deren Verletzungen die Behandlung eines Chirurgen erforderten, und Dame Drury war mit der Hilfe ihres murrenden Mannes damit beschäftigt, unsere guten Freunde mit Essen und Getränken zu versorgen. Jetzt hatte ich Muße, John zu fragen, warum er sich wunderte, aus dem Bett aufzustehen, in dem er so lange hilflos gelegen hatte.

„Ich weiß nicht mehr als du", antwortete er. „Ich lag am Fenster, so schlecht gelaunt, dass ich so nutzlos wie ein Baumstamm war, blickte über das Moor und sah Boote auf dem Fluss. Die Männer, die Sie am Anlegeplatz postiert hatten, waren verschwunden – verschwunden Schließe dich ihren Kameraden an, schrie ich, aber niemand hörte es, und wenn sie nicht zurückgeschlagen würden, würdest du von einem neuen Angriff überrascht werden. Ich sprang von meinem Bett, stürmte die Treppe hinunter, nahm die Waffe meines Cousins und rannte hinaus. „Es war der Wille des Himmels, ein Wunder für Sie und für mich.“

Ich befürchtete, dass seine Kraft, die so plötzlich wiederhergestellt war, genauso plötzlich nachlassen könnte, aber das geschah nicht. Soweit wir sehen konnten, war er gesund und kräftig und so aktiv wie jeder andere Mann unter uns. Der Arzt tröstete uns, indem er sagte, dass bei einer Reihe solcher Genesungen, die gut bezeugt waren, die Heilung von Dauer gewesen sei. Ich erzählte von meinem Erstaunen, als ich sah, wie John sich bewegte, als wollte er aufstehen, als ich Anna in sein Zimmer führte.

„Jetzt, wo du davon sprichst, erinnere ich mich daran“, sagte John; „Und dadurch stimmt meine Wiederherstellung mit einem alten Präzedenzfall überein. Ein Engel wurde gesandt, um mich zu heilen. Es ist ein Wunder in der richtigen Form und Ordnung.“

Obwohl er so leichthin sprach, drückte das Leuchten in seinen Augen deutlich aus, dass er zu tief für Worte war.

Im Laufe des Tages kehrten unsere Kundschafter mit der Nachricht zurück, dass der Pfarrer von Crowle in seine Pfarrei zurückgekehrt sei; dass die Holländer die Eindringlinge aus ihrer Siedlung vertrieben hatten und Herr Ulceby bald eintreffen würde; dass der alte Graf vor Wut und Kummer halb wahnsinnig geworden sei und eine Belohnung von hundert Pfund für meine Festnahme sowie eine strenge Strafe für jede Person erlassen habe, die mir helfen oder mir Unterschlupf gewähren sollte. Als Präsident des Rates erklärte er mich zum Gesetzlosen, weil ich mich mit Gewalt der Autorität des Königs widersetzt, eine Verschwörung gegen das Leben des königlichen Kommissars geplant und Lord Sheffield ermordet hatte. Es war befohlen worden, alle Häfen zu überwachen und alle auslaufenden Schiffe zu durchsuchen, und diese Befehle wurden mit aller Geschwindigkeit nach Norden, Süden, Osten und Westen ausgeführt. Gegen Doktor Goel, seine Tochter und seine Bediensteten waren Haftbefehle ergangen. Herr Ulceby und sein Mann ritten herbei, während wir über diese Neuigkeiten debattierten.

Das Erste, so schien es mir, bestand darin, die Beltonianer wegzuschicken, denen man vielleicht umso weniger vorwerfen würde, mich und meine Freunde beschützt zu haben, wenn sie nachweisen konnten, dass sie sich aufgelöst hatten, als sie die Bedingungen der Proklamation des Grafen hörten. Mit großer Mühe gelang es mir, die tapferen Kerle dazu zu bewegen, uns zu verlassen. Die nächste Frage war, wie meine Dame und ihr Vater und Diener an einen sicheren Ort gebracht werden könnten, und Mr. Ulceby schlug vor, sie sollten mit ihm nach Hull fahren, wo er sie an Bord eines seiner eigenen Schiffe nach Amsterdam bringen würde; Da der Arzt nun frei war, nach Holland zurückzukehren, wurde so vereinbart. Anna flehte mich an, mit ihnen zu gehen, aber da ich sicher war, dass meine Anwesenheit bei ihnen eher ihre Flucht behindern als die meine begünstigen würde, stimmte ich nicht zu. John Drury versprach, sie bis Hull zu begleiten und mir Bescheid zu geben, wenn sie Humber verlassen hätten. Meine Dame hätte Bess gern mitkommen lassen, nachdem sie sich nun von ihrem eigenen Volk getrennt hatte, aber Bess wollte nicht und sagte, sie habe sich bereits verpflichtet, Dame Drury bestimmte Dienste zu leisten, für die sie Essen und Essen erhalten sollte Unterschlupf.

„Aber was ist Ihre Absicht?", fragte John und wandte sich mir zu.

„Um sich in einem nicht weit entfernten Schlupfwinkel zu verstecken, der für jeden, der den Weg nicht kennt, unzugänglich ist. Und selbst wenn man ihn kennt, muss man vorsichtig gehen, denn er schlängelt sich durch zitternde Sümpfe und Schlammgruben und versteckte Tümpel."

„Du meinst Lindum", sagte Bess. „Niemand außer dem Einsiedler kennt den Weg."

„Du irrst dich, Bess", antwortete ich. „Daft Jack kennt es gut, und ich auch. Ich habe letzten Herbst eine Woche dort verbracht und dem Einsiedler versprochen, dieses Jahr noch eine bei ihm zu verbringen. Dort bin ich in Sicherheit, und wenn der ganze Aufruhr vorbei ist, mache ich mich auf den Weg nach Holland."

„Ich finde Ihren Plan bewundernswert", sagte John. „Es ist der letzte Ort auf der Welt, an den Ihre Feinde denken werden, und wenn sie Sie zufällig dort finden, werden sie kaum an Sie herankommen. Ich werde hier bleiben und bereit sein, mich Ihnen anzuschließen, wenn es soweit ist." Es ist ratsam, die Deckung zu verlassen. Hat der Einsiedler Tauben, wissen Sie?

„Schwärme davon."

„Dann brauchen Sie nur noch ein paar nach Messic Mere zu bringen oder sie durch Ihren Gastgeber zu schicken, und ich werde im Bedarfsfall mit Boten versorgt. Ich werde am frühen Mittwoch auf dem Wasser sein und jeden Tag danach, bis ich sehe oder von Dir hören."

Dann stellte sich die Frage, was mit unseren Gefangenen und insbesondere mit Boswell geschehen sollte. Als ich in das Nebengebäude schaute, in dem er eingesperrt gewesen war, fand ich es leer vor. Als die Beltonianer sich zurückzogen, vergaß ich Boswell, und ihm war die Flucht gelungen. Dies beschleunigte unser Verfahren. Angesichts eines so listigen Feindes in Freiheit, der uns vielleicht ausspionierte, war es notwendig, so schnell und schlau zu sein, wie wir nur zu sein wussten. Im Umgang mit den anderen Männern berieten wir uns mit Bess, die mich und John aufforderte, grob mit ihnen über unsere Absicht zu sprechen, sie zu erschießen, und während wir drohten, kam sie herbei, um Fürsprache für sie einzulegen und in ihrem Namen ein Versprechen abzulegen dass sie sich nicht gegen uns beteiligen würden, wenn wir ihr Leben verschonen würden. Sie schwor ihnen dies mit Worten, die für die Zigeuner am verbindlichsten sind. Also befahl ich ihr, sie zu einem Zeitpunkt freizulassen, als ich hoffte, dass die Reisenden auf einem guten Weg wären. Herr Ulceby gab vorerst das Unterfangen auf, die Wahrheit über den Tod seines Sohnes herauszufinden, und John Drury gelobte, nach seiner Rückkehr der Sache auf den Grund zu gehen.

Es war nicht einfach, Pferde für die Reise nach Hull zu finden. Mr. Ulceby und sein Mann hatten ihre Roadster, und John sollte meinen Trueboy mitnehmen, der nach seinem langen Müßiggang viel zu munter war, obwohl John dafür gesorgt hatte, dass er jeden Tag etwas Bewegung hatte, um von einem Neuling geritten zu werden. Drury hatte zwei Pferde, eines davon war ein anständiges Pferd, auf dem die Dame zum Markt ging, und dieses sattelten wir für Anna. Das andere war zu alt und zu schwer für unseren Gebrauch, aber John erwischte ein nüchternes Ross, das einen der Mulgrave-Soldaten getragen hatte, und überredete den Arzt, es zu besteigen und Martha auf dem Sozius zu nehmen. Sie vertrauten darauf, dass es ihnen in Belton besser gehen würde.

Der Abschied musste kurz sein, und ausnahmsweise war ich froh, dass es so sein musste, denn meine Liebe war verzweifelter, als ich sie jemals gekannt hatte.

„Über das Meer zu gehen und dich zurückzulassen, umgeben von so vielen Gefahren und verfolgt von Feinden, die so erbittert, gerissen und grausam sind, bricht mir fast das Herz", sagte sie. „Lassen Sie sich überreden, mit uns zu kommen, Frank."

„Das werde ich nicht, mein Schatz, denn im Hafen wird scharf auf mich geachtet werden; und wenn du und dein Vater mit mir gesehen werden, besteht kaum Hoffnung, dass du dein Land eroberst, wohingegen du jetzt vielleicht von ihnen beschützt wirst." ein bekannter Mann.
Ich versuchte sie zu trösten, indem ich sie daran erinnerte, wie wunderbar mir bisher geholfen und befreit worden war; aber sie ließ sich nicht aufmuntern und sagte, dass ich noch nie zuvor in einer so schlimmen Lage gewesen sei; Immer wieder flehte sie mich an, mit ihnen zu gehen, so dass ich gezwungen war, hart mit ihr umzugehen, denn in der Tat war jede Minute Verzögerung gefährlich. So kam es, dass wir uns am Ende hastig trennten, und sie ritt sehr traurig davon.
Als sie außer Sichtweite war, beeilte ich mich, meine Reise vorzubereiten. Bess und die Dame halfen mir dabei. Sie fanden Kleidung für mich, in der ich wie ein Marschmann aussah, und klebten mir noch mehr Gips aufs Gesicht, um mich besser zu verkleiden. Ich nahm Gewehr, Pistolen, Stange

und Messer, Feuerstein und Zunder, ein Paar Klampen und einen guten Vorrat an Schießpulver mit und dachte, ich hätte alles, was ich brauchen könnte; aber die Dame wollte, dass ich eine Pastete und eine Flasche Wein mitnehme.

„Nein, Dame", sagte ich, „es besteht kein Anlass, für meine kurze Reise Proviant mitzunehmen."

„Nennen Sie sich einen Sumpfbewohner und wissen Sie nicht, wie aus kurzen Reisen lange werden! So mancher hat es bereut, dass er kein Essen und Trinken mitgenommen hat, als er sich auf den Weg machte, um das Moor zu überqueren."

Um die gütige Seele nicht zu verärgern, fügte ich ihren Proviant zu meiner Ladung hinzu und machte mich eine Stunde nach Sonnenuntergang auf den Weg zur Einsiedelei von Richard Bland, der von den wenigen, die ihn kannten, gemeinhin „der Zauberer" oder „der Verrückte" genannt wurde " von Lindholme.

KAPITEL XXI

Es besteht für mich keine Notwendigkeit, eine lange Geschichte darüber zu erzählen, wie ich über das Moor nach Messic Mere gelangte und, indem ich mir einen Kahn von Hollings borgte (ohne die Erlaubnis des Besitzers, da ich nicht wagte, mich zu zeigen), den Fluss Torne bis ins Innere aufstaute eine halbe Meile von Wroot entfernt und dann nordwärts über das bebende Moor nach Lindholme. Ich habe die Rechtskurve mehr als einmal verpasst und musste ziemlich viel Arbeit leisten, um wieder auf die Strecke zu kommen, und musste nur knapp aus versteckten Tümpeln und Schlammgruben entkommen; aber ich erreichte Lindholme, bevor es dunkel wurde.

Es ist eine Insel aus kiesigem Kalkstein, umgeben von einem Moormeer, weich wie ein Schwamm und voller Wasser, auf die ich mich ohne die gegenwärtige Gefahr nicht hätte begeben sollen, obwohl ich wusste, welchen Weg ich einschlagen sollte. Neun Monate im Jahr war Lindholme dann so vom Rest der Welt abgeschnitten, als wäre es ein einsamer Felsen mitten im Ozean gewesen, der für immer von stürmischen Wellen heimgesucht wurde. Im Winter war es mit Booten mit flachem Boden erreichbar, und bei starkem Frost konnte man darüber laufen oder Schlittschuh laufen. Die Insel ist etwa eine Dreiviertelmeile lang und eine Achtelmeile breit. Am nördlichen Ende erhebt es sich zu einem kleinen Hügel, an dessen Fuß sich eine Quelle mit klarem, süßem Wasser befindet. Wie es dazu kommt, dass es eine solche Quelle gibt, wenn das ganze Wasser im Moor um sie herum so braun ist wie Oktoberbier, verstehe ich nicht. Zu der Zeit, über die ich schreibe, wuchs nördlich des Hügels ein Eichenhain, und an der Südzunge der Insel befand sich ein ziemlich dichter Weiden- und Erlenhain. Der Einsiedler bewohnte ein Fachwerkhaus mit drei Zimmern, grob, aber seltsam eingerichtet. Etwas abseits stand eine Reihe von Gebäuden – drei niedrige Steinhütten und ein halbes Dutzend Holzhütten unterschiedlicher Größe. Hier lebten die Diener des Einsiedlers – ein Mann und seine Frau und ihr Sohn, ein großer Junge von sechzehn oder siebzehn Jahren. Auch hier wurde der Hofbestand des Einsiedlers gehalten – ein kleiner Bulle und vier Kühe, ein Dutzend Schafe und eine große Anzahl Geflügel.

Bland, oder vielmehr sein Knecht und sein Sohn, bewirtschafteten ungefähr die Hälfte des Bodens seines Besitzes mit Pflug und Spaten und erzielten erstaunlich reiche Ernten an Mais und Hülsenfrüchten.

Der Einsiedler war von mittlerer Statur, vielleicht 1,73 m, kräftig gebaut und nicht bemerkenswert, abgesehen von seinem Gesicht, das seltsam unregelmäßig war, als wäre es noch nicht fertig geformt worden. Seine Nase war weder römisch noch adlerartig zu beschreiben, noch ließ sich mit irgendeinem anderen Begriff, der für dieses Merkmal gebräuchlich ist, eine solche Nase herstellen. Ein Kind könnte eine ähnliche Nase herstellen, indem es ein Gesicht aus Ton modelliert. Sein Mund war groß, die Unterlippe hing herab. Die Augenbrauen ragten weit über seine Augen, die einen eigenartigen Ausdruck hatten, der, wie man bei genauer Betrachtung feststellte, darauf zurückzuführen war, dass die Pupille der einen bläulich grau und die der anderen fast schwarz war. Sein üppiges dunkles Haar und sein großer Bart waren mit Silbersträhnen durchzogen.

Gerüchten zufolge war sein einsames Leben auf verschiedene Weisen bedingt, etwa, dass er in der Liebe einen Fehler gemacht hatte, von einem Freund betrogen worden war oder sich dem Teufel verkauft hatte. Ich hatte ihn eines Tages am Messic Mere kennengelernt, als wir uns zufällig trafen, als wir beide Hechte fischten, und wir kamen ins Anglergespräch. Er lud mich zu sich nach Hause ein und versprach mir seltene Jagdmöglichkeiten beim Vogelfang. Er hielt sein Wort während einer Woche, die ich mit ihm verbrachte. Wir waren tagsüber und manchmal auch nachts viel zu beschäftigt, um über etwas anderes als unseren Sport zu sprechen, und wenn wir nicht so beschäftigt waren, waren wir zu müde für Gespräche, sodass ich nicht mehr von ihm wusste, als dass er ein versierter Jäger war und, wie man an seinen Feldern, Scheunen, Stapeln und seinem Viehbestand erkennen konnte, ein guter Bauer, obwohl seine Art, Dinge zu tun, für mich neu und fremd war.

Als ich mich nun der Einsiedelei näherte, stürmten die Hunde heraus, ein Dogge und ein unscheinbarer Hund, der eher einem Lurcher ähnelte als jede andere Rasse, die ich kannte. Zuerst kamen sie wütend auf mich zu, erkannten mich aber schnell und änderten ihre Heftigkeit, um mich willkommen zu heißen. Bland kam an seine Tür und schien von ihrer Freundlichkeit gegenüber einem Fremden überrascht zu sein, aber auch er erkannte mich, sobald ich sprach, und empfing mich mit aller Freundlichkeit. Er blickte mit einer gewissen Neugier auf mein gepflastertes Gesicht und die Kleidung des Marschmanns, stellte aber keine Frage und hieß mich willkommen, an seinem Abendessen teilzuhaben. Ich hielt es für das Beste, ihm zu sagen, dass ich vor der Verfolgung geflohen sei und dass ein Kopfgeld auf mich festgesetzt worden sei und dass jedem, der mir helfen und mich beherbergen könnte, ein Verbot auferlegt worden sei. Er lachte ein lautes, scharfes Lachen, das sein Gesicht kaum veränderte.

„Sie sind trotzdem willkommen“, sagte er. „Hier trotzen wir dem Gesetz der verrückten Welt. Iss dein Abendessen, und danach sollst du mir erzählen, so viel du willst.“

Als mein Gastgeber den Grund meiner Flucht erfahren hatte, versicherte er mir noch einmal, dass ich willkommen sei.

„Bleiben Sie so lange bei mir, wie es Ihnen passt – je länger, desto besser, soweit es mich betrifft. Nachdem unsere Erntearbeit nun beendet ist, kann ich mich den ganzen Tag in Ihrer Gesellschaft vergnügen und den Sport genießen, den Lindholme zu bieten hat." Du weißt es bereits.

Dank meines herzlichen Gastgebers ließ ich mich in Lindholme nieder, bis es vielleicht möglich war, im Ausland einen Versuch in Richtung Freiheit und Sicherheit zu unternehmen.

Am Mittwoch wollte Bland nichts von meinem Ausflug nach Messic Mere hören, wie ich es versprochen hatte, aber er ging selbst und brachte John Drury nach Lindholme und führte ihn am Abend wieder zum Mere.

John überbrachte mir die tröstende Nachricht, dass meine Dame und ihr Vater ungehindert und ungehindert zur See entkommen waren. Herr Ulceby ließ mir mitteilen, dass er ein Schiff bereithalten würde, um mich nach Holland zu bringen, wann immer es für mich ratsam wäre, England zu verlassen. John befürchtete, dass es lange dauern würde, bis ich dies tun würde, denn Himmel und Erde würden sich bewegen, um meine Gefangennahme zu sichern, und er lobte die Weisheit meines Gastgebers in höchstem Maße, mir zu verbieten, meinen Zufluchtsort zu verlassen. Er hielt es für mehr als wahrscheinlich, dass Boswell mich ausspioniert und mein Ziel erraten hatte.

„Wenn ja", fügte er hinzu, „wird der Kerl das Wissen für sich behalten, bis er die Hoffnung aufgibt, Sie im Alleingang zu erobern. Er wird sich eher darum bemühen, die Belohnung nicht mit anderen zu teilen. Denken Sie daran, dass das Angebot gleichwertig ist." Dafür, dass du dich „tot oder lebendig" nimmst! Also bitte sei auf der Hut, mein Freund.

Einige der Offiziere des Grafen hatten Belshaw besucht, konnten aber von den Frauen nichts erfahren, und Johns Cousin wusste nichts.

John hatte im Crowle-Pfarrhaus angerufen, um meiner Tante zu versichern, dass ich derzeit nicht in Gefahr sei. Dort hörte er Neuigkeiten von Dick Portington, der mit Ryther und seiner Tochter seit einiger Zeit in London und im Bath gewesen war; und es wurde allgemein berichtet, dass Dick und Mistress Ryther zu Weihnachten heiraten würden. Daher war es unwahrscheinlich, dass zwischen Dick und mir noch mehr die alte enge Freundschaft bestehen würde.

Wir unterhielten uns über die Niederlage von König Christian bei Lutter, von der John in Hull gehört hatte, und über die Absicht von König Charles, eine Gruppe von Freiwilligen anzuwerben, um seinem Onkel und der Sache des Protestantismus zu helfen.

„Wenn wir dich nur von der Insel schmuggeln könnten", sagte John, „könnte es hier eine Möglichkeit für dich geben."

Aber mich wegzuschmuggeln schien im Moment keine Chance zu geben. Nachdem wir uns auf einen Kommunikationsplan geeinigt hatten, kehrte John zurück, und ich ergab mich mit der größten Gelassenheit, die ich aufbringen konnte, in einen Aufenthalt auf unbestimmte Zeit in Lindholme, den ich so gut wie möglich verbringen musste.

Abwechslung bot die Vogeljagd sicherlich in Hülle und Fülle, denn damals gab es überall auf der Insel mehr Vögel als heutzutage, und rund um Lindholme waren sie zahlreicher als anderswo, aber wegen der Verrottung der Insel schwer zu finden das Moor und die Höhe und Dicke des Schilfs. Ich habe gesehen, wie die Bodenoberfläche einiger Ruten von Ringelgänsen geschwärzt war, als es unmöglich war, in ihre Schussweite zu kommen, und obwohl jeden Abend während meines Aufenthalts Schwärme von Hoopers (manche nennen sie Pfeifschwäne) zum Fressen kamen Lindholme, der jeden Morgen an die Küste zurückkehrte, bestand die einzige Möglichkeit, einen Schuss zu bekommen, darin, eine Stelle unterhalb ihrer Fluglinie zu finden, wo der Boden das Gewicht eines Mannes tragen konnte und es Deckung gab, in der man sich verstecken konnte, und solche Stellen waren schlecht finden. Wir hörten oft die Dunbirds (Rothaarige, wie unsere Marschmänner sie nennen) die ganze Nacht im Umkreis von einer halben Meile von uns arbeiten und hätten vielleicht viel Spaß gehabt, wenn wir in der Morgendämmerung in ihre Nähe gekommen wären, wenn sie gemeinsam aufbrechen, um loszulegen fliegen zu ihrem Tagesquartier; Dies war jedoch nur möglich, wenn der Regen so stark gefallen war, dass genügend Wasser vorhanden war, um einen Kahn schwimmen zu lassen. Obwohl es also reichlich Wild gab, gab es Gelegenheit zu Urteilsvermögen und Geschick bei der Jagd, was unserer Unterhaltung Schwung verlieh, und der Einsiedler und ich verbrachten den größten Teil des Tages im Freien und wagten uns manchmal ins Moor, wo er nicht war wagte es, alleine zu gehen. Eines Abends saßen wir eine Weile am Feuer, er rauchte seine Pfeife und trank oft ziemlich reichlich Brandy, bis es ihm schließlich für gut erschien, in seine Hängematte im innersten Raum zu klettern. In solchen Momenten redete er sehr seltsam, wenn er durch Trinken die Zunge gelöst hatte, und eines seiner Themen war der Wahnsinn der Welt.

„Es ist eine verrückte Welt, Herr Vavasour", würde er sagen, „betrachten Sie sie, wie Sie wollen. Die Wünsche und Bestrebungen von neunundneunzig von hundert Männern sind so verrückt, dass wir sterben würden, wenn wir einander auslachen würden." Wir waren nicht alle verrückt danach, zwanzigtausend Pfund zu erwerben; er könnte sich genauso klug abmühen, zwanzigtausend rote Kieselsteine anzusammeln, denn er könnte seine Kieselsteine anhäufen, ohne zu lügen oder zu betrügen Er schadet keinem seiner Nachbarn mehr, als wenn es Kieselsteine wären, es sei denn, man kann den Neid seiner ebenso dummen Gefährten als Vorteil ansehen. Er isst nicht besser als ich, schläft nicht besser und hat keine Freude Das ist nicht meins, und schließlich stirbt er und hinterlässt seine Kieselsteine – ich meine seine Pfunde – als Gegenstand von Herzschmerz und Streit unter seinen Erben. Ein anderer Idiot ist begierig darauf, etwas zu lernen, was bedeutet, dass er sein Gedächtnis mit einem belastet Eine Menge Zeug, das größtenteils falsch ist und nichts davon für irgendeinen erdenklichen Zweck von Nutzen ist. Er liest, was vor langer Zeit von den Schmeichlern eines Mannes geschrieben wurde, den man „groß" nennt, oder von denen, die Spaß daran hatten, ihn zu diffamieren, oder von denen, die zu böse und dumm waren, um ihn zu verstehen. Er liest von Wundern, die nie passiert sind, von Monstern, die nie existiert haben, von Reden, die nie gesprochen wurden, von Schlachtenberichten, die von Personen stammen, die sie nicht gesehen haben. Er ist vollgestopft mit müßigen Geschichten und schönen Erfindungen; und andere Männer, die denselben Torheiten verfallen sind, geben ihm einen Umhang und eine Mütze und nennen ihn Arzt. Und das Unverschämteste an der Farce ist, dass von den Männern, die dazu bestimmt sind, den armen Menschen Keuschheit, Gerechtigkeit und Güte beizubringen, verlangt wird, dass sie sich gut mit Geschichten über Götter und Göttinnen auskennen, die so voller Unreinheit und Bosheit sind, dass niemand sie kennt man würde es wagen, sie für die Lektüre des einfachen Volkes auf Englisch zu übersetzen. „Es ist eine verrückte Welt."

So machte er stundenweise weiter, wenn ihm danach war, und machte mit mir alles nach seinem Belieben, denn wenn ich ein Wort des Widerspruchs einlegte, überschüttete er mich mit einem Schwall von Beredsamkeit oder hüpfte behände in eine neue Richtung davon.

Eines Abends versuchte er mir zu beweisen, dass Daft Jack der vernünftigste Mensch in unserem Teil der Welt sei.

„Er ist frei von dem Wahnsinn, Geld zu sammeln, und gibt sich damit zufrieden, wie die Vögel und Tiere zu leben, ohne sich um den Morgen zu kümmern, wie es deine Religion von dir verlangt. Er hat nicht den Wunsch, dass über ihn gesprochen wird, nachdem er tot und begraben ist." , was Verrückte würdigen, indem sie es als Verlangen nach Ruhm bezeichnen. Er hat sich nicht den Kopf über Bücher voller Lügen und eitler Fantasien zerbrochen, aber er kennt den Verbleib und die Wege von Fisch und Geflügel und weiß, wie man jedes Kraut und jede Wurzel findet und verwendet Sein Stück Obstgarten ist gut gepflegt und bebaut, und wenn man ihn irgendwo auf der Welt unterbringen würde, wüsste er, wie man seinen Lebensunterhalt verdient. Und als Krönung nimmt er den Namen ohne Murren an des Narren, den ihm die Verrückten geben.

„Nicht ganz so", warf ich ein und erinnerte mich daran, was der hohe und mächtige Tunstall ertragen musste, weil er ihn so nannte. Dies führte dazu, dass ich die Geschichte erzählte, was den Einsiedler zu einem seiner seltsamen Lachanfälle provozierte – einem Lachen, das weder sein Gesicht verzog noch in seinen Augen sichtbar war, sondern aus seiner Kehle kam wie der Lärm einer Waffe.

Ein paar Tage später sprach mein Gastgeber offen über seine eigene Geschichte und erzählte mir, dass seine Verwandten aufgrund des Vorwurfs seines Wahnsinns Besitz an seinem Anwesen erlangt hätten und versucht hätten, ihn in ein Chaos zu verwickeln. Es war ihm gelungen, mit Geld zu fliehen, das ausreichte, um seine Farm in geringem Umfang zu versorgen; aber er hatte lange in der Angst gelebt, festgenommen und in ein Irrenhaus verschleppt zu werden. Jetzt hatte er die Angst verloren, da er einige Jahre lang unbehelligt geblieben war. So sagte er zumindest; Aber aufgrund der Heftigkeit, mit der er über die Angelegenheit sprach, und aufgrund einiger seiner Handlungen bezweifelte ich, dass seine Zusicherung so vollkommen war, wie er behauptete. Manchmal machte er nachts mit der Waffe in der Hand einen Rundgang über die Insel und zog es vor, allein zu gehen, und bei seiner Rückkehr achtete er mit großer Sorgfalt auf die Riegel und Riegel der Tür. Dass er solche Befestigungen an einem so abgelegenen und unzugänglichen Ort hatte, kam mir seltsam vor, aber zunächst führte ich es auf die Macht der Gewohnheit zurück.

Von den anderen Bewohnern der Insel sah ich wenig. Der Mann war ein kräftiger Kerl mit einem hässlichen Aussehen und sprach murmelnd, so dass ich kein einziges Wort verstehen konnte. Die Frau war entsetzlich hässlich und so unweiblich, dass sie nie sprach, außer wenn sie angesprochen wurde, und auch dann nicht immer. Ihr Sohn vereinte die Eigenschaften von Vater und Mutter, ein Rüpel, der so plump und abscheulich war, dass er kaum menschlich wirkte, aber von enormer körperlicher Kraft. Alle drei leisteten dem Einsiedler mürrischen Gehorsam, antworteten oft mürrisch auf seine Befehle, schienen aber in Furcht vor ihm zu gehen. Es war offensichtlich, dass sie mich mit Missfallen betrachteten, obwohl ich keine Ahnung hatte, warum, und ich machte mir auch nicht die Mühe, es herauszufinden.

Ein Monat verging langsam, Bland und ich verbrachten unsere Tage hauptsächlich mit Jagen und die kurze Zeit zwischen Abendessen und Schlafengehen mit Unterhaltungen, oder besser gesagt, mit seinem Reden und meinem Zuhören. Gegen Ende des Monats begann er, viel zu trinken und wilder zu reden als je zuvor. Eines Abends, nachdem ich mit äußerster Geduld seinem Geschwätz über diese und jene Torheit der Menschheit oder was er dafür hielt, zugehört hatte, wandte er sich dem Thema Liebe zu, die er für den größten Wahnsinn von allen hielt und die von Priestern und Gesetzgebern kunstvoll zu ihrem eigenen Vorteil und zur Unterwerfung ihrer Mitmenschen unter die Institution der Ehe missbraucht wurde; über die er viele gemeine und abscheuliche Dinge sagte und die göttliche Zuneigung der Seele mit dem Instinkt verwechselte, der Tiere zur Paarung führt, bis mir der Magen umdrehte und ich rief:

„Halt! Ich werde mir dieses widerliche Geschwätz nicht anhören."

Bei meinen Worten ergriff ihn eine solche Wut, die ich hoffentlich nie wieder erleben werde. Er sprang auf, seine Augen funkelten, und jedes Glied zitterte.

„Wagst du es, mich verrückt zu nennen?" er schrie. „Du, den ich beschützt und gefüttert habe, pummeliges Mondkalb, ungebildeter Trottel! Raus aus meinem Haus, sonst mache ich ein Ende mit dir!"

Als er sich mit vor Wut schäumendem Mund umdrehte, um seine Waffe zu erreichen, hielt ich es für das Beste, die Tür zwischen uns zu schließen.

Schließlich erkannte ich, dass der Einsiedler ein Verrückter war, dessen Geist von der Überzeugung erfüllt war, dass er als Einziger von allen menschlichen Geschöpfen über den richtigen Verstand verfügte und der Rest der Welt verrückt war. Ich habe bei anderen einen Anflug seiner Gebrechlichkeit gesehen, aber nichts so Kolossales.

Es war eine kühle und frostige Nacht, der Beginn einer Phase bitterkalten Wetters, wie ich aus der Stille im Moor vermutete. Viele Vögel, die bis Weihnachten oder später in milden Wintern in den Sümpfen bleiben, hatte ich in den letzten zwei oder drei Tagen im Flug gesehen, und viele weitere mussten sich auf den Weg gemacht haben, damit dort eine so außergewöhnliche Ruhe herrschte. Am nächsten Morgen würde es leicht sein, über das gefrorene Moor nach Belshaw zurückzukehren, aber es wäre tollkühn, es jetzt zu wagen, denn die dünne Mondsichel stand tief unten im Westen. Ich wollte Blands Diener nicht wecken, um sie um irgendetwas zu bitten, also ging ich zehn oder zwölf Mal den Hügel auf und ab, um mich aufzuwärmen, legte mich dann in die Scheune, zog Heu über mich und wartete auf die Morgendämmerung. Als es soweit war, versuchte ich es an Blands Tür und stellte fest, dass sie nicht verriegelt war, also trat ich vorsichtig ein und packte meine Sachen zusammen, ohne ihn zu wecken oder zumindest ohne dass er sich anmerkte, dass er gestört wurde. Ich hatte keine Gelegenheit, den inneren Raum zu betreten, da sich mein gesamtes Eigentum im äußeren befand. Also wandte ich Lindholme den Rücken zu, unsicher, wo ich jetzt meinen Kopf verstecken sollte, hatte aber vor, mich mit John und Bess zu beraten.

Als ich kurz nach sieben Uhr Belshaw erreichte, denn man konnte schnell über den vom Frost festen Boden gehen, sagte mir der Anblick von Dame Drurys Gesicht schlechte Nachrichten, denn ihre Augen waren vom Weinen geschwollen. Als ich sie fragte, was los sei, brach sie in so großes Weinen und

Schluchzen aus, dass sie mir ihre traurige Nachricht kaum mitteilen konnte. Gestern spät in der Nacht hatte eine Truppe Musketiere das Haus umstellt, und einige von ihnen waren eingedrungen und hatten Bess gepackt, die sie hinter einem ihrer Männer festgebunden hatten, und sie nach Castle Mulgrave verschleppt. Sie hatten kein Geheimnis daraus gemacht, was mit ihr geschehen sollte; sie sollte zu ihrem Wissen über meine Taten und meinen gegenwärtigen Aufenthaltsort „befragt" werden, wie die Kerle mit vielen groben und brutalen Scherzen deutlich gesagt hatten. Während ich mit dem Kopf in der Hand dasaß und darüber nachdachte, was ich tun sollte, kam John zu mir.

„Nein, seien Sie nicht so niedergeschlagen, mein Freund", sagte er. „Das ist nicht Boswells Werk. Nicht einmal er kann ein so widernatürlicher Teufel sein, dass er seine Tochter der Folter der Streckbank überlässt oder auch nur zusieht, während sie gefoltert wird. Er muss genug Einfluss auf den Grafen haben, um sie davor zu bewahren."

„Sie nehmen zu viel als selbstverständlich hin", antwortete ich. „Wir wissen nicht, ob Boswell im Dienste des Grafen steht oder ob sein größter Einsatz für sie auch nur das geringste Gewicht hätte. Auf so etwas kann ich nicht vertrauen."

„Aber Sie können nichts tun", drängte John. „Wenn Boswells Verhältnis zum Grafen nichts nützt, was nützt dann Ihnen? Was können Sie anbieten, um ihn dazu zu bewegen, die arme Bess zu verschonen?"

„Danke, tausend Dank für das erhellende Wort", rief ich und ergriff Johns Hand. „Ich werde ihm Frank Vavasour anbieten."

„Aber Frank Vavasour ist nicht sein eigenes Angebot. Es gilt, die Rechte einer lieben Dame in weiter Ferne zu berücksichtigen."

„Wenn ich sie kenne, John, würde sie nicht denken, dass ihr Eigentum an mir einen schlechten Pfennig wert wäre, wenn ich Bess der Folter überlassen hätte, wenn ich nicht alles getan hätte, was getan werden kann, um sie zu retten. Geben Sie den Befehl, Trueboy zu satteln." und ein anderes Pferd. Kommen Sie mit mir nach Castle Mulgrave; wir können uns beim Reiten unterhalten.

Dame Drury brachte uns etwas zu essen und zu trinken, während die Pferde gesattelt wurden, und ein paar Minuten später machten wir uns auf den Weg. Während wir ritten, erzählte ich John, wie ich aus Lindholme vertrieben worden war, und wir sprachen darüber, wie auf der Burg vorzugehen sei. Mein erster Gedanke war gewesen, dass John sich mit dem Grafen befassen und versprechen könnte, mich unter der Bedingung der Freilassung von Bess aufzugeben; aber er hatte ein Wort zu sagen, das die Lage veränderte.

„Eine Woche nachdem Sie in Lindholme Zuflucht gesucht hatten, dachte ich, wir wären dumm gewesen, der Proklamation des Grafen nicht mehr Beachtung zu schenken. Hier ist sie. Sie sehen, die Beschreibung zeigt Ihr Aussehen, wie es war, bevor dieser Schurke Ihr Gesicht verunstaltet hat, und wir hätten Sie unter den Augen von Männern, die diese Beschreibung in Händen hatten, wegschicken können. Ich hätte mich nach Lindholme wagen sollen, um mit Ihnen darüber zu sprechen, aber ich fürchtete, ich könnte Ihren Verfolgern den Weg weisen, und wartete auch darauf, dass das Geschrei nachlässt."

„Dem Himmel sei Dank für Ihre Verzögerung. Dies könnte die Rettung von Bess bedeuten und bessere Bedingungen für mich, als ich bei unserer Abreise zu hoffen gewagt hatte. Der Graf und die ihm am nächsten stehenden Personen wissen möglicherweise nichts von meiner Verstümmelung. Ich werde die Gelegenheit nutzen, selbst mit dem Grafen zu verhandeln. Ich kenne ihn, was Sie nicht kennen. Wenn sich mein Plan als erfolgreich erweist, wird Ihnen Bess innerhalb einer Stunde übergeben. Was aus mir wird, bleibt abzuwarten. Sie werden jedem mitteilen, wo ich bin, und alle Hilfe für mich aufbringen, die ich finden kann, das weiß ich genau. Gutsherr Stovin, Pfarrer Graves, Mr. Ulceby und wen auch immer Sie sich sonst noch vorstellen können. Hier sind wir! Nehmen Sie Trueboy. Ich darf nicht bis zur Burg reiten, sondern muss eintreten, wie es sich für einen Marschführer gehört."

Wir stiegen beide aus und reichten uns die Hände.

"Gott schenke dir Glück!", sagte John. "Ich wage nicht, dir zu widersprechen, mein Freund, denn du tust, was ich hoffentlich auch tun würde, wenn ich an deiner Stelle wäre. Sei versichert, ich werde nicht ruhen, bis alles getan ist, was getan werden kann, um dich aus der Pranke des alten Löwen zu reißen."

KAPITEL XXII

Der Graf unterhielt ein großes Gefolge und eine Art Militärstaat, und der Hof seines Schlosses war an diesem Morgen voller Pagen und Diener in seiner Livree, die übten oder mit verschiedenen Besorgungen beschäftigt waren; aber ich hatte kaum Angst, dass einer von ihnen mich erkennen würde, denn nicht viele der Herren der Insel zogen es vor, in seinen Zug einzutreten, und das einfache Volk gefiel auch nicht an der Zurückhaltung und Ermüdung seines Dienstes, ebenso wenig wie die Mehrheit derer, die seine Farben trugen wurden aus entfernten Teilen des Landes angeworben. Mein Vertrauen war gerechtfertigt, niemand belästigte mich oder schenkte mir Beachtung. Ich sagte dem Portier, wobei ich den zu meiner Kleidung passenden Sprechstil benutzte, dass ich eine Nachricht für den Earl von höchster Wichtigkeit hätte. Er führte mich in ein kleines Zimmer, wo er mich in der Muße des Verwalters warten ließ und mich verließ. Die Tür des Zimmers stand offen, und ich hörte Stimmen in einem Zimmer gegenüber, eine davon gehörte Boswell. Unnötig zu erwähnen, dass ich mit beiden Ohren zugehört habe.

„Oh, Sir, überreden Sie den Earl, mich für einen Moment zu hören – ich bitte nur um einen Moment."

„Das tun Sie, aber verschwenden Sie meine Zeit. Ich sage Ihnen, der Earl wird Sie nicht sehen."

„Dann gehen Sie um Himmels willen, guter Meister Nicholas, zu ihm und sagen Sie ihm, dass Vavasour gefunden wurde. Er versteckt sich in Lindholme. Wenn der Graf einem Dutzend Männern befiehlt, mit mir zu gehen, wird der Mörder in seinen Händen sein Nachmittag. Der Frost macht das Moor zu Stein.

„Seine Lordschaft wird das sicherlich hören."

„Und bitte ihn, mein Mädchen zu verschonen, bis ich Vavasour bringe. Bitte ihn, soweit gnädig zu sein, Meister Nicholas!"

„Ich werde Ihnen das Vergnügen Seiner Lordschaft mitteilen", antwortete der Verwalter und durchquerte den Flur zu dem Zimmer, in dem ich ihn erwartete.

„Und was ist Ihr Anliegen, mein Mann?", fragte er hochmütig und spielte mit seiner goldenen Amtskette.

„Den Mann auszuliefern, der meinen Lord Sheffield getötet hat, und meine Belohnung zu bekommen", antwortete ich in rustikaler Art.

"Und wo ist der Mann?"

„Mit Ihrer Erlaubnis, das ist für das Ohr seiner Lordschaft bestimmt."

„Bist du unverschämt, Schurke? Dann geh doch. Deine Informationen kommen zu spät. Wir haben zufällig einen der Vertrauten des Mörders auf der Streckbank."

"Wer weiß nicht mehr als du."

„Und das ist wahrscheinlich alles, was nötig ist. In ein paar Stunden haben wir den Schurken."

„Wenn ich ihn dir übergebe, sonst nicht. Es ist ein sinnloses Unterfangen, nach Lindholme zu gehen und nach ihm zu suchen."

„Ach, woher wissen Sie das? Die Türen standen ja offen. Es ist eine hohe Belohnung für die Ergreifung des Schurken ausgesetzt, und es wird ein Prozentsatz fällig –"

„Du sollst ein Pfund von jedem Zehnten bekommen", unterbrach ich sie. Während dieser Mann zögerte und feilschte, litt die arme Bess möglicherweise schrecklich.

„Es ist ein Handel; folgen Sie mir", sagte er.

Er führte mich in die Kammer im Turm, die, wie ich wusste, zur „Befragung" angeklagter Gefangener und hartnäckiger Zeugen diente. Er bat mich, draußen zu bleiben, trat ein, schloss die Tür hinter sich, erschien eine Minute später wieder und winkte mich herein. Der alte Graf saß in Pelze gehüllt auf einer Seite des sechseckigen Raumes. Hinter ihm stand ein Mann, den ich für einen Arzt hielt; in der Ecke, rechts vom Grafen, stand ein anderer mit Schreibzeug auf einem kleinen, hohen Tisch vor ihm.

Die Streckbank lag zu den Füßen seiner Lordschaft, an jedem Ende standen zwei kräftige Kerle mit langen Stöcken in den Händen, deren Enden in die Fassungen der Stangen gesteckt waren, um die die Stricke gewickelt waren. Bess war an den Handgelenken und Knöcheln gestreckt, so dass kein Teil ihres Körpers den Boden berührte, und sie war nur mit einem kurzen Kittel bedeckt. Sie erkannte mich sofort, und ihr Gesicht wurde heiß, und ich wandte meine Augen ab, unfähig, den Anblick ihres Schmerzes und ihrer Scham zu ertragen. Für einen Moment überzog derselbe rote Schleier meine Augen, den ich sah, als Staniforth neben mir in Thorne fiel, und eine verrückte Lust, diejenigen zu schlagen, die diese Grausamkeit begangen hatten, packte mich. Aber die dünne, piepsige Stimme des alten Edelmanns riss mich wieder zur Besinnung –

„Mein Verwalter hat mir mitgeteilt, dass Sie vorgeben zu wissen, wo Vavasour zu finden ist."

Wie sehr bemühte er sich, sich zu beherrschen! Aber seine Stimme bebte vor leidenschaftlichem Verlangen.

„Ihr werdet ihn innerhalb einer Stunde in Sicherheit bringen, mein Herr, wenn Ihr mir die Belohnung geben würdet, die ich verlange."

„Sie sprechen positiv, Freund, über die Gefangennahme eines Mannes, der sich seit mehr als einem Monat allen Verfolgungen entzogen hat."

„Er hat nicht den Hauch einer Chance, mir zu entkommen, Mylord. Ihr sollt ihn so schnell haben wie einen Vogel im Käfig."

„Aber Sie wollen eine größere Belohnung als hundert Pfund? Wie viel?"

„Ich will keinen Penny, Mylord. Ich verlange etwas, das Sie nichts kostet."

„Du sollst es haben, was auch immer es ist, mache nur dein Wort wahr", sagte er und beugte sich vor, seine Augen auf mich gerichtet.

„Der Segen, den ich verlange, ist Freiheit für den Gefangenen auf der Folter."

„Lass sie frei", befahl er. „Und wo ist jetzt Vavasour?"

„Hier, mein Herr, ich bin es."

Der Graf erhob sich von seinem Sitz und sank wieder zurück, starrte. Der Schreiber ließ den Stift fallen, mit dem er sich Notizen gemacht hatte. Die vier Männer, die Bess auf den Boden gesetzt hatten, starrten mich mit offenem Mund an.

Sie sprach als Erste. „Euer Lordschaft, das ist ein armer Kerl, dem der Kummer den Kopf verdreht hat, und sein Wahn ist, sich für Frank Vavasour zu halten, aber sein richtiger Name ist Jack Unwin. Auf seiner Brust ist JU tätowiert."

Auf ein Zeichen des Grafen hin legten die Männer Hand an mich und entblößten meine Brust, während der alte Edelmann dasaß, erstickt vor Wut und Demütigung, und von mir zu Bess und von Bess zu mir blickte.

„Mein Herr", sagte ich, „Sie haben mir Ihr Wort gegeben, den Gefangenen freizulassen. Ihre anschließende Lüge, die mich beschützen und retten sollte, wird die Erfüllung Ihres Versprechens nicht behindern. Was diese Male auf meiner Brust betrifft: Und diese Narben in meinem Gesicht, der Mann, der sie zugefügt hat, ist jetzt im Zimmer Ihres Verwalters und könnte gezwungen sein, zu sagen, warum er sie gemacht hat, wenn Ihnen das gefällt. Aber ganz sicher bin ich Frank Vavasour, einst Ihr Sohn Edmunds knabenhafter Freund und mit allem in diesem Schloss vertraut."

Der Earl rieb sich die Hände. „Vavasour, sicherlich", sagte er. „Die beispiellose Unverschämtheit beweist die Rasse."

Er wandte sich an Bess, die im äußersten Schatten, den sie finden konnte, Stellung bezogen hatte.

„Geh weg, Jade, bevor ich dir eine Auspeitschung anordne."

Dann gab er dem Verwalter und dem Schreiber Anweisungen.

„Nicholas, bringen Sie den Kerl Boswell her und sagen Sie ihm nichts von dem, was hier vorgefallen ist. Holen Sie Ihr Buch mit Zeugenaussagen und Informationen, Pennington."

Bess sah mich vorwurfsvoll an, als sie hinausging, und ich antwortete ihr mit einem Lächeln, froh zu sehen, dass sie für jemanden, der auf der Streckbank gestreckt worden war, nicht unpassend ging. Während der Verwalter und der Schreiber eine oder zwei Minuten abwesend waren, lehnte sich der Graf in seinem Stuhl zurück und brüstete sich mit mir wie eine Katze mit einer Maus, die sie geschlagen hat. Als sie zurückkamen, sagte er:

„Boswell, sehen Sie sich diesen Kerl an, der sagt, er sei Frank Vavasour. Was sagst du?"

Eine halbe Sekunde lang zögerte der Zigeuner.

„Schnell, Mann, sagen Sie die Wahrheit, oder –" und seine Lordschaft beendete seinen Satz mit einer Handbewegung in Richtung der Streckbank.

„Es ist der Mann, Euer Lordschaft."

„Pennington, lesen Sie mir die Beschreibung von Vavasour in unserer Proklamation vor."

Als der Angestellte dies getan hatte, wandte sich der Earl gegen Boswell.

„Wie kommt es, dass Sie, die Sie in den Diensten meines Sohnes standen und diesen Mann kannten, Pennington nicht über die Fehler in diesem Dokument informiert haben? Von Narben im Gesicht oder Markierungen auf der Brust ist hier nicht die Rede. Was ist das?" Was bedeutet das? Subornation?"

„Nein, Mylord. Ich wusste nichts von den Narben, oder wenn ja, dann hatte ich sie vergessen."

Es war für mich erstaunlich, dass der bereitwillige, listige Bösewicht so stümpern und stolpern konnte.

„Ihr eigenes Werk vergessen?" fragte der Earl im seidensten Ton.

Boswell war von der Frage so verwirrt, dass er nichts zu sagen hatte. Bevor er sich erholen konnte, rief der Earl:

„Mit ihm ins Regal."

Im Handumdrehen hatten sich die Männer auf ihn gestürzt, ihm das Hemd ausgezogen und ihm Füße und Hände gefesselt. Es ließ einen schaudern, wenn man daran dachte, welch lange Übung sie bei der Arbeit so geschickt gemacht hatte. Sie betätigten ihre Hebel, bis ihr Opfer gestreckt war und man hörte, wie Hand- und Fußgelenke fürchterlich knackten.

Auf eine abwärts gerichtete Handbewegung des Earls blieben sie stehen.

„Warum haben Sie meiner Sekretärin die Fehler in dieser Beschreibung nicht gemeldet?"

„Die Proklamation war weithin bekannt gegeben worden, bevor ich davon wusste; und ich hatte Angst, die Zeichen zu erwähnen, damit ich nicht weiter darüber befragt würde, und ich dachte daran, Vavasour selbst zu nehmen."

Wieder bewegte sich die Hand des Grafen und die Hebel bewegten sich.

„Gnade, mein Herr, Gnade!" stöhnte der Zigeuner.

„Sie behielten das Wissen für sich, auf die unmittelbare Gefahr hin, dass der Mörder entkommen könnte, in der Hoffnung, sich die Belohnung zu sichern."

"Ja."

„Wann und wo haben Sie die Wunden zugefügt?"

„Letzten August im Melwood Priory. Gnade, mein Herr."

"Zu welchem Ende?"

„Weil Lord Sheffield wünschte, ihn unter dem Namen und dem Bild eines gewissen Jim Ulceby auf die Plantagen zu schicken."

Der Graf saß eine gefühlte Ewigkeit schweigend da, während Boswell leise stöhnte. Dann winkte die Hand wieder, die Hebel bewegten sich und Boswell schrie vor Schmerzen.

„Mein Sohn hat Ihnen den Befehl gegeben, Vavasour zu verstümmeln?"

„Ja, ich habe alles auf Befehl seiner Lordschaft getan."

„Bringen Sie beide Gefangenen weg und bringen Sie sie sicher in getrennte Kerker", sagte seine Lordschaft. „Und bringen Sie mir einen Stärkungsdrink, Nicholas."

Der Sekretär bedeutete mir, ihm zu folgen, und zwei der Männer folgten mir. Pennington führte mich die Wendeltreppe hinunter in ein Verlies, das nur durch einen Schlitz in der Wand beleuchtet wurde und außer einem Steintisch keine weiteren Möbel enthielt.

„Es ist mehr als nur ein bisschen kalt hier, Master Pennington", sagte ich. „Etwas Stroh für die Füße und ein Wickeltuch für den Körper wären willkommen."

„Ich werde mich in dieser Angelegenheit nach dem Willen meines Lords richten", antwortete der Sekretär, der, um ihm gerecht zu werden, in seinen Manieren wenig von einem Amtsdiener hatte.

„Bitte erinnern Sie ihn daran, Master Pennington, dass ich ihm hundert Pfund gespart habe, was eine Anerkennung verdient."

Ich glaubte, ein schwaches Lächeln auf dem Gesicht des Mannes zu sehen, als er antwortete:

„Für einen Gefangenen, der wegen Mordes an einem Erben eines Grafentums angeklagt ist, nehmen Sie es leicht."

„Bisher wurde mir nichts vorgeworfen und ich bin gut darauf vorbereitet, mich von einer solchen Anschuldigung freizusprechen, wenn ich vor Gericht gestellt werde."

„Der Präsident des Rates verfügt über weitreichende Ermessensspielräume und umfassende Befugnisse; ja, er hat in gewisser Weise das königliche Vorrecht", entgegnete der Sekretär.

„Gib dir mein Wort, ich habe nie gehört, dass der König das Vorrecht hatte, einen Mann ohne Gerichtsverfahren zu hängen."

Master Pennington gab mir darauf keine Antwort, sondern zog sich zurück, verriegelte und verriegelte die Tür von außen.

Ich weiß nicht, wie ich jetzt, da mir das Schlimmste widerfahren war, so scherzhaft wurde. Vielleicht war das der Grund, oder vielleicht hat mich meine Freude, Bess vor weiterer Qual zu bewahren, heiterer Stimmung gehoben, oder der Ausdruck auf dem Gesicht des alten Grafen, als er Boswells Geständnis hörte, hat mir Mut gemacht, aber ich war wirklich besser gelaunt als seit vielen Tagen. Ich kannte den Umfang der Autorität des Grafen und wusste, wie er in seiner schwarzen Rache das Gesetz außer Kraft setzen konnte, aber ich war keineswegs entmutigt. Ich hätte eine Ballade singen können, wenn meine Lippen nicht vor Kälte gezittert hätten.

Gegen Mittag betrat Master Pennington meinen Kerker, begleitet von zwei Dienern, die Essen und Wein sowie ein Bündel Stroh und Decken brachten.

„Seine Lordschaft ist liberal“, sagte ich.

„Ihre Versorgung schulden Sie dem ehemaligen Verwalter“, antwortete der
Sekretär. „Er hat immer noch Autorität, auch wenn er bereits im Dienst ist,
und hat mir aufgetragen, zu sagen, dass seine rheumatischen Gelenke es ihm
verbieten, zu Ihnen zu kommen, aber was auch immer ein bettlägeriger alter
Mann tun kann, soll in Ihrem Namen getan werden.“

„Der freundliche alte Mann! Ich bitte Sie, ihm für mich zu danken. Ich
schulde Meister Wintringham Dank für viele Gefallen in vergangenen
Tagen.“

Dreimal am Tag wurde von einem Diener gutes Essen in meinen Kerker
gebracht, aber der halbfreundliche Sekretär kam tagelang nicht wieder, und
die Diener konnten oder wollten mir keine Neuigkeiten mitteilen. Mein
Zustand wäre, soweit es das körperliche Wohlbefinden betrifft, erträglich
gewesen, wenn es mir nicht an Wärme gefehlt hätte. Ich ging auf und ab,
schlug mir auf die Schultern, lieferte Boxkämpfe mit einem unsichtbaren
Gegner, sprang, bis ich keine Luft mehr hatte, alles nur, um etwas Wärme in
meinen Körper zu bringen, und konnte an nichts anderes denken, als dass
ich am liebsten vor Kälte sterben würde. Nachts wickelte ich die Decken fest
um mich und vergrub mich im Stroh, konnte aber vor Zittern nicht schlafen.
Nach einer Weile ließ das strenge Wetter etwas nach, oder ich wurde
abgehärtet, obwohl es November war. Aber ich sollte jetzt nicht weniger
leiden, wenn ich nachdachte. Mein spielerisches Temperament hatte mich
bald verlassen, und mir fehlen die Worte, um die Schwere zu beschreiben,
die darauf folgte.

Ich wusste, dass es vergeblich war, an Flucht zu denken, denn es wurde
ständig Wache gehalten, und ich hatte keine Möglichkeit, den langen,
schmalen Schlitz in der Wand zu vergrößern, der mir Licht und Luft
verschaffte. Ich konnte nichts anderes tun, als staunend und kläglich zu
warten, denn die seltsame Aufregung in meinem Gehirn war so groß, dass
meine Gebete um Befreiung mir weder Hoffnung noch Trost brachten.

So verbrachte ich vierzehn Tage, und dann erschien die Sekretärin erneut,
um mich zum Grafen zu rufen, der erschöpft und schwach auf einer Couch
lag und dessen Hände zitterten, als hätte er sie nicht unter Kontrolle. Hinter
seinem Sofa stand ein Jugendlicher, den ich zunächst nicht kannte, da ich ihn
seit seiner Kindheit nicht mehr gesehen hatte. Er war jetzt der Erbe des
Grafen, dem eigentlichen Titel nach Lord Butterwick, in unserem
Landesgebrauch jedoch Lord Sheffield. Er neigte seinen Kopf zu mir und
sagte: „Nehmen Sie Platz, Herr Vavasour.“

Ich konnte nur darüber spekulieren, was diese Höflichkeit bedeuten mochte. Die Sekretärin setzte sich an einen Schreibtisch und ich vor die Couch, halb erstickt von der Hitze des Zimmers.

„Mein Vater möchte, dass Sie sich eine eidesstattliche Erklärung anhören und anschließend Ihren eigenen Bericht über die Angelegenheit abgeben", sagte der junge Mann.

Pennington nahm eine Zeitung zur Hand und las sie. Darin wurden die Geschehnisse in Thorne beschrieben, als mein Freund Staniforth getötet wurde, allerdings falsch. Laut dem Zeugen begann die Sache damit, dass ich meine Kameraden dazu aufhetzte, die Männer des Grafen anzugreifen, wobei ich selbst den Angriff anführte. Staniforths Tod wurde als mitten im Kampfgetümmel vermerkt. Nachdem der Sekretär mit dem Vorlesen fertig war, erzählte ich die Geschichte von Anfang bis Ende, so wie ich sie bereits zuvor in diesem Buch erzählt habe.

Lord Butterwick fragte mich nach den Namen von Augenzeugen, die ich ihm nannte.

Eine weitere Aussage besagte, dass ich gesehen worden sei, als ich zu dem Cottage gegangen sei, in dem Daft Jack (in dem Dokument wurde er als John Temperton bezeichnet) lebte; dass der Zeuge mir gefolgt sei und gehört habe, wie ich eine Sprache benutzt habe, die ihn zu einem Anschlag auf das Leben des Kommissars des Königs ermutigte. Was ich Jack nach dem Vorfall gesagt hatte, wurde geschickt verdreht und als vor dem Vorfall im White Hart gesagt wiedergegeben. Auch hier gab ich die wahre Aussage wieder. Die ganze Zeit über sagte der Graf kein Wort, sondern hielt seine Augen fest auf mich gerichtet. Nun wandte er sich seinem Sohn zu und sagte etwas mit einer Stimme, die zu leise war, als dass ich sie hören konnte, und Lord Butterwick antwortete ebenfalls leise, aber ich verstand die Worte: „Ich kann mehr ertragen." Nachdem sie auf diese Weise miteinander gesprochen hatten, wandte sich Lord Butterwick wieder mir zu.

„Der Graf bittet mich, Ihren Bericht über die Feindseligkeit zwischen Ihnen und meinem verstorbenen Bruder anzufordern."

„Mylord, es begann vor langer Zeit in diesem Haus; ich glaube, Sie werden sich erinnern, aber es kam nur zu Missachtungen seinerseits und verächtlichen Antworten meinerseits, als wir uns zufällig trafen, was nicht oft vorkam. Aber in letzter Zeit Es hat sich beschleunigt, weil wir Rivalen um die Liebe von Herrin Goel waren, die ich ihm einmal ins Gesicht geschlagen habe, weil er sie verleumdet hat, aber ich habe ihm nichts anderes angetan, außer einem Schlag mit der Faust, als ich ihn verteidigte Herrin Goel weiß Gott, dass ich nicht die Absicht hatte, ihn zu töten, wie aus meinen Schlägen mit der Faust hervorgeht, als ich Waffen an meiner Seite und in meinem

Gürtel hatte, und ich glaube auch nicht, dass der Schlag nachgegeben hätte Hätte er sich nicht abgewandt, hätte er ihm den Tod beschert, so dass er ihn unter das Ohr gerissen hätte. Damals hielt ich ihn für nichts Schlimmeres als bewusstlos.

Während ich sprach, verfinsterte sich das Gesicht des Grafen, und als ich geendet hatte, sagte er:

„Die *peine forte et dure* könnte eine weniger plausible Geschichte erpressen."

„Dem Gefangenen soll man auf den Rücken legen und ihm Eisen auf die Brust legen, so viel er ertragen kann und noch mehr, und er soll jeden zweiten Tag mit schlechtem Brot und stehendem Wasser gefüttert werden, bis er wahrhaftig aussagt oder stirbt", murmelte er der Sekretär, als würde er aus einem Buch vorlesen.

Ich sah keinen Grund, warum ich antworten sollte, und es herrschte langes Schweigen. Schließlich fragte der Earl:

„Wer war anwesend, als Sie den Schlag ausgeführt haben?"

„Doktor Goel, seine Tochter und ihre Dienerin."

"Wo sind sie jetzt?"

„Wie ich hoffe und glaube, im eigenen Land."

„Sie sind auf Ihren Vorschlag hin geflohen?"

„Nicht, weil sie Angst hatten, für mich auszusagen, sondern weil sie selbst zu viele Gründe hatten, eine Verfolgung zu fürchten."

Die Miene des Grafen verfinsterte sich noch mehr, und seine Hände zitterten heftig. Sein Sohn beugte sich über sein Sofa und flehte ihn an, wie ich dem Tonfall entnehmen konnte, hörte aber nicht, was gesagt wurde.

„Führen Sie den Gefangenen weg", befahl der Graf schließlich; und der Sekretär öffnete die Tür und rief zwei Männer, die mich wieder in meinen Kerker führen sollten. Dort blieb ich noch weitere vierzehn Tage; aber da ich über mein Leiden dort mehr als genug geredet habe, will ich nichts weiter dazu sagen.

Am letzten Novembertag kletterte ich auf den Steintisch, als ich den schmerzlichen Trompetenklang hörte, von dem aus ich durch mein Fenster ein kleines Stück der Straße sehen konnte. Durch diesen kleinen Raum gingen zwei und zwei Diener des Grafen, in langen schwarzen Umhängen, mit schwarzen Bändern, die von ihren Hüten herabliefen; dann zwei Trompeter in Schwarz, die traurige Musik machen; dann ein Knappe, beritten und einen Wimpel oder Guidon tragend, eine Hälfte schwarz und die andere weiß. Als nächstes kamen zwei Pferdeknechte zu Fuß und führten ein mit einer schwarzen Schabracke bedecktes Pferd, dessen Zügel von einem Herrn zu Pferd gehalten wurden. Es folgten paarweise trauernde Herren und dann zwei Trompeter. War Earl Mulgrave tot und dies seine Beerdigung, fragte ich mich voller Hoffnung: Gott vergib mir. Der nächste Ankömmling erkannte mich – ein Reiter, der ein schwarzes Banner mit silbergestickten Mulgrave-Wappen trug. Nach anderen trauernden Herren kam einer vorbei, der einen schwarzen Stab mit zwei Sporen am Ende trug. Dann kam ein anderer, der die Panzerhandschuhe auf die gleiche Weise trug, und einer, der Schwert und Zielscheibe trug. Kurz darauf erschien ein Herr, der die Krone auf einem Kissen trug, zusammen mit zwei anderen, von denen einer zu beiden Seiten ging. Nach ihnen kam einer, der Mantel, Helm, Kranz und Wappen trug. Dann eine Reihe von Geistlichen, zwei nach zwei, und einer, der allein ging. Und nun wurde der mit einem Sarg bedeckte Sarg schulterhoch getragen, Sargträger auf jeder Seite, begleitet von sechs Bannern, drei auf der einen und drei auf der anderen Seite. Ein weiteres Pferd wurde hinter den Sarg seines Herrn geführt, und die Staatskutsche folgte, gezogen von vier Pferden, alle in Trauerkleidung gehüllt. Andere Kutschen rollten vorbei, und hinter ihnen zog langsam ein langer Zug von Herren zu Pferd vorbei, und ich ließ mich nieder und fragte mich, was der Tod des alten Adligen für mich bedeuten würde. Innerhalb von vierundzwanzig Stunden wusste ich es. Meister Pennington kam in mein Verlies, informierte mich kurz über den Tod des verstorbenen Earls und forderte mich auf, mit ihm den neuen Herrn von Mulgrave Castle zu treffen.

Er entließ die Sekretärin und sagte, sobald sich die Tür hinter ihm geschlossen hatte:

„Herr Vavasour, ich bin weder Präsident des Rates noch in irgendeiner Richterposition und habe daher kein Recht, Sie in meinem Haus gefangen zu halten; aber als Bruder des Mannes, den Sie getötet haben, ist es meine Pflicht, Sie auszuliefern." an die rechtmäßigen Behörden, damit Sie Ihren Prozess wegen der Tat bestehen können.

Ich senkte den Kopf.

„Mir wurde mitgeteilt, dass außer Ihrem eigenen Geständnis keine Beweise gegen Sie vorliegen", fuhr der junge Graf fort.

Was für ein Idiot ich gewesen war, es zu schaffen, war mein erster Gedanke.

„Aber dieses Geständnis trug so sehr das Siegel der Wahrheit, und alles, was Sie gesagt haben, wurde durch das Geständnis des Zigeuners Boswell und durch glaubwürdigere Zeugen so stark bestätigt, dass, wenn man bedenkt, was Sie von uns ertragen mussten, und um ehrlich zu sein mit Ihnen, wenn man bedenkt, wie wenig ehrenhaft es für das Haus Mulgrave sein könnte, zu veröffentlichen, was Sie durch unsere Hände erlitten haben, obwohl Sie und ich vielleicht keine Freunde sind, neige ich zu der Annahme, dass wir großzügige Feinde sein könnten."

Ich hatte keine Antwort auf seine überraschende Rede parat, die er entweder mit großer Mühe vorbereitet hatte oder die er für ihn vorbereitet hatte. Er ging weiter-

„Würden Sie mir Ihr Wort geben, Herr Vavasour, Ihren Prozess zu übernehmen, wenn ich Sie dazu auffordere?"

„Gewiß, Mylord", antwortete ich.

„Dann steht es Ihnen frei, wohin Sie wollen. Aber der würdige Meister Wintringham wünscht sich sehr, Sie zu sehen, bevor Sie das Schloss verlassen."

KAPITEL XXIII

Wie gut war es, frei zu sein! Wie schön war das Land! Noch nie hatte ich gesehen, wie anmutig sich die kahlen Äste gegen den Himmel abheben, welche Schönheit eine Schneewehe ausstrahlt oder welche Erhabenheit eine weite, weiße Aussicht bietet. Meine Beine zu schwingen und das Knirschen des Schnees unter meinen Füßen zu hören, war pure Freude, und ich schaltete immer wieder den Wagen aus, um die Stärke des Eises auf dem Sumpf zu testen, wie ein Bengel, der gerade aus der Schule entlassen wurde . Aus purem Mut warf ich einen Schneeball auf einen ernsten Reiher, der an einer Stelle stand, wo das Eis gebrochen war, und lachte, als er sah, wie er zusammenzuckte und mürrisch davonflatterte. Ich rief jedem Schilfrohrschneider, an dem ich vorbeikam, einen Gruß zu, und die Männer blickten von ihrer Arbeit auf und starrten wie auf einen umherirrenden Verrückten.

Als ich Belshaw erreichte, war ich etwas nüchterner geworden, sang aber beim Gehen lautstark, und der Lärm versetzte John in nicht geringes Erstaunen.

"Was für ein Geschrei und was für ein Aufruhr ist das heute?", rief er, als er mir entgegenkam. "Aber, Mann im Himmel! Was soll das? Hier kritzeln wir Bittschriften an diesen und jenen Großen der Erde, schicken sie eilig nach Lincoln und London und Gott weiß wohin, und beklagen den schmachtenden Gefangenen so erbärmlich wie nie zuvor, und er sieht ihn so fröhlich wie eine Grille! Gefängnis ausgebrochen? Schloss Mulgrave niedergebrannt? Die Antwort schnell, bevor ich vor Neugier platze."

Dabei hatte er meine beiden Hände in seinen.

„Es ist ganz einfach. Der junge Graf hat mir meine Freiheit gegeben."

„Und es ist nicht zu viel für ihn, Dir seine Grafschaft zu geben. Ob es allerdings klug von ihm wäre, seine Schuld so schnell zu begleichen – nun, das ist uns egal."

„Was gibt es Neues?", fragte ich.

„Das werden Sie über einem Torffeuer mit einer Tasse Glühwein an den Lippen oder in der Faust hören; nicht hier, wo wir wahrscheinlich frieren."

Innerhalb einer Stunde erfuhr ich von meinen Freunden und ihren Bemühungen um mich, während ich in Haft war. Ich brauche hier nicht näher darauf einzugehen.

John hat mich mit seiner Schilderung der Angelegenheiten von Mr. Ulceby ziemlich enttäuscht. Ulceby hatte zu sehr auf die Ehre und den Wohlstand einer Person vertraut, mit der er viel zu tun hatte, und diese war nun bankrott, sodass er befürchten musste, sein eigenes Geschäft könnte ruiniert werden.

„Was auch immer das Ergebnis sein wird", sagte er, „es kann derzeit nicht in Frage kommen, dass Sie in seine Dienste treten, und was Sie betrifft, bin ich zufrieden damit, dass es so sein sollte. Wir können auch eine Schwalbe einsperren oder versuchen, sie zu behalten." Lachs in einem Teich, um Sie in einem Kontor einzusperren. Wir müssen nach einem wahrscheinlicheren Mittel suchen, um Ihr Vermögen zu steigern, was ich kenne, wenn wir dem König von Schweden unsere Schwerter anbieten mit einigen seiner Offiziere, die gerne zwei solcher Glücksritter mitnehmen würden.

"Du würdest gehen?"

„Das würde ich gerne tun. Und wir sind Kameraden, die nicht getrennt werden sollen, bis Sie Benedick, der verheiratete Mann, sind."

Ich dachte ein wenig nach, bevor ich antwortete, denn ich bezweifelte, dass ich meinen kleinen Vorrat an Wertsachen für so viel verkaufen könnte, dass ich mir eine Soldatenausrüstung leisten und die Überfahrt nach Schweden bezahlen könnte. Dann musste ich an die Versorgung meines Pferdes denken. Es war so lange in Belshaw untergebracht, gefüttert und trainiert worden.

„Diese trübe Stirn sagt, dass Ihnen die Mittel fehlen, nehme ich an. Ich muss doch nicht sagen: ‚Meine Börse, meine Person, meine äußersten Mittel stehen Ihnen offen.' Und während ich hier lag, ist mein Geld zu einem Haufen angewachsen, der einige Ausgaben erfordert. Es ist eine Freundlichkeit, mir zu helfen, denn in letzter Zeit hat sich eine Art Geiz bei mir eingeschlichen."

Ich habe darüber gelacht, aber John wollte behaupten, dass das kein Grund zum Lachen war.

„Sobald ein Haufen Gold groß genug ist, um einen von Satans Kobolden zu verbergen, lauert er wie eine Kellerassel unter einem Stein, und wann immer du ein Stück nehmen willst, flüstert er: ‚Verkleinere den Haufen nicht, sondern mach ihn größer; lieber Bruder Teufel, tu das.' Und er kann fünfzig teuflische Gründe dafür finden."

Nach weiteren Gesprächen dieser Art begannen wir eine ernsthafte Debatte, die zu dem Schluss führte, dass wir so schnell wie möglich in die schwedische Armee einmarschieren sollten. Ich überließ es John, das Nötige zu tun, und ritt nach Crowle. Ich freute mich, wieder auf dem Rücken meines tapferen Trueboy zu sitzen, der mit allen Zeichen, die ein Pferd geben kann, zeigte, dass er ebenso erfreut war wie ich.

Wie meine gute Tante mich empfing, kann ich nicht in Worte fassen. Sie warf sich in meine Arme, umklammerte meinen Hals und hielt mich dann von sich weg, um mir ins Gesicht zu sehen, und sie weinte und lachte und weinte wieder, und trotz ihres Schluchzens und Würgens sprach sie schneller, als ich sie je zuvor oder danach habe sprechen hören.

„Mein armer, lieber Frank, zu glauben, du wärst gesund und munter oder zumindest am Leben, während ich mir über deinen Tod das Herz gebrochen habe! Und das Geld, das ich in Trauer verschwendet habe! Nicht, dass ich es dir gönne, jetzt bist du gesund und munter. Und Graves hat in seiner Predigt so schön von dir gesprochen, dass du so viel hoffnungsvoller warst, als man von ihm erwartet hätte, dass ich wie ein Kind in der Kirche geweint habe und du die ganze Zeit in den Händen von Peinigern warst! Männer der Welt, dieser verwirrte Kanoniker Fell muss hier gewesen sein, als du gekommen bist, um einen Freund in Not zu suchen! Nie wieder überschreitet der Mann die Schwelle meines Hauses. Und du wurdest in ein abscheuliches Gefängnis zwischen Dieben und Mördern geworfen. Nun, wir müssen dankbar sein, dass Sie nicht an Gefängnisfieber gestorben sind. „Betrachten Sie jedes Elend, das Sie verpassen, als Gnade“, aber ich bin mir sicher, dass Sie nur wenige verpasst haben Mann, der dich befreit hat! Und jetzt, sagen sie mir, wird es ihm wahrscheinlich wirklich fremd sein, und nicht alle Predigten der Welt werden mich davon überzeugen, dass sie es nicht sind. Und Lord Sheffield war an der Entstellung Ihres lieben Gesichts beteiligt. Ich werde nie wieder an den Menschen glauben. Aber, Frank, wie bist du entkommen? Ich hatte es völlig vergessen vor Freude, dich zu sehen. Wie sind Sie aus Castle Mulgrave herausgekommen? Vielleicht verfolgen sie dich, während ich plappere wie die dumme alte Frau, die ich bin.

„Nicht so, Tante. Der junge Graf hat mich heute Morgen freigelassen.“

„Gott segne ihn! Heute Morgen, sagten Sie? Und jetzt ist es fast Abendessenszeit. Sie müssen am Verhungern sein.“

Die freundliche Seele blieb nicht, um sich meine Proteste anzuhören, sondern flog in ihre Küche, um das Abendessen zu beschleunigen.

Während dieser Mahlzeit, die wir zu zweit einnahmen, da der Pfarrer bei einer Versammlung von Geistlichen war, erzählte mir meine Tante den Inhalt eines Briefes, den sie von meinem Vater erhalten hatte, oder einen Teil des Inhalts. Den Brief zeigte sie mir nicht. Er schrieb aus Amsterdam, von wo aus er vorhatte, nach Venedig und in den Osten zu reisen, und sagte, dass ein holländischer Herr, den er kennengelernt hatte und der ihm beim Statthalter gedient hatte, sich als Doktor Goel herausgestellt habe, und der Doktor habe ihm mitgeteilt, dass ich noch am Leben sei, und dass er alles über meine Angelegenheiten wisse, die nicht weiter gingen, als dass ich mich versteckte. Mein Vater schämte sich, dass er sich so leicht über meinen Tod hatte täuschen lassen, und schrieb reumütig über mein Unglück und mein Leiden und bat meine Tante, mir seine Vergebung auszusprechen.

Ich fand seinen Brief nicht gerade väterlich, selbst nach dem Bericht meiner Tante, aber ich sagte nichts. Sie bemerkte mein Schweigen.

„Denken Sie daran, Frank, dass Ihr Vater an der empfindlichsten Stelle verletzt wurde – in seinem Stolz. Sein ganzes Leben lang wurde er als der wichtigste Mann der Insel angesehen, abgesehen vom Adel, und er war zuversichtlich, alles gegen Vermuijden und den König selbst durchsetzen zu können. Und er hat kläglich versagt. Für einen Mann wie ihn ist das zehnmal bitterer als der Tod. Zweifellos glaubt er, er hätte gesiegt, wenn Sie seinen Plänen zugestimmt hätten.“

Meine Tante wollte einen ausführlichen Bericht über meine Erlebnisse und stellte viele Fragen, so dass ich mich spät zurückzog. (Sie blieb noch auf, um auf die Ankunft ihres Mannes zu warten.) In meinem Schlafzimmer brannte ein heiteres Feuer, und heißer Holunderwein stand zum Trinken bereit. Er war besser als der, den ich als Portowein gekauft hatte. Dann schlich ich mich ins Bett, ein Federbett mit so viel Decke, wie ich seit vielen Wochen nicht mehr darin gelegen hatte, und schlief ein, sobald mein Kopf das Kissen berührte.

Meine Tante wetterte heftig gegen meinen Schritt als Soldat in den Auslandsdienst. Sie hatte jede Menge Pläne für mich, die sie für besser hielt als die Jagd nach Reichtum durch Kanonenrauch und Kriegsgefahren. In ihrer Sorge, mich zu Hause zu halten, erklärte sie, ich könne Rechtsanwalt, Arzt oder Geistlicher werden. Als ich mich über ihre neue Einschätzung meiner Talente wunderte, sah sie sich gezwungen, ihre Meinung zu verteidigen, indem sie die Fähigkeiten und Kenntnisse herabsetzte, die Anwälte, Ärzte und Geistliche brauchten. Sie wagte zu sagen, man könne durch ein unverschämtes Gesicht und eine schlagfertige Zunge Sergeant werden oder sich einen Ruf als Arzt verdienen, indem man wenig sagt und weise den Kopf schüttelt. Und sie wagte sogar zu sagen, dass ihrer Meinung nach ein Geistlicher umso besser sei, je weniger Griechisch und Latein er könne. Auf solche Argumente konnte ich keine Antwort finden, außer dass ich wusste, dass ich zu nichts anderem taugte, als ein einfacher Landedelmann zu sein, und da mir das verwehrt blieb, Soldat zu werden.

Wir hatten viel Zeit, die Angelegenheit zu besprechen, denn erst nach Weihnachten hörte John von seinen schwedischen Freunden, uns willkommen zu heißen. In der Zwischenzeit hatte ich wenig zu tun. Ich schrieb einen langen Brief an meine Geliebte, die antwortete und mir, wenn auch voller Trauer, zustimmte, dass der Soldatendienst mein bester Beruf sei.

Mr. Ulcebys Angelegenheiten waren, wie er mir bei meinem Besuch erzählte, so durcheinander, dass er nicht im Geringsten wusste, wie sie ausgehen würden; und alles, was ich aus seiner Schilderung entnehmen konnte, war, dass zwei- oder dreitausend Pfund ausreichen würden, um sie wieder in

Ordnung zu bringen. Es war ein großer Trost für ihn, dass niemand an seiner Integrität zweifelte oder auch nur seine Klugheit infrage stellte; denn viele andere Kaufleute hatten dem Mann, von dem er getäuscht worden war, voll vertraut. John Drury war ihm ein nicht geringer Trost gewesen, als er herausfand, wo und wann sein Sohn gestorben war; er erfuhr von der Frau des Arbeiters, die ihn pflegte, dass der junge Mann voller Scham und Reue über seine Sünde gegen seinen Vater gesprochen hatte.

„Ich vertraue also voll und ganz darauf", sagte der gute alte Mann, „dass der Vater im Himmel nicht weniger nachsichtig ist als der unwürdige auf Erden."

In dieser Zeit des Wartens nutzte ich die Gelegenheit, meinen Freund Dick Portington zu sehen, und fand ihn zunächst etwas trocken und kalt; aber nach und nach wurde er freundlicher und verriet mir schließlich das Geheimnis der Veränderung, die ihn überwunden hatte.

„Hast du keinen Groll gegen mich, Frank?"

„Welchen Groll kann ich gegen dich hegen? Es übersteigt meinen Verstand, es zu erraten."

„Zum einen soll ich Herr über dein Erbe sein."

„Ich nehme an, dass es dir als Mitgift deiner Braut zuteil wird? Was kann das für eine Beleidigung für mich sein?"

„Du hättest es vielleicht gehabt, wenn die Dame dazu gebracht worden wäre, deinen Anzug zu bevorzugen. Kannst du mit deinem Rivalen freundlich sein?"

„Kann dir Freude über deinen Erfolg bereiten, Mann, und auf deiner Hochzeit tanzen, wenn ich eingeladen bin und nicht zu weit weg bin, um dorthin zu kommen."

Danach waren wir eine Zeit lang bei den alten Bedingungen und hatten viel Spaß zusammen mit den Halbenten und Muschelenten, die es in Tudworth im Überfluss gab. Dick erwies mir die Freundlichkeit, Luke vorerst in seinen Dienst zu nehmen, der in der Hoffnung auf eine Anstellung zu mir ins Pfarrhaus gekommen war; aber es gab keine Arbeit für ihn, und ich hatte kein Recht, den Pfarrer mit dem Unterhalt eines anderen Müßiggängers zu belasten.

Als John schließlich Briefe aus Schweden erhielt, ging ich, um mich von Bess zu verabschieden, die mit ihrem Vater und ihrer Großmutter in einem Häuschen östlich von Belton zurückgeblieben war; der Rest des Stammes war, wie es zu dieser Jahreszeit üblich war, nach Nottingham gefahren. Als ich das Haus betrat, kauerte die Großmutter, die furchtbar alt und runzlig aussah, über dem Feuer, und Bess saß ihr gegenüber und nähte an irgendeiner Stelle. Die alte Frau drehte den Kopf, und als sie mich sah, begann sie zu lachen und plapperte in ihrer Zigeunersprache, als wollte sie mich willkommen heißen, und wollte aufstehen, aber Bess zwang sie sanft zurück auf ihren Platz. Das erzürnte die alte Frau gewaltig, und sie plapperte und schrie wütend Bess an und winkte mir, näher zu kommen. Als ich dastand und das alles nicht begreifen konnte, sagte Bess zu mir:

„Geh nach draußen. Ich komme zu dir, wenn sie beruhigt ist."

Nach kurzer Zeit erschien sie.

„Die arme Oma hält dich für ihren Mann, der sie in ihrer Jugend verlassen hat und zu seinem Volk zurückgekehrt ist."

„Sein eigenes Volk?", wiederholte ich.

"Er war ein Nichtjude, der sich unserem Stamm anschloss und den Namen Boswell annahm. Wie er hieß oder woher er kam, weiß ich nicht, denn Oma war mit dem Alter geistig schwach geworden, bevor ich etwas von der Geschichte hörte; aber mein Vater hat jahrelang darüber gegrübelt und sich selbst davon überzeugt, dass sein Vater eine angesehene und reiche Person war, die Ehe rechtmäßig war und er selbst der rechtmäßige Erbe eines Anwesens. Er besitzt einige Papiere und Schmuckstücke, auf die er großen Wert legt, als Beweise für seine Überzeugung. Er glaubt, wenn er Geld hätte, um Anwälte zu bezahlen, könnte er einen Mann vertreiben, der sich jetzt unrechtmäßig in Besitz seines Anwesens und seines Eigentums befindet."

„Ist das alles, was du weißt, Bess?"

„Alle, außer Omas Namen für ihren treulosen Ehemann. Sie nennt ihn ‚Harry‘."

Während Bess sprach, fiel mir eine Geschichte meines Großvaters Henry Vavasour ein, die mir Mr. Butharwick erzählt hatte; wie er sein Zuhause verlassen hatte, um einige Jahre lang mit den Zigeunern umherzuwandern, ein sehr verrückter Mensch voller Streiche, und nach dem Tod seines Vaters an seinen richtigen Platz zurückgekehrt war. Konnte es sein, dass die Zigeunerin und ich Cousinen waren und sie vielleicht zu Recht die Herrin von Temple Belwood? Ich wusste, dass meine Ähnlichkeit mit meinem Großvater einige, die ihn kannten, beeindruckt hatte. War die alte Frau nicht völlig verrückt, sondern hatte nur die Zeit vergessen?

„Angenommen, die Fantasie deines Vaters wäre wahr, Bess, und du wärst die Erbin eines reichen Mannes oder Adligen des Landes."

Bess lachte. „Ich schenke dem Traum kein glaubwürdiges Ohr; und wenn er wahr werden sollte, könnte der Nichtjude für mich ungestört bleiben. Ich liebe das Zelt – selbst jetzt schnappe ich in den Wänden der Hütte nach Luft."

„Aber ein Herrenhaus, Bess, ein Haus wie Temple, sagen wir."

„Umso mehr ein Gefängnis, ein Raum im Raum, und das Leben eine Sklaverei der Glocken und des Schlagens der Uhren, eine langweilige Runde, immer das Gleiche zur gleichen Stunde zu tun. Ich ersticke beim Gedanken daran."

„Es gibt Komfort und Annehmlichkeiten, Bess."

„Sie denken, dass sie so sind, weil die Gewohnheit sie notwendig macht. Sie schließen sich in einem stickigen Zimmer ein und häufen Decken und Laken auf sich, denn es ist Schlafenszeit, ob Sie nun schläfrig sind oder nicht; ob die Nacht trüb oder herrlicher ist als der Tag. Wenn Sie müde sind, auf süß duftendem Heidekraut zu ruhen, eingelullt von den stillen Geräuschen der Nacht, dem Wind im Gras, den Schreien der Nachtvögel, dem schwachen Klang von fließendem Wasser – das ist nicht nach Ihrem Geschmack. Wie sollte es sein, wenn Sie es nicht ausprobiert haben? Oder die ganze Nacht umherzustreifen, unter einem Himmel, der von Sternen erstrahlt, wenn die Bäume ihre Gewänder aus lieblichem Nebel angelegt haben und die Geschöpfe, die sich vor dem Menschen fürchten, unterwegs sind, die Tiere und Vögel und kriechenden und fliegenden Dinge, die die Dunkelheit lieben, die Stille der Nacht bewahren; was wissen Sie davon, Sie, die Sie in der Dämmerung nie draußen sind, außer um zu töten oder von diesem Haus zu jenem zu eilen?"

„Mitten im Winter ist das nicht so schön, finde ich."

„Wenn es etwas Fröhlicheres und Herrlicheres auf der Erde gibt als einen Spaziergang bei Nacht, wenn der Mond scheint und ein Nordwestwind weht, der Schneeschauer bringt, gefolgt von Ruhephasen, während derer der Himmel und die Welt klar sind ist in Weiß und Licht gehüllt, ich weiß es nicht.

„Aber wünschen Sie sich in diesen Winternächten, wenn der Frost scharfsinnig ist, nie einen besseren Schutz als das Zelt? Man kann nicht immer im Mondlicht umherwandern."

„Eine bessere Unterkunft gibt es nicht. Ihr Heiden habt euch in heißen, geschlossenen Räumen verhätschelt, sodass euch die wohltuende Kälte, die euch stärken sollte, pfeifende Lungen und rheumatische Krankheiten beschert."

„Es ist gut zu hören, dass ein Zelt so gesund ist, denn ich werde bald keine bessere Wohnung mehr haben. Ich werde einen Soldaten holen."

"Nach Frankreich?"

„Nein; ein solcher Krieg, wie ihn Buckingham führen mag, wird keine Ausbildung in militärischer Kunst sein und auch keine Beförderung für diejenigen sein, die es verdienen. Drury und ich fliegen übermorgen nach Schweden, und ich bin gekommen, um uns zu verabschieden. "

Bess' Gesicht wirkte nachdenklich, ihre Augen blickten in die Ferne. Dann sagte sie mit Verwirrung im Gesicht:

„Es ist seltsam, dass ich keine Vorwarnung darüber erhalten habe."

„Was meinst du? Du glaubst in nüchterner Wahrheit nicht an die Gabe der Prophezeiung, die dein Stamm vorgibt!"

„Ich glaube nicht daran: Ich habe es. Wir, die wir im Schoß der Natur leben und weder Seele noch Körper verderben, hören und sehen, was ihr Hausbewohner nicht könnt. Vielleicht flüstern uns die Geister der Toten zu, ich weiß es nicht; aber wir sehen Bilder und hören Stimmen und träumen Träume, die uns vor kommenden Dingen warnen. Warum sollte es für euch unglaublich sein? Hat eure Herrin euch nicht in Gefahr gesehen? An diesem Zeichen kannte ich ihr Herz und ihre Natur."

„Und Sie handeln ganz ehrlich, wenn Sie den Töchtern der Bauern reiche Ehemänner versprechen und sie dann in Erstaunen versetzen, indem Sie wissen, was Ihnen die Küchenmagd erzählt hat?"

Bess lachte fröhlich.

„Was schadet es schon, ihnen schöne Träume zu bereiten? Aber was ist jetzt mit Ihren Angelegenheiten? Gehen Sie nicht gegen meinen Vater vor?"

„Ich habe keine genommen."

„Dann tun Sie es aus Freundlichkeit mir gegenüber nicht. Er ist ein gebrochener Mann und hat seine Gliedmaßen nicht wieder vollständig gebrauchen können, seit er vom alten Grafen gefoltert wurde. Er war überwältigt davon, dass Sie sich selbst aufgegeben haben, um mich zu retten, für ihn Er liebt mich auf seine Weise, und er hat dem jungen Herrn aller Sünden gegen dich eine reine Brust gegeben.

„Wenn ich ihm nie so viel Böswilligkeit ertragen würde, sollte es um deinetwillen in den Wind geworfen werden, Bess, der ich mehr schulde, als zurückgezahlt werden kann."

„Wenn du mit Ehre und Reichtum aus den Kriegen zurückkommst, kannst du jeden Dienst, den dir die Zigeunerin erwiesen hat, tausendfach zurückzahlen."

"Wie?"

„Indem wir Stimme und Einfluss nutzen, um ein verfolgtes Volk zu schützen."

„Ich habe noch nie davon gehört, dass Ihr Volk auf der Insel verfolgt wird."

„Nein, die grausamen Gesetze stören uns in dieser Ecke des Landes nicht, aber dieses Jahr wurden zwanzig unserer Männer in Haddington verbrannt und ebenso viele Frauen gehängt."

„Hatten sie Schafe gestohlen?"

„Ihr einziges Verbrechen war ihr Zigeunerblut. Sie wurden verurteilt, weil sie Ägypter waren." Und gerade jetzt werden wir in Durham und in Yorkshire bedrängt. Du kennst dein Gesetz nicht, Friedensrichter, der du gewesen wärst, wenn du Knappe von Temple geworden wärest.

„In Wahrheit tue ich das nicht, wenn das Gesetz ist. Bist du sicher, dass das nicht der Fall ist?"

„Ich habe gesehen, wie eine Frau unseres eigenen Stammes halbnackt durch die Straßen gepeitscht wurde, mit ihrem Baby an der Brust, das seinen kleinen Körper mit ihren nackten und blutenden Armen vor den Peitschenhieben der Geißel schützte, und nach der Auspeitschung war sie es." mit einem heißen Eisen in die Wange gebrandmarkt, ‚weil er ein Ägypter ist'."

„Warum bleiben Ihre Leute dann in England?"

„Weil es ihnen anderswo schlechter geht."

„Wenn ich jemals in irgendeine Machtposition komme, werden die Dinge in England so viel besser sein, wie ein einzelner Mann es nur kann, das schwöre ich."

„Gott sei mit dir, deinem Schild und Beschützer, und bringe dich wieder heim in dein eigenes Land, fähig und willens, dein Gelübde zu halten."

Also reichten wir uns die Hände und trennten uns.

KAPITEL XXIV

Bei meiner Rückkehr ins Pfarrhaus erwartete mich ein Brief von Anna, aus dem ich so viel abschreibe, wie für andere Augen als die meinen sichtbar ist.

„Ein Waffenmeister in Amsterdam hat sich mit einem Kettenhemd einen Namen gemacht und viel Geld verdient. Es soll wirklich waffensicher und gleichzeitig leichter und flexibler sein als alle bisher hergestellten. Ich habe Ihnen und Ihrem Freund eines geschickt und vertraue darauf, dass sie rechtzeitig eintreffen und sich als so nützlich erweisen werden, wie unsere Militärfreunde sagen. Es wäre mir eine große Freude, wenn der nutzlose Krimskrams, mit dem sie gekauft wurden, in eine robuste und brauchbare Bedeckung für die Brust meines rücksichtslosen Soldaten und seines Kameraden verwandelt worden wäre. Ich versuche mir einzureden, dass die Gefahr vor denen flieht, die sie suchen, denn ich weiß genau, dass Sie immer an vorderster Front der Schlacht stehen werden, wenn Sie es überhaupt können. Aber um meinetwillen, bitte denken Sie daran, dass es eine soldatische Klugheit gibt.

„Wir sind seit einigen Wochen hier in Den Haag, nachdem mein Vater zu einer Konsultation mit dem Arzt des Statthalters gerufen wurde; aber in ein paar Tagen fahren wir nach Leyden, wo eine Professur für meinen Vater gefunden wurde. Seltsamerweise, meinen Vater hat Bekanntschaft mit dem Ihren gemacht, der mit dem Stadthalter geschäftlich zu tun hatte, und sie haben sich gegenseitig sympathisch gemacht, bevor einer den Namen des anderen kannte. Wenn sie sich nur in Axholme getroffen hätten, wie viele Übel wären vielleicht abgewendet worden! auf Veranlassung von Freunden, die Autorität in Venedig haben, zu einer geheimen Botschaft in den Osten zu gehen. Zweifellos kennen Sie mehr von diesen italienischen Herren. Er verbrachte mehr als eine Stunde bei uns in unserer Unterkunft und ließ mich glauben, er sei einer großer und großmütiger Mann, der dem Staat vielleicht einen großen Dienst erwiesen hätte, wenn er höher gestellt gewesen wäre, aber es fehlte ihm schmerzlich an dem Rat der Frau, der ihn an die Pflicht und die schlichte, heimelige Weisheit erinnerte, die Frauen instinktiv haben Rechtzeitig gewarnt, mein Frank. Dein Vater hat sein Anwesen aus Mangel an Hausfrauenwitz ruiniert!

„Es wird Sie freuen zu hören, dass sein Abschied von mir einen Hauch Väterlichkeit in sich trug …

„Unter den Naturphilosophen in Leiden herrscht großer Streit darüber, ob es wahr ist, dass manche Bäume Blüten, aber keine Früchte hervorbringen, und andere Früchte ohne Blüten. Mein Vater bittet mich, Ihre Antwort auf die folgenden Fragen zu erfragen: Tragen Eichen und Buchen keine Blüten? Tragen Ulmen, Pappeln und Buchsbäume weder Blüten noch Früchte? Er hat sich damit abgefunden, Sie als Schwiegersohn zu haben, teilweise aufgrund der Schnelligkeit und Sicherheit, mit der Sie sehen und beobachten! Erst gestern sagte er zu mir: ‚Wenn Frank hier wäre, glaube ich, ich könnte beweisen, dass den Früchten viel häufiger Blüten vorausgehen, als angenommen wurde.‘ Ja, er hat Sie ‚Frank‘ genannt. Wie sehr wünschte ich, Sie wären hier, anstatt sich auf Schweden und all die Chancen und Schrecken des Schlachtfeldes vorzubereiten! Ist es für Sie völlig unmöglich, hierher zu kommen, bevor Sie sich der Armee von König Gustav anschließen?"

Als ich meinen Brief immer wieder gelesen hatte und während ich meiner Tante die darin enthaltenen Neuigkeiten und die Nachrichten für sie selbst überbrachte, kam Dick Portington herein, um mich am nächsten Abend zu einem Abendessen im White Hart einzuladen, wo eine Reihe von Gästen waren Viele alte Freunde trafen sich, um mir eine gute Reise zu wünschen und auf unser nächstes fröhliches Treffen anzustoßen. Obwohl ich am letzten Abend vor meiner Abreise keine große Neigung zu einem Bankett verspürte, konnte ich mich nicht dazu durchringen, meine Gratulanten durch eine Weigerung zu beleidigen.

Dame Hind übertraf sich selbst in den Vorkehrungen, die sie für das Festmahl traf. Das Fest wurde im „Gerichtssaal" ausgebreitet, demselben, in dem Kommissar Tunstall Ärger mit den Wespen hatte. Den Vorsitz führte Squire Stovin, dessen Vorfahr Chef der Bogenschützen in der Armee des Eroberers auf dem Senlac-Feld war. Er galt als einer der weisesten und mutigsten Herren der Insel. Mit ihm war sein Sohn George, ein wenig älter als ich und ein guter Kamerad. Anwesend waren auch Squire Mell von Belton und sein Sohn, die mir in Belshaw zur Seite gestanden hatten, und Dick Portington und sein Vater, der Squire von Tudworth, und einige andere Herren (zwölf oder mehr), deren Namen auf meinen Seiten nicht erschienen sind, außerdem einige Männer aus bescheideneren Verhältnissen, darunter Daft Jack und mein Mann Luke.

Beim Abendessen drehte sich das Gespräch an unserem Tisch um die Angelegenheiten der Nation; die Beschlagnahme unserer Schiffe durch den Herzog von Epernon und der bevorstehende Krieg mit Frankreich; das Geheimnis der Politik des Königs, oder vielmehr des Herzogs von Buckingham. Jemand äußerte die Meinung, dass der Favorit tiefgründige Absichten habe, die für das Vulgäre unverständlich seien. Knappe Stovin lachte verächtlich.

„Sagen Sie ‚im Widerspruch zu allen Sprichwörtern des einfachen Volkes‘ und ich bin Ihrer Meinung. ‚Sie können Ihren Kuchen nicht haben und Ihren Kuchen nicht essen‘, sagt die Säge; Buckingham glaubt, dass er es kann. Er glaubt, dass der Himmel Kartoffeln regnen wird, wenn er will Er regiert England genauso wie der Wetterhahn auf meiner Scheune den Wind regiert.

„Wir können auf bessere Tage hoffen, glauben Sie nicht“, fragte Squire Mell, „seit die Richter endlich Stellung bezogen und den neuen Kredit für illegal erklärt haben?“

"Ich sehe darin nicht viel Hoffnung, da die Antwort des Königs darin besteht, Sir Randal Carew von seinem Amt als oberster Richter zu entlassen", antwortete Stovin. "Das ist ein ebenso anmaßendes Stück Tyrannei wie der Verkauf unseres Landes über unsere Köpfe hinweg an den Holländer; und das Land nimmt es ebenso gelassen hin, wie wir den Verlust unseres Eigentums und unserer Rechte hingenommen haben."

„Mehr als fünfzig Herren aus der Grafschaft sitzen im Gefängnis, weil sie sich weigerten, das geforderte Geld zu zahlen“, sagte einer.

„Zehn von ihnen waren als Kommissare für die Eintreibung der Kredite ernannt worden“, sagte ein anderer.

„Ich habe neulich ein Gerücht gehört“, sagte ein Dritter, „dass der Earl of Lincoln in den Tower geschickt werden soll.“

„Dies ist nicht die Zeit für unsere jungen Männer, sich in den Auslandsdienst zu melden. In England wird es einen Bürgerkrieg geben, bevor wir älter sind“, erklärte Squire Portington.

„Es gibt noch nicht viele Anzeichen davon“, knurrte Stovin. „Dafür sind wir zu blöde. Aber es ist nicht schlecht, dass einige unserer Jungs unter einem Meister der Kunst lernen sollten, wie man Schlachten gewinnt.“

„Vavasour und Drury werden gute Schüler sein, das garantiere ich“, sagte der jüngere Mell. „Er ist ein guter Kapitän, der weiß, wie er den Sieg erringt, wenn er drei zu eins in der Unterzahl ist und der Feind nur Reiter und Fußsoldaten hat. Wie die Mulgrave-Männer bei Belshaw flohen!“

„Nein, der Hauptverdienst dafür muss dir zugeschrieben werden“, antwortete ich.

„Die Mulgrave-Männer werden in Zukunft wahrscheinlich nicht die Werkzeuge der Unterdrückung sein“, bemerkte Squire Mell. „Der junge Earl reduziert die Zahl seines Gefolges. Und ich weiß aus guter Quelle, dass er den Fall der Isle Commoners vor My Lord Scrope in ein neues Licht gerückt hat. Er ist ein gerechter junger Mann und über seine Jahre hinaus vernünftig.“ ."

„Der Gast des Abends hat Grund zu dieser Annahme“, sagte jemand.

„Schuld Frank seine Krone“, rief ein anderer.

„Seine Grafschaft erlangte er durch das Urteil des Allmächtigen“, antwortete Mell ernst. „Wir wissen, dass Vavasour nicht die Absicht hatte, Lord

Sheffield zu töten, und zwar aufgrund der besten Aussage – der von Frank selbst, der nicht lügen würde, um seinen Hals zu retten."

„A spricht so direkt, wie ‚a schlägt und schießt", rief eine Stimme vom anderen Tisch.

„Ich für meinen Teil", fuhr Mell fort, „begrüße den Mut des Earls, Fehlkonstruktionen zu verachten."

„Was bedeutet der Aufruhr unten?" fragte Portington, während wir alle dem Lärm wütender und alarmierter Stimmen lauschten, der durch die Seitentür drang, die gerade geöffnet wurde, um die Reste des Abendessens hinauszutragen.

Im selben Moment stürzte ein Diener fast atemlos ins Zimmer.

„Würden Euer Ehren sich herablassen, zu kommen, um zu befehlen, was mit einem mörderischen Bösewicht zu tun ist?" Sie keuchte in Richtung Knappe Stovin.

Ein Dutzend Männer eilten herbei, aber der Knappe rief:

„Ordnen Sie, meine Herren. Seien Sie so freundlich, zu bleiben, bis ich gesehen habe, was los ist. Portington, Drury, Vavasour, folgen Sie mir."

Zuerst konnten wir kaum etwas sehen, da der Unterschied zwischen dem Licht vieler Wachskerzen und dem Dämmerlicht der wenigen Talgtauchkerzen in den Zinnleuchtern des Gemeinschaftsraums des Gasthauses groß war; doch bald erkannten wir einen Kerl, der von zwei Männern auf einem Stuhl festgehalten wurde. Über ihm stand Wirt Hind mit einem kräftigen Knüppel in der Hand, und eine Gruppe von Arbeitern und dergleichen, die beim Trinken gestört worden waren, wie ein umgestürzter Tisch, eine Menge auf den Boden verschütteter Schnaps und die Scherben eines zerbrochenen Kruges deutlich machten. Kurz gesagt, die Sache war folgendermaßen: Der Mann, der jetzt auf dem Stuhl saß, war gekommen, in einen langen Reitermantel gehüllt und mit einem großen Bart; er hatte nach Schiedam gerufen und saß allein da und trank. Ein wandernder Krüppel, der Flöte spielte, hatte die Gesellschaft mit den Tricks eines Berberaffen unterhalten, der nach der Vorstellung die Runde durch den Raum machte und eine Schachtel für die Geschenke des Freigebigen hielt. Als der Mann im Mantel ihm keine Beachtung schenkte, zog das Tier an seinem Bart, der ihm in die Pfote fiel, woraufhin der Mann das Tier schlug und das Tier sofort seine Zähne in der Hand des Mannes versenkte. Es folgte ein Handgemenge, bei dem der Fremde den Affen schlug und versuchte, ihn abzuschütteln, während sein Besitzer versuchte, das Tier vor den schweren Schlägen zu retten, die der Fremde ihm auf den Kopf versetzte, und die Gesellschaft die Verwirrung noch schlimmer machte, indem sie sich auf die seltsamen

Kämpfer drängte. Sobald der Affe niedergeschlagen war, trat der Fremde wütend auf ihn und auch auf seinen Besitzer, den Krüppel, was den Zorn der Zuschauer erregte, die ihn packten und ihn einen brutalen Schurken nannten. Beim Kampf mit ihnen verlor der Mann seinen Mantel und enthüllte Pistolen in seinem Gürtel, von denen er eine herauszog und drohte, sie zu erschießen. Gastgeber Hind schlug ihm mit seinem Knüppel auf die Fingerknöchel, rief zwei kräftige Kerle, um ihn festzuhalten, und schickte einen Diener zu Richter Stovin.

„Halten Sie Ihren Kopf hoch und lassen Sie mich einen genaueren Blick auf Sie werfen. Sie und ich sind uns schon einmal begegnet, sonst irre ich mich völlig.“

Mit diesen Worten nahm der Gutsherr eine Kerze von der Wand und hielt sie dem Mann vors Gesicht, und ich sah, dass es Vliet war.

„Lassen Sie jeden Mann im Raum für ein paar Minuten woanders hingehen, mit Ausnahme des Vermieters und der Herren, die mich begleitet haben.“

Als der Befehl befolgt worden war, befahl der Squire Hind, den Gefangenen festzuhalten. Vliet sah mich mit mörderischen Augen an, unterwarf sich aber mürrisch.

„Jetzt habe ich dich davor bewahrt, zu Hundefleisch zu werden“, sagte der Gutsherr. „Wenn die ehrlichen Leute im Haus wüssten, dass Sie der Sebastian Vliet sind, der der Verhaftung wegen versuchten Mordes entkommen ist, und ahnen würden, dass Sie hier verkleidet lauern und erwarten, dass es leicht wäre, einen Mann zu erschießen, fröhlich mit Wein, und …“ Wenn sie nichts Böses denken, würden sie dich in Stücke reißen – kleine Schuld für sie. Verstehst du mich?“

„Wenn Sie erlauben“, sagte John zum Gutsherrn, „werde ich Ihr Dolmetscher sein.“

Squire Stovin nickte, und es kam zu einem Wortwechsel zwischen den beiden.

„Sie haben viel mehr gesagt als ich“, sagte der Gutsherr.

„Ich habe noch einen Ratschlag zum Affenbiss hinzugefügt, für den ich eine erlesene niederländische Blasphemie erhalten habe.“

„Was war der Rat?“

„Damit ich einen glühenden Schürhaken an die Wunde halten kann. Der Biss eines Affen ist eine üble Sache.“

„Und was war die Antwort?“ fragte Dick.

„Abgesehen von den Flüchen hieß es, mein Herr könne einen heißen Schürhaken besser gebrauchen, als sich daran zu verbrennen. Entschuldigen Sie, wenn ich die genauen Worte wiederhole: Sie waren nicht gerade geschmackvoll.“

„Geben Sie ihm zu verstehen, dass er ins Gefängnis gebracht wird, wo er streng bewacht wird, und dass er morgen Lincoln übergeben wird.“

„Und Sie werden doch den Befehl geben, sich um seine Verletzung zu kümmern, nicht wahr, Squire?“, warf ich ein.

„Warum, in Gottes Namen, sollte ich mich um seinen schurkischen Kadaver kümmern? Warum Sie das sollten, weiß nur Gott.“

Ich wusste es sicherlich nicht; aber dennoch hatte mich eine Art Mitleid mit dem elenden Mann erfüllt, der so viel verloren hatte; Liebe über alles, Gesundheit, wie sein aufgedunsenes Gesicht und sein aufgedunsener Körper zeigten, sein Geld, wie ich anhand seiner abgenutzten Kleidung vermutete, und jeden Rest von Vornehmheit und Selbstachtung, wie er durch Aussehen, Wort und Ton bewies. Obwohl ich ein armer Glücksritter war, hatte ich im Vergleich dazu unendlichen Reichtum.

„Nun, sei es so“, sagte der Gutsherr. „Ich werde nach Tankersley schicken.“

Dann brach Vliet in einen Schwall von Flüchen auf Englisch aus, und der Gutsherr befahl John und mir, zu unseren Freunden zurückzukehren, während er Vorkehrungen für die sichere Verwahrung des Gefangenen traf. Als wir die Neugier unserer Freunde befriedigt hatten und der Gutsherr wieder erschien, gingen die Festlichkeiten weiter. Nachdem auf die Gesundheit des Königs getrunken worden war und der Gutsherr ihm „weisere Ratgeber“ wünschte, hielt mein alter Freund eine Rede über mich, in der er weit mehr sagte, als ich schreiben dürfte, selbst wenn ich mich an alles erinnern könnte. Aber einige seiner Worte handelten vom Zustand der Dinge auf der Insel und sind meiner Meinung nach durchaus der Erinnerung wert.

„Seit mehr als zweihundert Jahren gibt es Vavasours in Temple Belwood, und die meisten von ihnen sind Herren von öffentlichem Interesse, aber niemand ist es mehr als unser ‚Anwalt‘ Thomas Vavasour. Er hat sein Erbe bei der Verteidigung unserer Rechte und unseres Eigentums verloren Aller Wahrscheinlichkeit nach hätte er sein Anwesen nicht aufgegeben, wenn er nicht geglaubt hätte, dass sein Sohn tot sei, und ich bin mir ganz sicher, dass jeder Herr auf der Insel getan hätte, was in seiner Macht stand, um die ehrenwerte Familie von Vavasour in ihrem Besitz zu behalten Ich kann nur sagen, dass ich mich bemüht habe, unseren Anwalt davon zu überzeugen, Spenden von den Bürgern der Insel für die zur Aufrechterhaltung unserer Sache notwendigen Ausgaben anzunehmen, und ich halte es für eine

Fehleinschätzung, dass er dies abgelehnt hat Der Fehler eines stolzen und großzügigen Mannes und darüber hinaus eines Mannes, der Vertrauen in die Rechtspflege in diesem Land hatte, war so weit gerechtfertigt, dass das höchste Gericht des Landes zu seinen Gunsten entschied Herr Vavasour hatte nicht damit gerechnet, dass Recht und Gerechtigkeit durch königliche Vorrechte außer Kraft gesetzt würden. Damit hat kein Mann gerechnet. Wir haben böse Zeiten erlebt, in denen jemand, der stärker ist als er, sein Eigentum wegnehmen kann, mit der Begründung, dass der stärkere Mann es besser nutzen kann als der rechtmäßige Eigentümer. Es kann sein, dass Charles und Cornelius nach und nach Ihr Gelände betreten. Sie sehen einen See. Cornelius sagt zu Charles: „Ich möchte diesen See auffüllen und dort Kartoffeln anbauen." „Sagt Charles zu Cornelius: ‚Gib mir so viel, und du kannst es tun.' Und trotz Gesetz, Gerechtigkeit und Vernunft tun sie, was sie wollen, weil Charles und Cornelius Riesen sind und Sie ein Mann von gewöhnlicher Größe sind. Und sie haben die Unverschämtheit, sich Wohltäter für den Kartoffelanbau zu nennen, wo vorher keine Kartoffeln gewachsen sind! Aber ich bitte um Verzeihung, meine Herren, dass ich diesen alten Strohhalm noch einmal gedroschen habe. Ich möchte aber Folgendes hinzufügen: Wir haben zu unserem Leidwesen erfahren, dass die Pläne des Niederländers genauso schlecht sind wie sein Titel. Das haben die Männer im Süden der Insel und diejenigen, die an der Grenze des Westreitens leben, erfahren. Ich bin mir sicher, dass der Abfluss in ein paar Jahren erstickt sein wird. Die ganze Sache ist falsch und wird im Ruin der Projektoren enden, und dann könnten die Bewohner der Insel ihre Rechte wiedererlangen. Ich fürchte, wir werden wahrscheinlich keine Wiedergutmachung für unsere Verluste erhalten. Einer unserer Verluste ist die Verbannung unseres Anwalts und seines Sohnes, unseres Gastes."

Der Rest der Rede des Gutsherrn bestand aus Lob für mich und guten Wünschen für meinen zukünftigen Erfolg. Die Gesundheit wurde mit so viel Jubel getrunken, dass die Dachsparren erzitterten, und dieser Jubel wurde erneuert, als ich die beste Antwort gab, die ich auf die freundlichen Worte des Gutsherrn geben konnte, und von einem Ende der Tische zum anderen rief.

Dann forderte uns der jüngere Mell in angenehmem Gesprächston auf, auf die Gesundheit von John Drury anzustoßen, und John hielt eine Rede voller lustiger Sprüche und Scherze, die uns alle zum Lachen brachte und die Förmlichkeiten außer Gefecht setzte.

Während alle von den unbeschwerten Tagen im Wald sprachen, die man nun nicht mehr genießen könne, vom Lachsspeerfischen in Trent, von der Otterjagd in Don, vom Entenschießen auf den Teichen und ähnlichen Sport- und Freizeitbeschäftigungen auf der Insel, während der Wein in Strömen floss und jeder zweite Mann eine Wolke Tabakrauch von seinen Lippen blies, kam der Wirt und flüsterte mir ins Ohr, dass jemand, dessen Namen ich nicht mitbekam, gern ein Wort mit mir reden würde.

„Sprich laut, mein Gastgeber", sagte ich. „Wer ist da?"

„Das ist Anwalt Gibberd aus Hatfield, der dringend Geschäfte macht, sagt er. Und wenn man darauf drängt, muss man jemanden wie ihn in dieser bitteren Nacht herausbringen. Seine Füße waren an den Steigbügeln festgefroren, und sein Gesicht und seine Hände waren fast tot, aber wir." Ich habe sie gut mit Schnee eingerieben. Er sei von Straßenräubern völlig außer Gefecht gesetzt worden. Er sei im Pfarrhaus gewesen, und sie hätten ihn hierhergeschickt.

Bevor Hind zu Ende war, hörten fast alle im Raum zu; und als ich aufstand, um mit ihm zu gehen, und mich fragte, was dieser Gibberd, dessen Namen ich nicht gehört zu haben erinnerte, von mir wollen könnte, sagte Squire Stovin:

„Heute Abend hatten wir hier einen seltsamen Fisch. Mit Ihrer Erlaubnis, Vavasour, werde ich sehen, ob der Mann Gibberd ist."

Ich verbeugte mich und setzte mich, und der Gutsherr ging hinaus, begleitet von dem jüngeren Mell. Sie kehrten kurz darauf zurück und brachten einen älteren Mann mit, der blinzelte, hustete und zitterte, als er den für ihn aufgestellten Stuhl einnahm.

„Füllen Sie einen Becher Brandy für Mr. Gibberd", befahl der Gutsherr. „Trinken Sie ihn aus, Mann, und erzählen Sie Vavasour dann Ihre Neuigkeiten."

Als der Gesetzeshüter seinen Trunk getrunken hatte und wieder hustete, begann er:

„Sie werden mir meine Einmischung zu diesem festlichen Anlass und zu dieser späten Stunde verzeihen, da ein dringendes Geschäft mein Vorwand ist. Tatsächlich hätte ich mich, wenn es nicht äußerst dringlicher Natur gewesen wäre, nicht der Härte des Wetters und den Gefahren gestellt von der Straße entfernt, denn ich bin von Natur aus ein Hausmann und bin es nicht gewohnt, nach Einbruch der Dunkelheit im Ausland zu sein, besonders zu dieser Jahreszeit. Aber als ich zufällig von Ihrer Absicht hörte, das Land zu verlassen Obwohl ich mir morgen nicht völlig sicher war, ob die Informationen wahr sind, hielt ich es für meine Pflicht, äußerste Eile und Fleiß aufzubringen, um Sie mit den Tatsachen von größter Tragweite vertraut zu machen, da ich gewissermaßen Ihr professioneller Berater bin. Zumindest für die unmittelbare Gegenwart und, wie ich hoffe und vertraue, auch für die Zukunft.

„Armer Mann! Der Frost hat sein Gehirn berührt", sagte Dick.

„Aber nicht seine Zunge“, lachte John.

„Wenn Sie es auf den Punkt bringen können, bin ich Ihnen dankbar, Mr. Gibberd“, sagte ich.

Mr. Gibberd hustete, nahm sich noch etwas Alkohol und fuhr fort:

„Ich hatte die Ehre, der Rechtsberater des verstorbenen Herrn Staniforth zu sein, der gestern sehr plötzlich gestorben ist, der arme Herr, obwohl es meiner Erfahrung nach immer plötzlich ist. Vielleicht sollte ich richtiger ‚Beobachtung‘ sagen, aber.“ Egal. Seit dem Tod seines viel beklagten Sohnes hat Mr. Staniforth in letzter Zeit Trost darin gefunden, mehrere testamentarische Verfügungen zu treffen.

„Machen wir dieser Weitschweifigkeit ein Ende, Mann“, donnerte Knappe Stovin. „Du hast den letzten Willen und Testament des armen alten Staniforth gemacht? Ist es das, was du meinst?“

"Ich tat."

„Und er hat Mr. Frank Vavasour etwas hinterlassen, nicht wahr?“

„Er hat Mr. Frank Vavasour unter der Bedingung, dass er den Namen Staniforth annimmt, sein Haus, das als Staniforth Hall bekannt ist, hinterlassen, sein –“

„Machen Sie es kurz, Mr. Gibberd; ersparen Sie uns die Sprache des Gesetzes“, sagte ich.

„Alles, was er hatte, gehört Ihnen, Mr. Vavasour; sein Besitz in Staniforth, Sykehouse, Fishlake, Cowick, Baln und Pollington; sein Geld, das auf Hypotheken beruht –“

Dick sprang auf. „Füllen Sie Ihre Tassen, meine Herren. Auf Frank Vavasour-Staniforth oder Staniforth-Vavasour. Ich wünsche ihm viel Freude mit seinem Erbe und dann drei mal drei.“

Was für einen Lärm machten die guten Kerle! Und als sie dreimal drei geschafft hatten, rief einer: „Noch eins!“, und dann rief ein anderer: „Nur eins ganz klein!“, und noch ein anderer: „Eins zum Schluss.“

Und so machten sie weiter, bis sie heiser und trocken waren. Luke kam und stellte sich hinter meinen Stuhl.

„Ihr könnt jetzt keinen Leibdiener gebrauchen, Meister Frank. Das ist mein Platz. Jetzt rennt ihr nicht wieder mit Kanonenkugeln in Stücke. Wann fahren wir nach Holland?“

John ergriff meine Hand und sagte: „Ich nehme an, die Vorsehung macht keine Fehler, aber ich wünschte, dieser Schicksalsschlag wäre gerade jetzt nicht passiert. Ich hatte gehofft, Sie wenigstens als Oberst zu sehen, aber Mistress Goel wird es verbieten."

„Als Erstes", antwortete ich, „müssen wir diesem ehrenwerten Mann in Hull zu Hilfe kommen."

„Morgen früh", antwortete er herzlich.

Währenddessen war der Raum erfüllt von Lärm, Gesprächen und Gelächter, das mit jedem Augenblick lauter wurde, bis Squire Stovins gewaltige Stimme zur Ordnung rief.

„Meine Herren", sagte er, „das war eine schwierige Zeit für unseren Gast. Ich habe noch nie gehört, dass ein Mann ums Leben kam, wenn er ins Glück kam, aber diese plötzliche Veränderung in den Angelegenheiten unseres Freundes ist so etwas wie ein Schock. Wenn Sie meine Entscheidung akzeptieren , wir werden einen Abschiedsbecher trinken und Frank wird uns zu einem fröhlichen Treffen einladen, sobald es ihm passt.

Dem stimmten alle zu, und schließlich gingen John und ich nach langem Händeschütteln gemeinsam zum Pfarrhaus.

„Auch Sie werden auf das schwedische Projekt verzichten", sagte ich.

„Nein", antwortete er; „Wenn ich nicht ins Ausland gehe, werde ich Zigeuner."

DAS ENDE